Hisashi Maki

牧久

成田の乱

戸村一作の13年戦争

日本経済新聞出版

成田の乱——戸村一作の13年戦争

目次

高々と掲げられた反対同盟のノボリ（1967年9月）
（写真：毎日新聞社/アフロ）

序章

成田

終わらない「戦後最大の反乱」

今なお続く強制執行

「成田で強制執行開始　空港反対派ら集結・抵抗」

この朝、開いた朝日新聞朝刊（千葉版）の見出しに私（筆者）は思わず目を疑い、欄外の日付を見た。

「2023年（令和5年）2月16日（木）」

間違いなくそう記されている。

記事はこんな書き出しで始まっていた。

「成田空港B滑走路脇にあり、空港反対派の農家が耕作してきた土地（成田市天神峰）の明け渡しをめぐり、この土地（約4600平方メートル）の農機具小屋やビニールハウス、空港反対の看板・やぐらなどの強制撤去の動きがあるとして、空港反対派や支援者が15日未明、抵抗のため集まった。午後には学生を含め約100人にのぼった。同日夜、強制執行が始まった」

記事によると強制執行の対象となった農地の所有者は、三里塚芝山連合空港反対同盟北原派の市東孝雄さん（72）。祖父の代から三代にわたりこの土地を賃借するなど営農を続けてきたという。市東さんはこう語っている

「ここは俺が生まれた場所。農地と一緒で自分の一部だよね。空港会社は傲慢なやり方をずっとやってきた。一番ひどいのはおやじに黙って底地を買って、明け渡せ、と。そのやり方が認めら

成田空港の誘導路脇の耕作地

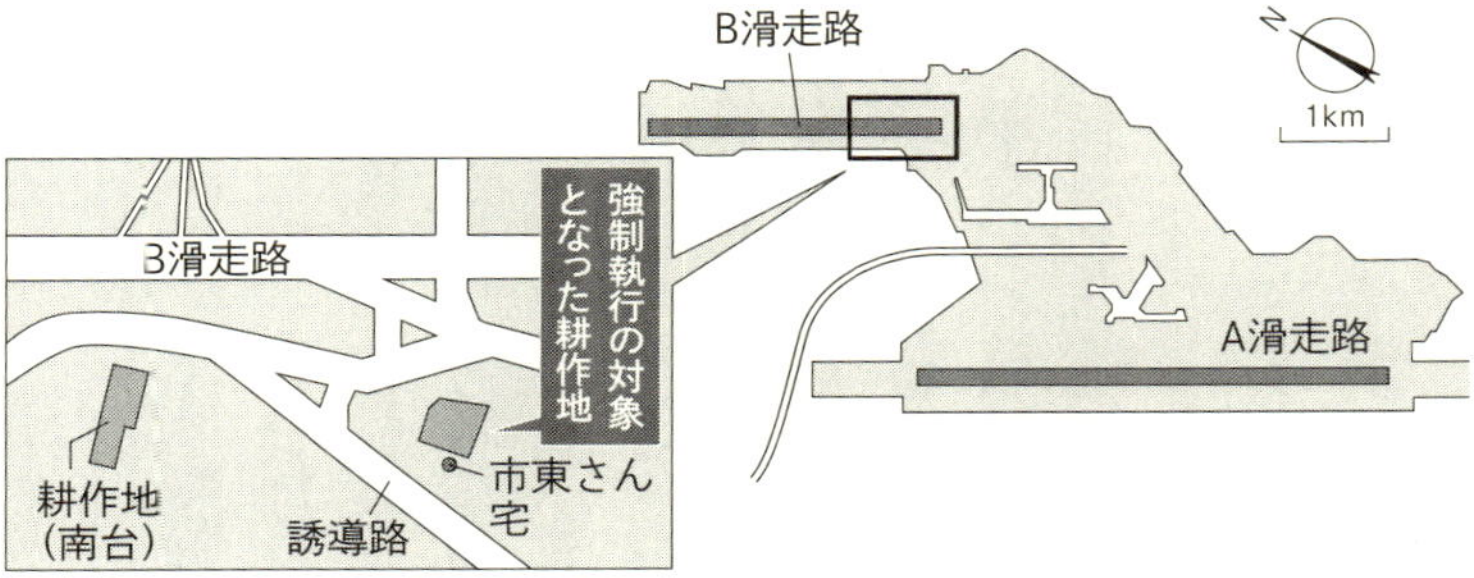

（出所）『朝日新聞』1999年2月17日付朝刊

れない」

同15日夜から16日にかけて千葉地方裁判所の執行官がこの土地のビニールハウス、空港反対派の看板・やぐらなどを強制撤去した。この日の攻防を同紙（17日付朝刊）はこう報じている。

15日午前2時すぎ、支援者は50人程度になった。白髪交じりの60代から70代らしい男性が多い。若者も20人ほど。「全学連」や「中核」と書かれたヘルメットをかぶっていた。京都から来たという若者もいた。

動きがあったのは日没前後から。午後8時ごろ、市東さんの耕作地に執行官を踏み入れさせないよう支援者らは互いの両腕を絡め、スクラムを組んだ。千葉県警機動隊が現れた。数百人はいるようだ。「機動隊は帰れ！」スクラムに加わった約20人が抗議する。にらみ合うこと約20秒。盾を手にした機動隊員らが突破を図った。若々しい機動隊に対し、反対派の多くは高齢者だ。身長差も体格差も歴然。すぐに反対派のスクラムの一角が崩れた。地裁の執行官が拡声器で告げた。「これより強制執行を開始します」

午後11時半には一台の重機が現場に現れた。市東さんが大根などをつくっていた茶色の土に、重機のわだちができる。重機は市東さんの農機を移動させ、木を押し倒し、トイレ小屋を壊した。16日午前零時すぎ、「農地死守」の看板が作業員らによって解体された。「強制執行反対」などと書かれた旗も地面から次々と引き抜かれていく。市東さんは、強制執行後、「悔やしいし無念。俺の代でこういう形になり、先祖に申し訳ない」と思いを語った。

私にはこの光景に既視感があった。闘争の規模は違うが、かつて何度も接した光景である。処理能力が限界に達しつつあった羽田空港に替わる新空港の建設が、成田市三里塚に決定したのは半世紀以上前の昭和41（1966）年6月。日本経済新聞社に入社して三年目の駆け出し記者だった私は、当時、都庁担当だったが、掛け持ちで「成田担当」を命じられる。総武線西千葉駅近くの団地に住んでおり、千葉駅から成田線に乗れば三、四十分で成田駅である。社会部記者のなかで三里塚に駆けつけるのが時間的に最も早い、という単純な理由からだった。

以後、反対闘争は年ごとに激しさを増す。闘争が始まるたびに私は成田に駆けつけた。「成田国際空港」がA滑走路（四千メートル）一本で暫定開港したのが昭和53（1978）年5月20日。空港建設決定から十二年近い年月を要したのである。開港前後の半年間、私は成田担当キャップ

未買収地の現状（南側からみたB滑走路）

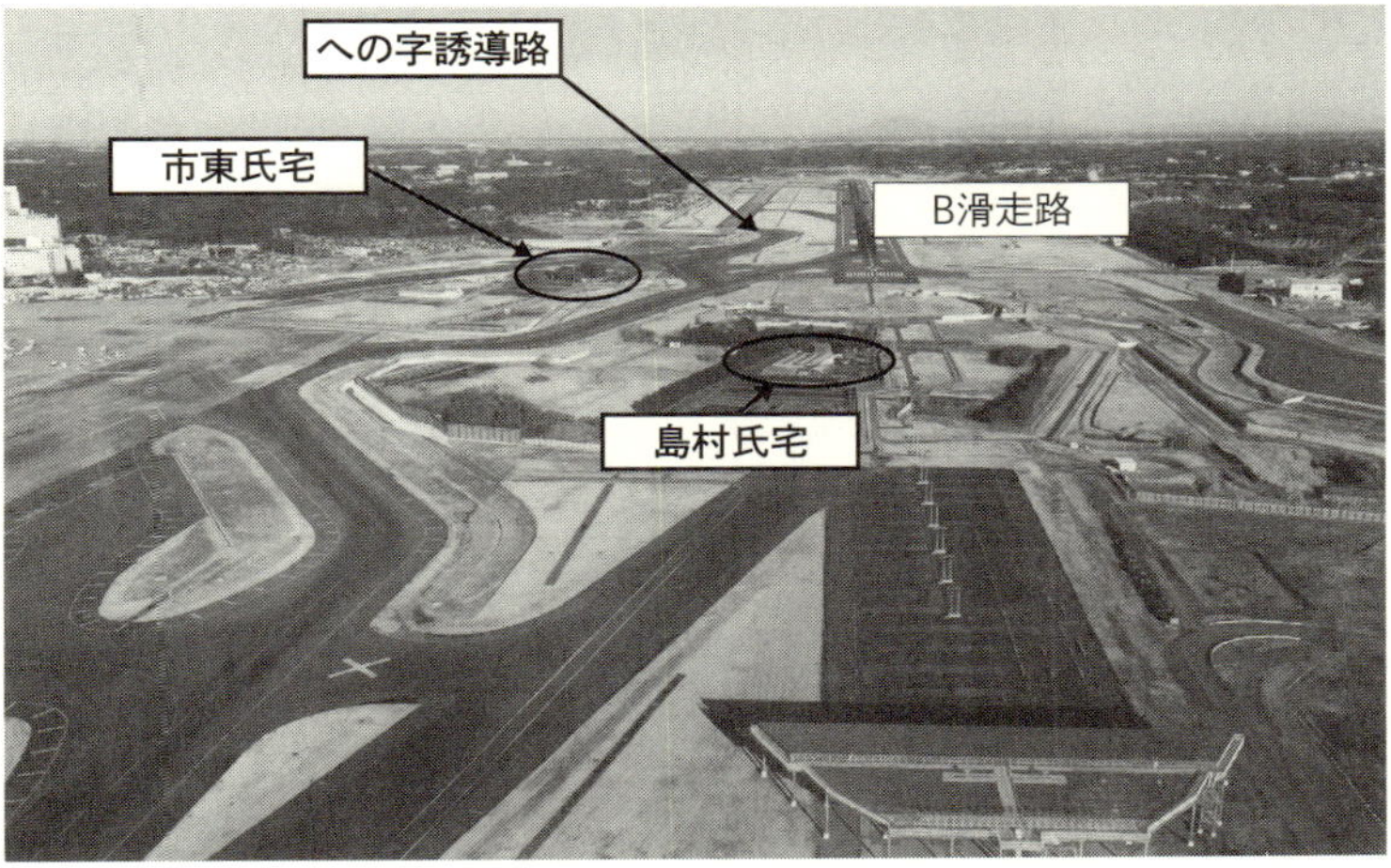

（出所）成田国際空港会社

を命じられ、空港公団記者クラブに常駐する。現役記者としての大半は成田取材にあった、と言ってもよい。朝日新聞に掲載された強制執行の記事を読みながら、私の脳裏には当時の記憶が次々と甦った。

　特に「市東」という名前には記憶があった。だが、ここに登場する「市東孝雄」は七十二歳とある。私が取材を続けていた頃は二十歳前後の若者だったはずである。当時の取材メモなどを繰ってみると、私が取材で付き合った反対同盟幹部の「市東」は「市東東市」だった。名字と名前が逆転したその名前に興味を覚え何度か取材した。当時、六十歳前後だった彼の激しいアジ演説を何度か聞いた記憶がある。すると「市東孝雄」はその息子に違いない。市東一家は半世紀以上経った今もなお、空港用地内

2023年9月現在の未買収地

未買収地（ha）

（2023年9月現在）	空港用地	保安用地
用地内居住者所有地	1.7	
用地外居住者所有地	0.6	
一般共有地	0.5	
一坪共有地	0.1	
● 用地内居住者	2戸	
☆ 団結小屋	2棟	2棟
合　計	2.9	

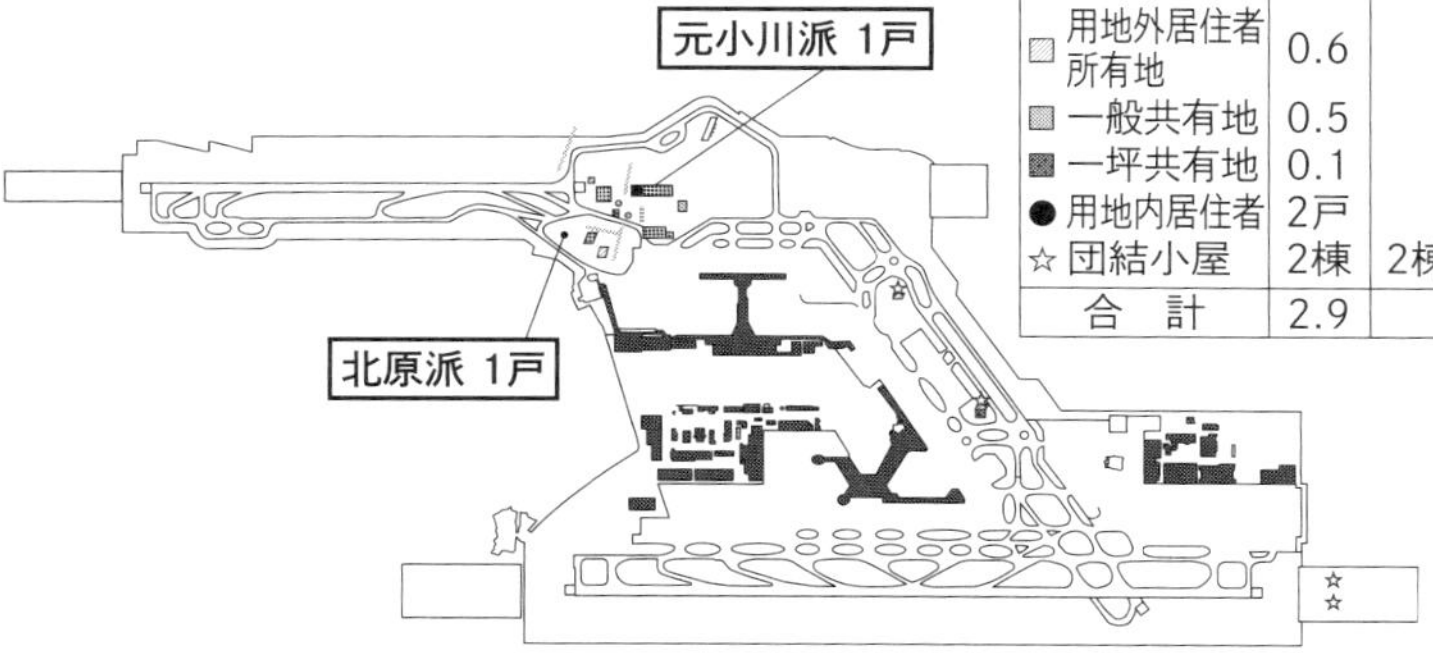

用地内居住者内訳

元小川派	1戸	1.7ha
北原派	1戸	277m²

用地内団結小屋内訳

個人所有地	2件	2棟

（出所）成田国際空港会社

の農地を手放さずに闘争を続けていたのだろう。

この強制代執行から三カ月近くが経った同年5月13日の同紙は続報として、この強制執行で逮捕された過激派活動家、六人の実名を公表した（本書では匿名とする）。うち四人は中核派の▽S（55）＝香取市沢▽I（36）＝江戸川区松江▽N（24）＝埼玉県狭山市入間川▽W＝横浜市南区高砂町一丁目。残る二人は▽A（59）＝共産主義同盟統一委員会、千葉市緑区誉田町二丁目と▽W（59）＝革労協主流派、香取市沢。五十代後半から二十代まで年齢はまちまちで、いずれも「職業不詳」という。

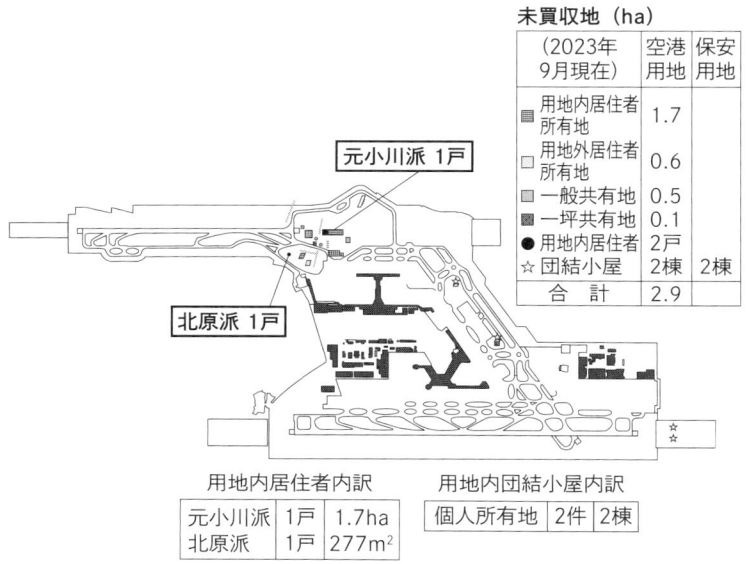

この事件は、中核派など過激左翼集団が中心となった成田空港反対闘争が、開港から半世紀近くも経った今も、世代を超えて継続していることを示している。成田闘争は遠い過去の出来事だと思っていた私は、この記事に衝撃を受け、書棚に積んであった資料やスクラップを取り出し、当時の記憶をたどった。

狙われた三里塚

東京オリンピックが開催された昭和39(1964)年以降、本格的な高度経済成長が始まると、東京周辺で唯一の国際空港であった羽田空港は、国内線、国際線とも発着便が急増し、パンク寸前となった。「前がん症状」と診断され、オリンピック直後に引退した池田勇人首相の後を継いだ佐藤栄作政権は、羽田を国内線専用とし、関東の別の場所に「新東京国際空港」を建設し、この状態を解消しようとした。昭和40(1965)年11月、最初に内定したのが成田市に近い千葉県富里村(現・富里市)だった。これに対し、地元・富里村の農民たちの間で猛烈な反対運動が起きた。

富里村は古くから続く豊かな農作地帯。農家戸数も多く、盛り上がる反対運動に佐藤内閣はわずか半年で富里案をあきらめ、その代わりに狙いをつけたのが、富里村の南側に位置する成田市三里塚と隣接する芝山町一帯だった。政府は昭和41(1966)年6月、空港用地を富里案の半

新東京国際空港計画平面図

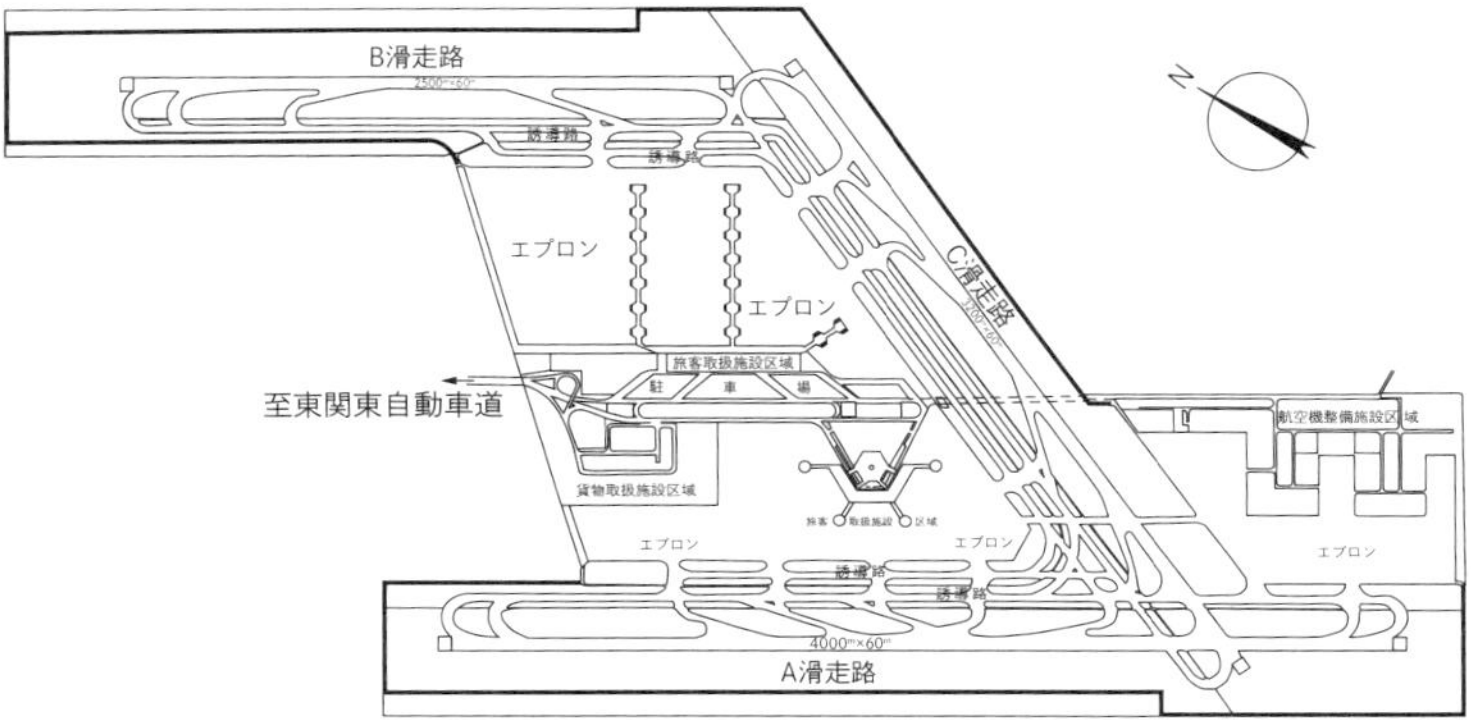

（出所）新東京国際空港公団

分以下の千六十ヘクタールに絞り込み、建設する滑走路も当初計画の五本から三本に減らした建設計画を提示する。A滑走路（四千メートル）と平行滑走路であるB滑走路（二千五百メートル）、さらに横風用のC滑走路（三千六百メートル）の三本である。

三里塚には戦前から天皇家の農作物を生産し、また軍用馬を飼育する広大な「御料牧場」があった。新空港用地の四割近くは国有地である御料牧場の所有だったが、残る約七百ヘクタールは戦後、ＧＨＱ（連合国軍最高司令官総司令部）による農地改革によって解放され、帰国した満州開拓民や土地を失った沖縄県民などに払い下げられた土地だった。入植した農民たちは戦後の厳しい条件下で開墾を続け、空港予定地と隣接地一帯では一千戸近い農家が耕作を続けていた。

政府は宮内庁と交渉して御料牧場を移転してもら

い、農民には時価より高値で土地を買い上げて代替地を用意すれば、空港建設は容易に進み、五年後には開港できると安易に考えたのである。しかし、この政府の判断には大きな誤りがあった。農民の一部には入植して二十年余、牧場跡の荒れ地を悪戦苦闘しながら開墾し、やっと農民として生活が維持できるようになったというのに、「今度は空港を建設するので出ていけというのか」という思いがあったのだ。

戸村一作という男

政府が新空港用地を当初、富里村に決定した日、県内のキリスト教会に反対運動の支援を求め「キリスト者新空港設置反対連盟」を結成したのが、隣の三里塚で農機具商を営む戸村一作という人物だった。

戸村家は明治時代の初めから三代続くプロテスタントのクリスチャン一家。戸村は当時、五十六歳。若い頃から自宅の隣にある「三里塚教会」で地元の信者と一緒に祈りを捧げてきた。

新空港予定地が富里から三里塚に替わると、すぐさま「三里塚空港反対同盟」と「芝山空港反対同盟」が結成される。戸村は「三里塚空港反対同盟」の委員長に選ばれる。間もなく「三里塚反対同盟」と「芝山反対同盟」は合併し「三里塚芝山連合反対同盟」が結成され、戸村一作は「連合反対同盟」の委員長に選出される。地元民の戸村に対する信頼は厚く、新空港建設反対の先頭に立つことになったのである。

成田市といえば、「成田山新勝寺」に代表される門前町。三里塚・芝山地区は成田市内といっても成田駅からタクシーでも三十分近くはかかる。広大な地域にまたがる新空港反対闘争の取材は、三里塚交差点近くにあった数軒の〝商人宿〟に泊まり込むのが最も効率的だった。商人宿には大規模な反対闘争があるごとに取材陣が押し掛け、泊まり込んだ。「成田担当」を命じられた私もそうした一人だった。

三里塚交差点を挟んで商人宿の向かい側にあったのが戸村一作の「戸村農機具店」である。商人宿に泊まり込んだ日々、私は戸村が帰宅した時間を狙って、戸村農機具店を訪ねた。いわゆる新聞記者の「夜討ち」である。当時、戸村はどんな時間でも記者団が訪れると、奥の居間に招き入れ、その思いを語ってくれた。冬の寒い夜、炬燵に入りながら、ミカンをご馳走になりながら取材したことも何度かあった。戸村が不在な夜は、翌日「朝駆け」する。すると、戸村は、農機具店の隣にあった三里塚教会に案内し、私の前で祈りを捧げた。

そんな時、戸村は、農民たちがなぜ、空港建設に反対するのか、こんこんと諭すように穏やかに語った。彼の心にあったのは、貧困と闘いながら開墾に当たった〝農民魂〟に支えられた「無抵抗の抵抗」による「農地死守」だった。反対闘争が始まった当初、まだ過激派学生たちの支援はなく、農民たちは立木に鎖で体を縛り付け、ビニール袋に入れた糞尿弾で機動隊の攻撃に抗った。まさに〝農民一揆〟だった。

闘争の原点

「暴力はダメだ」「暴力主義と一線を画すのだ」と支援学生や農民に呼び掛けていた戸村一作が「角材を闘争のシンボルにせよ」と農民や支援学生に呼び掛け、人が変わったように、激しい闘争に踏み出したのは、一年半近く経った昭和43（1968）年2月26日以降のことである。

この日、成田市役所にあった空港公団分室前のデモの先頭に立った戸村は、機動隊と激突、警棒の乱打によって重傷を負う。その時、意識が薄れゆくなかで、十字架を背負い、刑場に引かれていくキリストの姿を見たという。この瞬間、彼は農民と共に生きる一人として、「空港建設反対を自らの血を流すべき十字架として背負った」というのである。

これがプロテスタントのクリスチャン・戸村のその後の闘争の〝原点〟となった。私には長い間、キリスト教とは「右の頬を打たれれば左の頬を出せ」的な「寛容な宗教」という先入観があった。改めてキリスト教について調べてみると、「抗議する者」を意味するプロテスタントは、十六世紀に改革派を唱えて生まれた宗派で「信仰そのものが抵抗や反乱の起爆剤となる」ことを知った。以後、戸村一作と反対同盟は、三派全学連（中核派、社学同、社青同解放派）を中心とする過激派各セクト（革マル派を除く）の学生、労働者たちと積極的に手を結び、空港建設を進める国家権力との激しい実力闘争へと踏み出していった。

戦後最大の反乱

機動隊に守られた強制収用によって空港建設が進められるようになると、「農地死守」は「農地奪還」の反体制運動として闘争に突入していく。投石、こん棒だった闘争は竹やり、草刈り鎌となり、大量の火炎瓶や爆弾まで登場、闘争は次第に暴徒化し、反対派、機動隊双方に負傷者が続出するようになる。昭和46（1971）年9月の第二次代執行では、全国から一万人を超える学生たちが結集し、各所で機動隊と激突。神奈川県警機動隊の支援部隊が襲われ、三人の機動隊員が殺された。機動隊員たちも反対派に対する憎悪をむき出しに、闘争ごとに死傷者が続発、死者数は開港までに双方合わせて七人に達した。

三里塚に新空港建設が決定してから十二年余が経過し、暫定開港を目前にした昭和53（1978）年3月26日、過激派の一部は新空港に通じるマンホール伝いに空港内に侵入、管制塔によじ登り、空港の心臓部を滅多打ちにし、開港を引き延ばした。

戸村一作を中心にした反対同盟や成田に集結した過激派各セクトにとっては、単なる「空港反対闘争」というより「国家」という権力に立ち向かう「戦後最大の反乱」と言う方が適切ではなかったか。それは江戸時代初期、若きクリスチャン、天草四郎を担いで徳川幕府と対峙した「天草の乱」を思わせる。

戸村は集まってきた過激派学生や労働者に、闘争の大方針は示したが、それぞれのセクトの戦術（戦い方）は各セクトの自主性に任せた。各派とも戸村を尊敬し、戸村の指示を守った。「連帯を求めて孤立を恐れず」。戸村一作は闘争の過程で、周囲に絶えずこう語った。

成田空港が四千メートル滑走路一本で暫定開港した一年半後の昭和54（1979）年11月2日、反対闘争も次第に下火になるなか、戸村は悪性リンパ腫で死去する。享年七十。彼が反対同盟委員長となってから十三年という歳月が流れていた。三里塚交差点近くの共同墓地に葬られた戸村の墓石には「真理はあなたに自由を与える」と刻まれた。

戸村の死後、彼の下で結束していた過激各派は〝求心力〟を失い、分裂して衰退の一途をたどり、反対運動の勢いは弱体化していく。しかし、彼らの一部は現地の若者と結婚して農民となるなど、その後も長い間、空港周辺にとどまり、根強い抵抗を続ける。B滑走路（二千五百メートル）の南端には、開港後、半世紀近くが経つ今もなお二戸が残って家族や友人が住み、畑を耕し、家畜を飼って農作を続けている。この反対派用地を収用しない限り、成田空港は完成したとは言えない。いずれこの農地も強制収用の対象になるだろう。

今、この空港を利用して出入国する旅行客は年間四千万人を超える。しかし、この空港建設をめぐって、政府当局と反対派の間で激しい闘争が繰り広げられたことを知る人は少ない。冒頭に記したように、私は新空港が成田市三里塚に決定してから暫定開港するまでの十三年にわたる闘争の過程をつぶさに取材した。昭和46（1971）年2月の第一次強制代執行では、機動隊と過激派の激突に巻き込まれ顔面を負傷したこともある。

「成田闘争」とは一体、何だったのか。過激各派と手を結び、この闘争の先頭に立ったクリスチャン委員長・戸村一作の思いはどこにあったのか。彼の生涯を追い、多くの血が流れた闘争の過程をつぶさに振り返ることで、その背景にあった「戦後昭和」という時代の一断面を探ってみたいと思った。

成田三里塚闘争（1967年9月）（写真：毎日新聞社/アフロ）

第1章

傲慢

誇りと怒り、分断

限界に達した羽田空港

序章でも記したように、佐藤内閣によって新国際空港の予定地が千葉県・富里村（当時）に内定したのが昭和40（1965）年11月18日。時代は高度成長に向けて急速に走り始めていた。富里村内定から二カ月余り経った41年2月4日夕、千歳空港から羽田空港に向かっていた全日空のボーイング727型ジェット機が着陸寸前に東京湾に墜落、札幌雪まつり帰りの旅行客など乗員、乗客合わせて百三十三人の全員が遭難するという事故が起きた。当時としては民間機最大の事故だった。着陸態勢に入り、有視界飛行に入った直後の事故だった。

都庁記者クラブ詰めだった私（筆者）は、事故の一報と同時に社に呼び上げられた。命じられたのは、収容された遺体が陸揚げされる東京港の竹芝桟橋担当である。海上保安庁の巡視船で運ばれてきた遺体は、同桟橋で陸揚げされ、近くの東京都工業奨励館の中庭で検視を受けた。日付が替わった深夜、同奨励館には次々と遺体が運ばれ、詰めかけた遺族と対面する。「遺体との無言の対面」の様子を私はこう書いている。

「同奨励館二階の遺族控室は七、八十人の遺族でいっぱい。遺体を目の当たりに見て、再びこみ上げる怒りにふるえた声で、全日空職員に『どうしてくれるんだ』と激しくつめよる。なかにはガックリ肩を落とし、泣く力もない遺族もみえる。全日空職員が『控室やバスの中でお休み下さい』と呼び掛けているものの、千人近い家族のほとんどは広場に立ったまま冷たい風にふかれ身

動きもしない」（5日付日経朝刊）

この事故からちょうど一カ月後の同年3月4日午後8時過ぎ、今度は羽田空港C滑走路にカナダ太平洋航空（CPAL）のダグラスDC8型機が着陸寸前、海中の導灯（アプローチランプ）に主脚を引っかけ、機体は滑走路上にバラバラに壊れて炎上、約三十分で燃え尽くすという惨事が起きた。同機には乗客、乗員七十二人が乗っており、六十四人（うち日本人五人）が死亡する。この日、羽田空港周辺には霧が発生、着陸寸前の視界は八百メートル。しばらく上空を旋回していたが、視界が約千メートルまで回復、管制塔から「着陸許可」が出たという。

事故現場には厳しい規制線が張られ、現場に近づくことはできない。私が与えられた任務は、翌朝、カメラマンと同行、対岸の千葉県習志野市にあった遊覧飛行場のセスナ機をチャーターし、上空から焼け尽くした機体の写真を撮りその雑感を送れ、ということだった。同5日付夕刊社会面トップの記事は「日本晴れも悲し羽田の朝」が主見出し。「悲劇の機体に春の日」「沖合には全日空捜索船」との小見出しで、こんな記事が続いている。

「前夜、東京湾をびっしりとおおった濃霧のあとはどこにもない。東京湾は春の柔らかな朝日を浴びてキラキラ輝いている。だが上空からみるC滑走路は、先端にスクラップと化した機体の破片が無数に散らばり、まるでケロイド症状を起こしたよう。ペロリと削りとられた防波堤が事故のものすごさを物語っている。（略）事故現場は一面ズタズタになった破片がところかまわず飛び散っている。わずかに飛行機だとわかるのは焼け焦げてにぶく光る尾翼をつけた部分だけ。付近の芝生は一面、黒焦げている」

「事故発生当時は、干潮で地肌を現していた砂浜は、いまは海の下。防波堤は約二十メートルにわたってくいちぎられたよう。七個つらなる赤いアプローチランプのうち、無傷なのは先端の二つだけ。四つは上部を削りとられたり、片側がなくなったりして、ここも白い〝キズ口〟をさらけだす。中間の一つは完全に水中に姿を消していた。チャーター機は事故の起こったC滑走路とならんでのびるA滑走路に滑り込んだ。空港にはもう遭難機と同型のDC8機やボーイング727機が出入りを始めている。ここから十数キロ沖合では一カ月前のまだ帰らぬ遺体を追って懸命な捜索活動が続けられているのだ」

日本の空の事故はこれでは終わらなかった。羽田空港を上空から取材した3月5日の午後、今度は羽田空港を発って香港に向かったBOAC（英国海外航空）機が富士山上空で乱気流に巻き込まれて墜落、乗員、乗客百二十四人（うち日本人十三人）が全員死亡する。

「呪われた日本の空」——新聞各紙は相次いだ悲惨な事故をこう表現した。羽田空港を中心に連続する事故に「首都圏唯一の国際空港である羽田空港はすでに限界に達している」という声が急速に高まる。私も連続事故の取材を通じてこのことを強く実感した。

政争と化した新空港建設

東京オリンピックが開催された昭和39（1964）年前後から急速なジェット化時代が到来、「羽田空港の能力は遠からず限界に達する」と航空関係者の間では強く指摘されてきた。しかし、羽田空港の拡張には多くの難題があった。

北西側の大田区、品川区には人家密集地帯があり、騒音対策が困難であるうえ、その先には在日米軍の立川、横田、厚木基地があり、軍用機が出入りする飛行帯〝ブルー14〟と航空路が重複し、管制上の支障が生じる。その上空を飛ぶ民間機には厳しい制約があった。拡張できるのは羽田空港南東側の東京湾しかない。だが、当時の港湾土木技術では埋め立てが可能なのは水深二十メートルまでと言われ、羽田空港の拡張工事にも限界があった。

こうした問題を解決するには、羽田空港とは別の場所に新空港を建設するしかない。池田勇人内閣は、運輸省を中心に新国際空港の建設計画に着手し、東京オリンピック前年の昭和38（1963）年6月10日、新たに建設する「新東京国際空港」の青写真を公表する。それによると、新空港は主滑走路（四千メートル）二本、横風用滑走路（三千六百メートル）一本、国内線用滑走路（二千五百メートル）二本の計五本。敷地総面積は約二千三百ヘクタールという世界の国際空港と比較しても劣らない先進的空港である。建設予定地としては千葉県浦安沖、木更津沖などが挙げられた。

しかし、この青写真が公表されると、政治的思惑や利権問題が絡み大騒動が勃発する。綾部健太郎運輸大臣が浦安案を、河野一郎建設大臣が木更津沖案を支持し、政治的対立が表面化したのである。

同年7月初旬、綾部運輸大臣、河野建設大臣と千葉県選出の川島正次郎自民党副総裁に千葉県の友納武人知事を加えた四者会談が開かれ、「新空港は東京湾内千葉県沖」とすることで合意した。「千葉県沖の東京湾」ということで合意したといっても浦安沖か、木更津沖かは先送りしたのである。この背景にあったのは運輸省対建設省の縄張り争いであり、また自民党内の官僚派と党人派の駆け引きだった。

同年8月末に開かれた第二回の四者会談の冒頭、綾部運輸大臣は「前回は候補地を東京湾上にするとしたが、これに千葉県の北総大地の富里村付近と霞ケ浦を候補地に加えたい」と発言。当初、推薦していた浦安案については「空域的にも羽田空港と競合するので、新空港をつくっても機能が制限されるし、漁民から強い反対がある。また、木更津沖は遠く羽田から七十キロもある」などと説明した。これに対し河野建設大臣は「木更津は遠いと言うが東京湾横断橋をかければ三十分以内だ。羽田と競合すると言うが、羽田は廃港にし、青果市場や魚市場にすればよい」と譲らなかった。

出し抜いた運輸省

その後、四者会談は開かれなかったが、運輸省側は池田首相の了解を得て、北総台地に的を絞って動き出し、同年12月11日、強引に千葉県富里村を候補地として答申する。当時の運輸事務次官は後に全日空社長に就任する若狭得治。運輸省側が河野建設大臣を出し抜いたのである。「浦安沖は航空管制上、羽田との調整に難点があるうえ、用地造成費が内陸の二倍以上かかる。霞ケ浦は航空自衛隊の百里基地の関係で問題があり、都心との距離が候補地の中で最も遠い」というのがその理由だった。

怒った河野大臣はすぐに富里案への反対を表明、自ら衆院建設委員会で「東京湾を埋め立てて新空港を建設したい」と述べ、閣内不統一の様相を呈してきた。池田首相は「前がん症状」で入院し、まったく統率力を失っていた。

翌昭和39（1964）年は10月10日から東京オリンピックが華々しく開催される。新空港問題もしばらくは棚上げされた。池田首相はオリンピックが終わった10月25日、引退を表明する。後継総裁には佐藤栄作、河野一郎、藤山愛一郎の三名が立候補したが、池田前首相の裁定で運輸官僚出身の佐藤栄作に決まる。運輸次官まで務めた佐藤首相は新空港問題を〝熟知〟していた。千葉県知事だった友納は年が明けた昭和40（1965）年2月、佐藤首相を訪ね新空港について首相の考えを聞いた。友納によると、佐藤は「自分も運輸省出身なので、いろいろ検討しているが、新空港を千葉県内に決める時は必ず事前に相談する」(友納武人『疾風怒濤――県政二十年のあゆみ』)と約束したという。

この年の7月8日、木更津沖を強く主張していた自民党の実力者、河野一郎が腹部動脈瘤破裂で急死する。これを機に運輸省は一気に動き出し、三カ月後の11月18日、佐藤内閣は関係閣僚懇談会で空港建設地を富里村に内定、橋本登美三郎官房長官が記者会見で「新空港を富里にすることに決定した。あす閣議決定する」と突如、発表したのである。

〝反旗〟を翻す知事

千葉県の友納知事は一カ月前、胃潰瘍手術を受け、退院後、熱海温泉で予後治療をしている最中だった。川上紀一副知事から「突如、閣議で新空港が富里村に決定した」と興奮気味の電話連絡を受け、急ぎ、千葉県庁に戻り、運輸当局などに取材するが「当局には地元説得のための条件がまったく用意されていない」ことを知り、呆然とする。「佐藤総理は事前に相談すると約束したではないか」(同)

新空港計画によると、空港の敷地面積二千三百ヘクタールは富里村のほぼ半分にも相当する。羽田空港に近い東京湾に全日空機が墜落した三日後の昭和41(1966)年2月7日、千葉公園に集まった富里などの反対派住民ら約三千人が色とりどりの旗をなびかせながら、耕運機五十台に分乗し、千葉県庁まで約二キロを「空港反対」と叫びながらデモ行進する。県庁では職員がピケを張り、玄関を閉ざして押しかけた住民を阻止する。「入れろ」「入れない」の押し問答。富里案を受け入れた友納知事への非難の声も強まっていた。反対派住民はガラス戸を破って県庁内に突入し、県庁の一部を占拠した。

私（筆者）はこの騒ぎの取材を命じられる。空港反対派と初めて接触したのはこのデモ騒ぎだった。地元・富里では反対運動が日増しにエスカレートしていった。高まる地元民の反発に友納知事は2月27日の県議会で「今後は事態の推移を静観し、地元住民への説得もしない」と概略、以下のような〝静観宣言〟をしたのである。友納知事の〝開き直り〟でもあった。

「私は当初、政府の内定の方法が、あまりにも地元を無視し、一方的になされたことに対し深い不満を感じたが、新国際空港が国民的要請であるとの見地から、政府が誠意ある地元住民対策を提示し、地元住民の豊かな生活が保障されると判断した場合は、政府に協力し住民の説得に努力しようと考えていた。しかし、政府は地元民に対し、具体案を提示せず、反対運動はますます激しくなり、支援団体も続々と現地入りしている」

「富里に決定以来、政府と地元住民の間に積極的に介入し、相対立した要請の調整の役割が知事の任務と考えてきた。しかし、最近の現地情勢は、政府から各種条件の提示があっても、すでにその時期を失し、現地では私自身も敵であるとの宣伝が行われ、説得は不可能に近いと判断せざるを得ない。私は今後、政府に対しても条件の提示を求めず、地元住民に対しても説得の態度をとらず、事態の推移を慎重に静観注視することにしたい」

友納武人は千葉県知事に当選して三年目。大正3（1914）年9月、広島県生まれの友納は、東京帝大法学部在学中に高等文官試験に合格し、埼玉県、岐阜県などで官僚を務めた後、昭和26（1951）年5月、千葉県総務部長に就任、同年9月には副知事となった。千葉県知事に当選したのは昭和38（1963）年4月。当選一期目とはいえ、知事に一切の相談もなく「新空港は富里」と決めた佐藤内閣に対し、〝反旗〟を翻すように「反対派住民の説得から今後は手を引く」と宣言したのである。事実上、富里案は廃案となったと言ってもよい。

「キリスト者新空港設置反対連盟」

新空港用地が富里村に決まった時、隣の成田市三里塚で農機具店を経営していた戸村一作は三里塚、富里、八街にあった三つのキリスト教会の信徒に呼び掛け、「キリスト者新空港設置反対連盟」を組織する。参加者は十名という小さな組織だったが、千葉県内にある三十一の全教会に「新空港設置反対の声明」を送付し、佐藤栄作首相、友納武人知事に反対署名用紙を送付・提出する。

戸村農機具店の隣には、戸村の祖父が明治時代に用地を提供した「三里塚教会」がある。教会の敷地は古くから戸村家の所有地であり、教会に貸し出していた。戸村は少なくとも三里塚教会は新空港に反対すると期待していた。しかし、これに賛同したのは佐倉教会の牧師だけ。他の教会からの反応はなかった。

それどころか肝心の三里塚教会の牧師、川島正行は「教会は政治的に中立であるべきだ」としてはっきりと拒否したのである。

川島は日本基督教団に属するこの小さな教会の四代目牧師。川島ら戸村に同調しない教会員の言い分は「教会には新空港に賛成する人も反対する人もいる。もし牧師が反対の立場を明らかにしたら教会はどうなるのだ」「政治と信仰は別。牧師はどちらの側にも与せず、あくまでも福音を説くのが唯一の使命である」「いい機会なので、三里塚教会も立ち退いて、別の場所にこの時代にふさわしい新教会を建ててはどうか」などだった。

川島牧師は三里塚教会を政府当局の要請に従って売り渡し、政府が提供するほかの場所に移転することを決めた。

戸村が結成した「キリスト者新空港設置反対連盟」はまず足元の三里塚教会との闘いから始まった。戸村は富里村での新空港建設反対の運動に取り組む一方で、川島牧師との闘いを続けることになる。

二年後の昭和43（1968）年4月には川島牧師宛てに三里塚教会の「土地返還要請」を送付する。これに対し川島牧師は「土地返還を要請され、移転を余儀なくされた」として、空港公団に補助金交付を要請した。さらに翌44年8月には「三里塚教会役員会」で戸村一作ら戸村家に近い五人を教会から除名処分にしたのである。その背景にあったのはキリスト教内での〝宗派〟の対立だったという。

富里から三里塚へ——反対闘争の始まり

戸村が所属する三里塚教会内での対立が続くなか、富里案が事実上、廃案になった政府・運輸省では北総台地を中心にした懸命な代替地探しが続いていた。

自民党政調会で運輸省の担当者を招いて議論しているうちに「隣の三里塚にある御料牧場を提供してもらえないか」という案が出る。川島正次郎副総裁が宮内庁の瓜生順良次長を呼んで聞くと「皇室は新空港問題に介入したくはないが、三里塚の御料牧場は不便な点も多いので、よい代替地があれば移転してもよい」との返事。

「御料牧場と周辺の県有林を中心にし、空港の規模も当初計画の半分に絞り込めば、民有地の買収は最小限に食い止めることができる」

こうした判断から佐藤総理は、若狭運輸事務次官を友納千葉県知事の説得に当たらせた。前述したように、友納知事は富里案決定時の政府の場当たり的な取り組みにへそを曲げ、「住民の説得は行わない」と宣言していた。若狭は足しげく千葉県庁に通い、友納に次のような佐藤総理の考えを伝えた。

「（富里案を廃案にした後）全国的な規模で捜したが、東京周辺で一時間以内に行ける新空港の用地はいくら捜しても北総台地しかない。空域も自衛隊の百里基地と羽田空港の間を調整可能であること、御料牧場、県有林を提供してくれれば、民有地にかかる面積を圧縮できること、東京湾内は羽田空港を国内線用として存続しなければならないので、新たな空港は難しい。また今度は地元との交渉条件は決定前に公表し、前例はないが、閣議決定の中に含ませる」（『疾風怒濤』）

昭和41（1966）年6月22日、佐藤総理は友納知事を首相官邸に呼んで「三里塚案」を示し、行き詰まっている空港建設問題を打開するため協力を求め、こう語った。

「今年は明治百年に当たるが、日本民族は一度も国際空港をつくったことはない。今ある空港はすべて昔の陸海軍のプロペラ時代のものを終戦後に転用したものだ。問題も多いが、百年に一度のことなので、政府も他の公共事業の前例にこだわらず、思い切った覚悟で日本の空の玄関をつくりたいので協力してほしい」（同）

その内容は「民有地の買収を最小限にするため、空港建設の位置は御料牧場と周辺の県有林を中心とする成田市三里塚地区に変更し、その規模は富里村の当初計画の二分の一に縮小する」というものだった。友納知事は「これまでの混乱の原因は運輸当局の無準備、無計画にある。内陸に空港をつくるには、できる限り民有地を避け、最低規模の空港とし、同時に十分な住民対策を示してほしい」と要望する。県庁に戻った友納は「政府の住民対策への誠意を信じ、強制手段を避け、手段を尽くして地元住民の不安を解消したい」と語り、政府案への協力を約束した。

三日後の同25日、友納は藤倉武男・成田市長と会談、三里塚地区の住民の説得を依頼した。藤倉市長は直ちに三里塚地区の区長会を三里塚にある成田市立遠山小学校の講堂で開催、友納知事からの三里塚空港建設の要請を伝えようとした。だが、佐藤総理と友納知事の間では調整が行われていたものの、地元住民への意見聴取は一度も行われておらず、住民たちにとっては「空港が空から降ってきた」ような〝寝耳に水〟の「三里塚決定」である。

彼らの不安は早くも頂点に達しており「こうなるなら富里の農民と一緒に闘えばよかった」と富里での闘争を〝対岸の火事〟と見ていた不甲斐なさへの反省の声が一挙に高まっていた。藤倉市長が説明に入ろうとすると一人の農民が「てめえみていな野郎は帰りやがれ」と罵倒し、その憎しみを市長に浴びせかけ、会場は騒然となり、怒号が飛び交った。こうして三里塚での空港建設反対闘争が始まったのである。

戸村一作の決意

同6月28日、三里塚地区の農民約千人が遠山中学校の講堂に結集、初めての総決起大会が開かれる。この講堂は御料牧場との関係で天皇家から払い下げを受けた旧学習院講堂で、そのまま再建された歴史的な建物である。明治32年に設計され、重要文化財指定の候補（昭和48年に指定）となっていた。午後になって風雨が強まるなかで、講堂は地元住民の八割を超す地元農民であふれ返った。指名されて演壇に立った戸村一作は、右手を高く掲げながらこう述べた。

「この空港は富里を追われ、三里塚に逃げ込んだものです。元来、空港建設は独占資本のものであり、農民から農地をとりあげ、農民を切り棄てんとするのが目的であります。空港によって利するものは農民でない。公共優先を大義名分とした農民殺しの野望にすぎません。もし、この自民党政権の暴政を許すようなことがあったら、日本に農民はいなかった、ということになるでしょう。この闘いは日本農民の名においても、生命をかけて闘う価値あるべきものでしょう」

大会は「三里塚は反対が少ないという政府の一方的判断に対し、絶対反対が大多数であることを表明すると同時に、地元民に考える余裕も与えず、最初から反対の意見を押し殺す態度で、閣議決定を急いで強行する暴挙に対し、政府並びに県当局に強く抗議する」との大会宣言を出した。集会の後、各集落の主だった農民が集まり、反対同盟の結成と運営方針を話し合い、戸村一作を委員長に選出した。「三里塚空港反対同盟」が正式に発足したのである。

戸村が後に書いた『野に起つ』によると、この前日、木の根地区の小川明治ら十五人ほどの農民が戸村宅を訪れ「俺たちは最後まで闘うんだから、（反対同盟の）結成に先立って戸村さんに委員長をお願いしたいんですが。そのために今日はみんなでやってきたんですよ」と揃って頭を下げた。戸村はしばらく考えてこう述べた。

「やはり敷地内の農民の中から誰か責任者をえらんだ方が有利でしょう。その方が農民自身の反対運動を展開できると思う。それに私は残念ながら地権者でもないし……」

「いや、土地を持つ、持たないは問題じゃねえ。富里時代からの関係もあるし、何がなんでも引き受けてもらいてえんです」と小川明治。海軍軍人だった小川は、戦時中、天皇陛下から恩賜の煙草を下賜され、それを「宝物」として大切にしてきた天皇崇拝者。終戦直後に一部解放された御料牧場の跡地に入植し、自ら「闘魂必成正剣破邪木ノ根居士」を名乗って「死ぬ覚悟」で開墾に取り組んできた人物である。小川たちの声に推されて、戸村は委員長に就任する決意をする。その時の思いを彼はこう述べている。

「しかし、決して私は自ら農民運動の指導者としての力量と資格を自認した者でも何でもなかった。むしろ、無能力を知る私ではあるが、私の中にあるただ一つのものが無力な私をして、農民とともに生きる力を与え不思議に私を立たしめたのである」

「私を三里塚闘争の中で生かし、今日をあらしめた唯一のものは、どう考えても単なる思想的なイデオロギーではなかった。二千年前に死んだキリストが、私の中に現実に生きて働いているという実存感だった。ここに私の生命の躍動があった。長い間、キリストと結合したところから生まれる権力主義に対する反逆だった」

「私の三里塚闘争の目的も、またキリストといかに生きるかに問題点があった。引き受けたものの委員長などどうでもよいのであって、私に与えられた責任はどれだけラディカルに三里塚闘争にキリストを実践し、農民と生活を共にし、闘いに生きることができるか否かの一点に絞られるのだった」（戸村一作『野に起つ』）

戸村一作が反対同盟委員長を引き受けたのは、あくまでもキリスト者として自らの信仰を貫くためだったのである。戸村一作を委員長に担ぎ出した小川明治は副委員長に就任、「死んでも土地は明け渡さない」と言い続け、反対運動の先頭に立った。三里塚に隣接する芝山町の農民たちも空港が出来れば騒音地帯に入るため反対運動を始めており、二日後の6月30日、芝山中学校体育館に約千名が参加して「芝山町空港反対同盟」を結成、委員長に地元農家の瀬利誠を選出した。

粗っぽい閣議決定

こうした反対派の結集が続くなかで佐藤内閣は7月4日、新国際空港について閣議決定をする。その内容は次の通りだった。

①新東京国際空港の位置は千葉県成田市三里塚を中心とする地区とする

②新東京国際空港の敷地面積は、千六十五ヘクタール程度とする

この用地に四千メートル滑走路（A滑走路）、二千五百メートル滑走路（B滑走路）をそれぞれ一本と横風用として三千六百メートル滑走路（C滑走路）の計三本を最終的に建設する、というのが運輸省の計画だった。

これを報じる同日付「日本経済新聞」で私は「運輸省としては四十三年度末までに用地買収を済ませ、四十五年度末には少なくとも四千メートル滑走路一本を完成させる方針を固めているが、空港内のターミナルビル、エプロン、駐車場などの飛行場施設や横風用滑走路の位置などの取り方については新たに発足する空港公団でさらに計画を練り上げていくことになっている」と書いている。

要するに政府決定といっても「45年度末開港」という目標と新空港の位置と面積、滑走路の本数を示しただけで具体的な建設計画のない「粗っぽい閣議決定」だったのである。

この閣議決定を受け、運輸省は二日後の7月6日には成田市内にある成田土地改良事務所の一角に「航空局成田分室」を設置し、専門官小川清三郎以下七人を送り込み、地元対策の第一歩を踏み出す。〝七人の侍〟と呼ばれた彼らは、成田警察署長の飯高春吉が探した空き家にざこ寝、自炊しながら各所で説明会を開き、住民たちへの説得を開始する。

さらに同7月30日には「新東京国際空港公団」が東京・赤坂の共同通信会館内に正式に発足する。総裁には愛知用水公団総裁の成田努が、副総裁に元海上保安庁長官の今井栄文が就任した。空港公団発足と同時に現地機関として成田市役所構内に公団成田分室が設置され、「用地買収」などの業務を開始する。私（筆者）の成田取材は、反対派だけでなくこうした当局側の動きを追うことも欠かせなくなったのである。

反対同盟の一体化

新たに発足した空港公団が動き出すと、反対派もこれに対応する形で戸村が委員長を務める三里塚反対同盟と隣町の芝山町反対同盟（委員長、瀬利誠）の一体化が進められ、同8月20日、遠山中学校で「三里塚芝山連合空港反対同盟」の結成大会が開かれた。土砂降りの雨の日だったが、会場は満員。この大会で連合反対同盟委員長に戸村一作、副委員長に三里塚側から石橋政次（天神峰）、小川明治（木の根）ら六人、芝山側から瀬利誠（横堀）ら五人が選ばれた。発足当時の同盟員は約千二百戸、千五百人だった。

この時、事務局長に選ばれたのが北原鉱治である。北原は戸村農機具店前の十字路を挟んで反対側数十メートルの場所で呉服商を営んでいた。佐倉の呉服商の次男として生まれた北原は十九歳の時、志願して海軍に入った。敗戦後、復員して一時は富里で農業に従事していたが、自分は農業には向かないと悟り、三里塚で呉服店を開業する。当時は成田市商工会のメンバーとして成田市交通安全協会の副会長などを務めていた。戸村とは近所付き合いはあったが、深い付き合いはなかった。交通安全協会副会長時代の北原を知る成田警察署長だった飯高春吉は、北原についてこう述べている。

「彼もまた、戸村一作と同様、空港敷地内に一片の土地も持っていなかったが、反対の理由は空港建設によってお得意先が失われて営業が成り立たないということにあったようである。しかし彼は目先の商魂にたけているから、そのうちに転向するであろうとはおおかたの彼に対する人物評であった」（飯高春吉『北総の朝あけ』）

当時、飯高署長は私たち記者団にも、北原に対する同じような見方を漏らしていた。しかし、こうした飯高署長の北原観はまったくの見当違いであることが時間の経過とともに明らかになっていく。北原は戸村一作の死後も空港建設反対を貫き通すのである。戸村委員長は反対同盟の実務をすべて北原に一任、自らは三里塚闘争の〝シンボル〟として、各地で開かれる反対集会に出掛けアジテーター役に徹する。このほかに行動隊長として内田寛一（芝山町朝倉）、副隊長に熱田一（横堀）が選出される。

設立された空港公団による農地買収の動きが活発になっていった同年12月には、反対同盟は「現地闘争本部」として天神峰の同盟副委員長石橋政次宅の庭に小屋を建設、近くの畑に丸太を組んだ監視やぐらを建てた。この石橋宅は予定されるB滑走路（二千五百メートル）の用地の中にあった。さらに駒井野、天浪、東峰、木の根などに相次いで団結小屋や物見やぐらを建て、反対派住民が常駐し、外部の者の侵入には警鐘用ドラム缶を打ち鳴らす態勢がつくられた。飯高成田署長はこの状態を「あたかも戦国時代の様相を呈した」（同）と表現している。

闘争の拠点づくりはこうした団結小屋だけではない。この頃始まったのが「一坪運動」だった。反対同盟の幹部たちが各地の空港を視察した時、茨城県百里基地の松林の中で、一坪運動をやっているのを見て「一人でも反対すれば空港は出来ない。絶対的な方法だ」と〝一坪委員〟をつく

三里塚闘争支援者のための現地案内地図

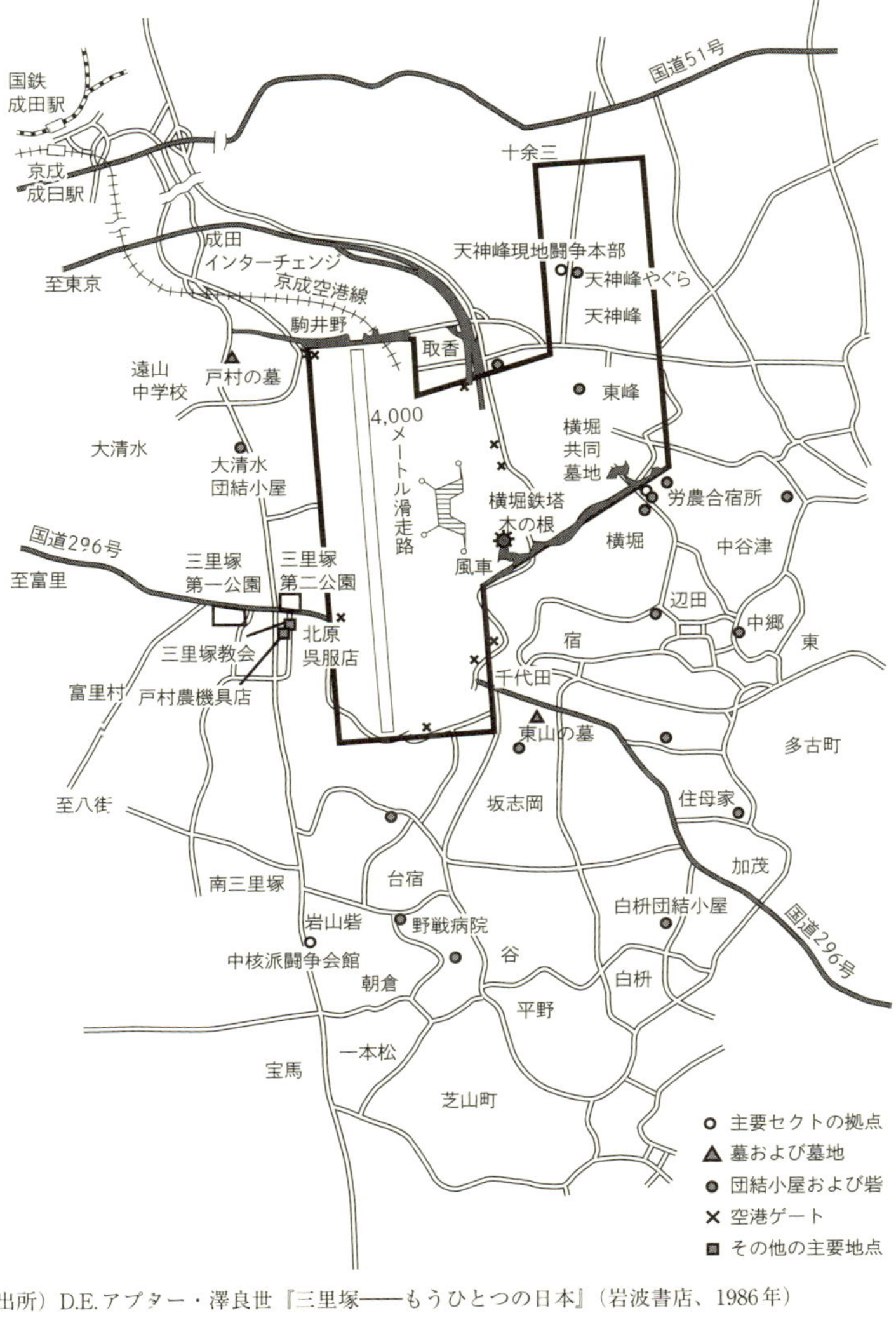

（出所）D.E. アプター・澤良世『三里塚——もうひとつの日本』（岩波書店、1986 年）

り、所有者から譲り受けた土地を共有化する。立木の一本、一本に名札をぶら下げた。その中には成田知巳、佐々木更三ら社会党首脳所有者の名札もあった。同年八月末には空港用地内で一坪運動は三十三カ所、所有者は一千三百人に及んだ。

御料牧場の三里塚、731部隊の芝山地区

成田市三里塚、芝山地域での空港建設反対運動が激化していった背景にあったのは、この地域が歴史的にも極めて特異な地域であった、ということである。

江戸時代には「佐倉七牧」と呼ばれた軍馬の生産地の一つだった三里塚に、日本が近代国家となった明治時代、元勲・大久保利通によって四千ヘクタールという広大な御料牧場がつくられ、天皇家の食料はすべてここで生産されるようになる。野菜類はもとより、バター、ベーコン、チーズなどや、毎朝搾った新鮮な牛乳が宮中に運ばれる。また、春先になると年一回、刈り取られるメリノー種の綿羊からは洋服生地も織られ、皇居に届けられていた。

それだけではない。御料牧場は桜の名所でもあり、春になると大勢の花見客が訪れた。牧場には天皇の乗馬が放牧され、皇太子などが乗馬遊びにたびたび訪れていた。天皇家の人たちが御料牧場に来るときは三里塚の村を挙げて道路の補修をし、小学生や村民は日の丸の小旗を持ってお出迎えをした。戸村一作は中学生の頃の思い出として御料牧場について自著『野に起つ』に概略、次のように記している。

「秋には東京から例年のように二頭立ての馬車がやってきた。それには十六の菊の紋章がついて、滑るように走るピカピカ光った四輪のゴム輪の馬車だった。馬車の中には着飾った『宮様』という皇族が乗っていた」

「大清水には遠山小学校があった。学校前の沿道には日の丸の小旗を手にした小学校の生徒が先生に引率されて整列した。その真ん中を馬車が通り過ぎるまで、学童たちは静かに頭を垂れていた。それが通り過ぎる頃を見計らって先生の合図で一斉に頭をもたげて過ぎ去っていく馬車を見送るのだった。皇族は一日中、初茸狩りに興じ、それを土産に夕方には東京に帰っていく」

「春の桜、秋の茸狩りと三里塚は天皇家の遊興の場だった。この中に入って茸一つ、木一本切ることのできない土地であるから、農地を持たない小作人は休眠している土地を眺めながらも、鍬一つ入れることのできない場所だった。そればかりか周辺地域の住民は、御料牧場の恩恵にあずかっているということで、『義務臨時』という農作業の奉仕をさせられた」

「第二次世界大戦が激しくなり、毎夜のようにB29の波状攻撃が激しくなると、天皇一家も東京の皇居に居たたまれず、どこかへ逃げださねばならない身の危険を覚え始めた。それは信州の山奥と三里塚の御料地であった。牧場内の中心部には皇族の休み場所となる屋敷があった。その下に巨大な地下壕が掘られ始めた。（略）地下室はシャンデリアがともった豪華なものだと聞いたが、ついに天皇家は避難することなく終戦を迎えた」

三里塚地区の住民には、戸村が記しているように「おらが天皇」の「御料牧場」に対してある種の懐かしい思い出があったが、一方の芝山地区は戦前の歴史に対し「語ることも憚られる」暗い影を抱えていた。

戦時中に満州（現中国東北地方）のハルビンの「毒ガス研究所」で〝マルタ〟と称する多くの中国人に対し、コレラ菌やチフス菌などの生体実験を行った「731部隊」の司令官、石井四郎中将はこの地区（芝山町大里加茂石井）の出身者であり、石井中将に請われて731部隊の部隊員だけでなく、軍属、作業員、雑役夫などとして村ぐるみ満州に渡っていたのである。終戦直前、ソ連軍の侵攻が始まると731部隊は「毒ガス研究所」を爆破して帰国する。帰国した彼らの多くが芝山町だけでなく、御料牧場跡の開拓地に入植し開墾に従事していた。

「芝山町反対同盟委員長」から「三里塚芝山連合反対同盟副委員長」となった瀬利誠も731部隊員だったと言われ、戦後は戦犯として撫順刑務所で服役、最後の戦犯として帰国した。芝山町には石井中将の親戚、縁者も多く、石井中将の最後の指令は「731部隊のことは墓場まで持っていけ」だったと言われ、関係者は731部隊については戦後、黙して語らなかった。後述するが瀬利誠は、後に反対同盟を裏切り、所有地を空港公団に売り渡すことになる。芝山町反対同盟は日本の歴史の「暗い影」を抱えていたとも言えるだろう。

奪われた希望の地

昭和20（1945）年8月15日、日本はポツダム宣言を受諾する。8月30日にはマッカーサー元帥が厚木に到着、9月2日には東京湾に停泊する戦艦ミズーリ号上で降伏文書に調印、日本は正式に降伏した。その頃、国内は深刻な食糧不足に陥っており、同11月9日、「緊急開拓事業」を閣議決定する。「大規模な開墾、土地改良事業によって食料の自給を図り、離職せる工員、軍人、引揚者、戦争罹災者の帰農を促進する」ことがその趣旨だった。

御料牧場もこの一環として九百二十五町歩（一町歩は約一ヘクタール）が開墾地として解放されたほか、県有林の一部の土地も払い下げられ、入植者による開拓が始まった。しかし、約四百町歩が解放されずに旧来通り残っていたのである。解放された御料牧場に入植してきたのは復員者、沖縄の戦争罹災者、満州などからの引揚者などが多数を占めていた。

当時の入植者は「新窮民」と呼ばれ、身ひとつでこの地で開墾を始め、その生活は極めて貧しかった。新窮民のほとんどが昼間は周辺農家の小作で収入を得て、夕方から月明かりの下で開墾作業を行った。御料牧場には古くからの巨木が繁っていた。それを人力で切り倒し、根を掘って農地に変えた。

こうした入植者たちによって解放された牧場跡地には、木の根地区の百二十五戸をはじめ駒ノ頭地区に三十五戸、古込十戸、葉山四十三戸、宮下九十六戸、十倉三十七戸など合計五百四十八戸の新しい村が誕生した。二十年余にわたって苦しい開墾を続けてきた農民たちが、どうやら農業で食べていけるようになった時に、新空港用地に組み入れられ、立ち退きを要請されたのである。彼らの怒りは大きく「反対同盟」の下に結集していった。

三里塚芝山連合空港反対同盟委員長の戸村一作氏（1968年1月1日）
（写真：三留理男撮影/毎日新聞社/アフロ）

第2章

開戦

空港公団対反対同盟

反逆精神の芽ばえ

空港公団の成田分室が設置され、「用地買収」が本格的に動き出すと、戸村一作委員長を先頭に反対同盟は一段と抵抗の姿勢を強めていく。その実態を記す前に戸村の半生を振り返っておきたい。

隣の千葉県印旛郡八街村（現・八街町）で生まれた戸村一作の祖父・丑之助は、明治維新政府に対する旧士族の反乱である西南戦争に官軍兵卒として従軍する。九州からの帰路、横浜で外国人宣教師の説教を聞いて心打たれ、宣教師の勧めでキリスト教メソジスト派（プロテスタントの一派）に入信する。帰郷した丑之助は、三里塚御料牧場の作業員となり、その後、御料牧場で行われていた実験農業に使う農機具の製造・販売業を始める。この農機具製造販売が丑之助から息子の武芳、さらに一作へと引き継がれた。

『成田市史』（成田市史編纂委員会）によると、明治18（1885）年になるとメソジスト教会の宣教師、J・ソーパルが戸村丑之助宅を拠点にして千葉県内での伝道を始め、丑之助宅にメソジスト派の伝道所（のちの三里塚教会）を開設する。同伝道所は大規模な講演会をしばしば開催、周辺農村の青年たちに大きな感銘を与えたという。この伝道所は明治24（1891）年に藁屋根九坪半の小会堂を建立、五年後には「日本基督教団三里塚教会」と称されるようになる。いわば戸村一作の祖父・丑之助がこの地にキリスト教をもたらしたのである。

丑之助の長男である一作の父・武芳もまた丑之助の教えを守り、厳格なキリスト教徒として育った。同時に彼は農機具商として目先のきく商売人でもあり、祖父の住居の裏に作業場をつくり、特許を取って質の高い農機具を生産し、販売に乗り出した。事業は成功し、日本全国から注文が殺到したという。これが〝三代目〟として一作が引き継ぐ「戸村農機具店」である。日曜日になると牧師がやってきて農機具店脇の戸村家の用地に建設された三里塚教会で説教をした。


明治42(1909)年5月29日、父・武芳と母・とくの長男として生まれた戸村一作は、神に捧げるいけにえの象徴であるアブラハムの長子、イサクにちなんで「一作」と命名されたという。父・武芳は、アブラハムとイサクの物語を、絶対神に対する人間の絶対的服従を教える例え、であると信じていた。戸村家では子供のしつけは厳しく、夕食時には食前に感謝の祈りを前に子供たちは一日の出来事を父に報告させられた。一作は後になって「イサク」という名前が課していた責任をはっきりと自覚し、喜んで一生を神に捧げなければならないと考えるようになっていく。

戸村一作は大正14(1925)年、私立成田中学校に入った。成田山新勝寺によって設立されたこの学校は当時、千葉県内では唯一の私立中学であり、中学校としても千葉中学(現・千葉高校)に次ぐ二番目の中学校である。成田中学は東京に近いということもあり、開学以来、著名な文化人が教壇に立つことが多かった。大正デモクラシーの風潮のなかで戸村の在学中も、学校当局の生徒指導をめぐって教師排斥の全校ストライキがしばしば行われるなど、「ストライキ中学」などと言われたこともあった。

幼児の頃から絵が好きだった一作は中学二年ごろから油絵を描き始め、ストが始まると、これ幸いとばかりに学校をサボって絵ばかり描いていた。この頃の三里塚の風景は美しく、春秋には高名な画家が訪れ、写生していた。学校をサボった戸村は画家たちの尻について回り、彼らが描く風景を終日、凝視し続けた。

一作は東京から六十キロ離れた三里塚を、パリ郊外の「バルビゾン」になぞらえ、ミレーのように風景から生活へとモチーフを広げていった。1830年代、パリから五十五キロほど離れたバルビゾンという村に一群の風景画家が集団で移住し、多くの名作が生まれる。一作はミレーのように絵を描きながらの農民生活に憧れていたのである。


戸村が絵に夢中になり始めた大正15(1926)年の春、中山義秀、中野好夫が英語の教師として同校の教壇に立つことになった。東京帝大を卒業した中野好夫は赴任後、半年にして病を得て辞職、のちに英文学者として名をなし東大教授となる。

中野はのちに「(成田中学は)まことに自由でうるさいことは言わず、文学志望の若いものが、腰掛にいるのはまことにおあつらえ向きの学校であったといってよい。たった一学期だったが、あんな楽しい、のびのびとした教師生活はその後もついに一度もなかった」(『成田市史』)と述懐している。

早稲田大学を出た中山義秀は、昭和８（１９３０）年まで七年間、成田中学の教壇に立つ。当時、彼の小説は文壇に認められず、苦闘時代ではあったが、彼もまた「生涯で一番幸福な時期であった」（同）と述懐する。

型破りの中山は生徒たちに人気があった。成田中学を去った五年後の昭和13年、『厚物咲』で芥川賞を受賞、ひのき舞台に躍り出る。豪放磊落な性格で、戸村ら教え子たちへの影響力は大きかった。

戸村によると、東北弁で長身の中山義秀は、英語の時間を利用して生徒に向かってビクトル・ユーゴーの『レ・ミゼラブル』を物語った。「それもあの長編をそらんじて物語ったのである」（戸村一作『野に起つ』）。戸村は成田図書館から世界文学全集の『レ・ミゼラブル』を借り、家で読んでも読み切れず、授業時間に先生の目をかすめて読んだという。

戸村は必修となっていた軍事教練が大嫌いだった。「出たり出なかったり」で、軍事訓練の教官からにらまれる。ある日、皇居前で天皇陛下の観閲式があり、軍事教練の担当者から生徒全員が参加するように言われたが、彼一人だけが参加を拒んだ。「軍人が嫌いだから」というのが参加拒否の言い訳だった。成績表の教練科目には真っ赤な字で毎年、「否」と記された。

三年生の頃になると、文学や絵画を好む友達を誘って日曜日に、中山義秀の家を訪ねて、話を聞くのが楽しみになった。当時、義秀は教室の窓の向こう一面に広がる集落に、農家の一軒家を借りて家族四人で住んでいた。学校から歩いて十分くらいの場所である。ある日、戸村が彼の家を訪ねると、義秀は和服をはしょって裸足で便所から糞汲みをしていた。戸村が「糞汲みができるなら百姓もできるんでしょう」と言うと、義秀は「糞汲みが出来る位で百姓やれたら、たやすい御用だぞ」（同）と言われた。

戸村は校友会誌に応募して没になった原稿を彼に送り、批評を求めたことがある。これを読んだ義秀は「こういう内容は反逆のレッテルを貼られる。『資本論』を読め、本当の神がわかる」と助言する。これをきっかけに戸村は初めて「マルクス主義」に興味を持ち、共産主義思想に接近していった。後に戸村はこうした中学時代を通じて「私という人間の中に何か権威に逆らう反逆の精神が生まれ、絶えず生き続けてきたのではなかろうか」（同）と振り返っている。

画家を志し妻の故郷・北海道へ

成田中学を卒業した戸村は家業の農機具販売店を手伝いながら、油絵を習い、本格的な画家修業に入る。父・武芳は彼に家業を継がせようとするが、戸村はあまり商売に身を入れることができず、毎日のように御料牧場に出かけて絵を描いていた。また文学にも興味を持っていたので、中学時代の同級生と一緒に雑誌『まきば』を発行するなど家業には一向に興味を示さない。卒業五年後の昭和９（１９３４）年４月、父の知り合いのメソジスト教会の牧師、長崎勝三郎によって洗礼を受け、熱心なクリスチャンとなった。

結婚すれば仕事に身を入れるようになるだろうと考えた父は、長崎牧師に「クリスチャンの良い娘さんを一作に世話してほしい」と依頼する。長崎はかつて北海道・小樽でメソジスト教会の牧師をしていた時、「良い相手がいたら」と父親に頼まれていた星野澄江との見合いをお膳立てする。澄江の父は新潟師範を卒業後、小樽に教師として赴任、小樽メソジスト教会の熱心な信者だった。父はすでに他界していたが、澄江は父の所属する教会で熱心な信仰生活を送りながら成長した。

戸村と澄江は東京・赤坂の長崎牧師の自宅で見合いをし、その席で結納を交わした。戸村はその席で「見合いが終わったら、九十九里浜に直行して絵を描くのだ」と澄江に言ったという。二人は昭和9（1934）年12月23日に結婚式を挙げた。戸村が二十五歳、澄江が二十三歳の時である。新婚早々の戸村は、妻を残して絵を描きにあちこちに出掛け、父が期待した家業を手伝おうとはしなかった。澄江は後に「一作との結婚生活は、恵まれた良いものであったと神様に感謝している」（鎌田慧編著『回想の戸村一作』）と語っている。

結婚数年後、澄江が健康を害し北海道の実家に帰ると、戸村は家業の農機具店は両親と弟に任せて、昭和13年、澄江の後を追って北海道・小樽に渡る。親の監督から逃れたいという気持ちが強かったのかもしれない。戸村は石炭商をしていた澄江の兄の仕事を手伝い、後には頼まれた肖像画を描いて生計を立てた。澄江は着物の仕立てなどで家計を補った。「肖像画を一枚描くと一カ月くらい食べていけたんですよ」。戸村は当時を思い出し、懐かしそうに私（筆者）にも話してくれた。

戸村が北海道に渡る前年の昭和12（1937）年7月7日には北京郊外の盧溝橋で日本軍と中国軍が衝突、日中戦争が始まる。さらに16年12月8日には日本海軍がハワイ・真珠湾を攻撃、日米が戦争に突入した。こうした時代に戸村は、戦争とは無関係に妻と二人で北海道の各地を転々としながら、キリスト教活動の傍ら肖像画を描く生活を楽しんでいたのである。澄江は「北海道での五年間の生活は誰にもまねのできないすばらしい新婚旅行のようなものだった」（同）と語っている。

そうした生活は長くは続かない。戸村農機具店を継いでいた弟が東京で就職することになった昭和18（1943）年春、戸村夫妻は三里塚に呼び戻され、家業を手伝うことになる。日米戦争は日本が劣勢となり、米国のB29爆撃機による東京周辺への爆撃も始まっていた。三里塚に戻った戸村は中学時代と変わらず、戦争遂行に非協力的な態度をとり続けた。

そんな戸村にも敗戦間際になって召集令状が届き、陸軍世田谷連隊に呼び出された。だが、世田谷連隊では書類検査の結果「即日帰郷」の命令を受ける。「健康上の理由」とされていたが、「おそらく成田中学以来の札付きの反戦ぶりが問題にされたのではないか」と戸村は言う。戦争非協力者が召集されると、懲罰的に戦死の確率が高い最前線に送られることが多かった時代である。戸村にとっては、幸運だった。昭和20年8月15日、天皇陛下の詔勅を三里塚の自宅のラジオで聞いた時、戸村は「なにか心躍るものを感じた、戦争で犠牲になった人々の死を無駄にはできない」と強く思った。

敗戦後、戸村は三里塚で家業に精を出しながらも絵を描き続け、キリスト者として穏やかな生活を続ける。自宅脇の三里塚教会で日々の祈りを続けながら、近所の子供たちを集め、牧師のように説教をしたり絵を教えたりした。年に一度は教会で近隣の学校の先生や子供たちが描いた作品を集め、美術展を開き、自分の描いた絵や制作した鉄のオブジェなども展示する。三里塚教会をこの地域の文化活動の拠点としたのである。

一方でオート三輪の免許を取り、それに耕運機や農機具を載せて周辺の農家をくまなく回り、農機具のセールスにも精を出した。解放された御料牧場に入植した農民たちとの絆もこの時代に生まれ、農民の苦労を肌で感じとる生活が続く。この時の経験が、三里塚芝山空港反対同盟委員長としての十三年間にわたる成田空港反対闘争の精神的な基礎となったのである。

成田市議会の混乱

話を閣議で新空港の建設用地が成田市三里塚に決まった昭和41年7月4日まで戻したい。この日は成田市議会の開会日だった。閣議決定の数時間後、反対派約一千人が取り囲む異様な雰囲気のなかで議事が進められ、地元の議員六人から「政府の決定は地元の意向を無視したものだ」とする「三里塚空港設置反対決議案」が提出され、採決の結果、賛成十七、反対五、白票三で可決された。空港問題をめぐる成田の雰囲気を象徴する決議だったが、この日、千葉県議会では野党欠席のなかで「空港促進の決議案」を可決する。

前述したように閣議決定に伴い同7月6日には運輸省航空局分室が成田市内に設置され、さらに同月30日には新空港公団が発足。空港建設への動きは本格化しており、成田市議会の反対決議によって政府と地元の交渉の窓口が絶たれた、という不満と反省の声が高まってきたのである。

このため8月2日午後、臨時市議会が開かれ、空港対策特別委員会から「客観的情勢から成田市議会がこのままの態度を維持することは地元対策上許されない。地元住民に対する補償などに万全の措置が講じられ、成田市全域の発展が期せられるならば空港建設に協力せざるを得ない」として「空港反対決議の白紙撤回」が提案される。前回の反対決議案を提出した六議員はいずれも欠席していたが、投票の結果、賛成十七、反対二で「空港反対決議案」を白紙撤回することが決まる。

この日、反対派約二百五十人が市役所に押し掛け、議場内に入ろうとしたが、機動隊三十人が初めて動員され、激しいもみ合いのなかでの白紙撤回決定であった。成田市議会の反対決議撤回はその後の地元補償に大きな影響を与え、「条件派」が相次いで生まれ、反対派が分断されていくことになる。成田に乗り込んだ運輸省の「航空局成田分室」や発足したばかりの空港公団成田分室の動きも活発化し、公団用地買収員は総力を挙げてまず敷地内農民の説得に乗り出す。

彼らは農民たちに「土地を譲った者には最も有利な代替地を用意する。土地の買収価格は一反歩（約十アール）百万円を基準に考えているし、農機具がいらなくなったらそれも補償する。転業したい人には空港内に店を開くという新しい転業対策と職業指導を行う。農業を止めてもそれ以上の生きる道を備えることができる。家屋の移転については、それと同じ家が建てられる値段を補償し、樹木、植木も国が買い取る」などと語りかけたのである。「この際、土地を売って新生活を築こう」という農民が出ても不思議ではない。

条件派の誕生

成田市天神峰の岩沢正春ら数人は空港公団の説得に応じて密かに会合を進め、8月24日、岩沢の天神峰の敷地に住民約二十人が集まり会合を開く。この日集まった有志が中心となって、翌25日に「成田空港対策部落協議会」が発足した。会長には岩沢正春が就任する。空港の主要部に当たる木の根、古込、十余三、東峰、天神峰、取香、芝山町横堀の七地区から住民百三十一人が参加する。条件派最初の組織であり、彼らが公団や千葉県との交渉に応じることになった。

条件派のいう「条件」とは「空港周辺に工業団地や住宅団地をつくってほしい」「用地は適正な価格で買ってほしい」「騒音対策を十分にしてほしい」などだった。こうした条件派の要求を見て、政府は9月12日には関係閣僚懇談会で用地買収価格を決定する。畑一反当たり六十万—百十万円で、当時の相場（十五万円前後）のなんと四倍から八倍という好条件であり、反対派からの脱落者が一気に続出する。

9月19日に古込地区に成田国際空港条件闘争連盟が発足したのを皮切りに、10月15日には東三里塚に成田国際空港桜台対策協議会、11月5日には駒井野に駒井野地区空港対策協議会、同17日には十余三に十余三地区騒音対策協議会と地区ごとに次々と条件派組織が生まれていった。この結果、成田市内での条件派の用地面積は五百九十ヘクタール余に上り、空港予定地の民有地中、八〇％強を占めることになった。

条件派各グループは、成田市農業協同組合長の神崎武夫の呼びかけで組織を一本化することになり昭和42（1967）年3月6日、「成田空港対策地権者会」が発足する。「地権者会」（神崎武夫会長、二百五十八戸、空港用地内所有面積二百八十一ヘクタール）は「部落協議会」（岩沢正春会長、二百六十一戸、二百四十五ヘクタール）と並んで、条件派を二分する組織となった。

戸村によると、こうした動きのなかで目立って動き出したのが金融機関だった、という。戸村は概略、こう述べている。「銀行はどこの部落の誰が公団を訪ね、代替地をあさり始めたという情報をキャッチすると、すかさず自動車をとばしてその農家を訪問した。銀行の得意係は小型の算盤を出して丁重に補償額の査定をし、借金の奨励をする。銀行は公団とグルであって、巧みに農民の心理を摑み、金の魅力をそそった。銀行は農民の土地を担保にとった。そして空港敷地内条件派に対する担保貸付がどしどし行われた。その背後にあって操ったのは政府、公団であって金融機関を手先に使った農地収奪の巧妙な暗躍だった」（『野に起つ』）

条件派優遇で外郭測量へ

こうした動きが続いていた昭和42（１９６７）年1月10日、運輸省は航空法に基づく新空港設置公聴会を千葉県庁で開催した。三里塚芝山連合反対同盟（以下、反対同盟）は三百六十人がはちまき姿でのぼりを掲げて県庁に押しかけた。運輸省は職員五十数人で県庁の出入り口を固めるものものしい警戒ぶり。公聴会開始一時間前に傍聴券百五十枚が配られたが、反対同盟員には一枚も渡らなかった。傍聴者の大半は公団や県の職員だった。同盟員は会場外に設置されたスピーカーで傍聴することになる。

公述人は地元住民、空港公団、県、市など関係団体の代表三十六人。事前に提出した口述書からバランスを考慮して選ばれたという。反対同盟からは委員長の戸村一作と芝山町の農家、石井昌治の二人。石井は「政府が成田空港建設を抜き打ち的に決定したのは、国家権力をカサにきた暴力行為だ。血のにじむ思いで開拓してきた北総台地に替わる土地はない」と大声で叫んだ。戸村はクリスチャンらしく「農民から土地を奪うのは神を冒瀆するものだ」と信者に語りかけるように陳述した。

条件派の代表は「国策ならばやむを得ない」としながらも、「代替地問題を早急に解決し、農業が続けられるようにしてほしい」と訴えた。そのほかの陳述人の意見は賛否二つに分かれる。この公聴会は、空港建設を進めるための法律の要件を整える手続きの一つにほかならなかった。口述人もその趣旨に従って賛否双方から均等に選ばれた「形式的」なものだった。今井栄文公団副総裁は公聴会終了後の記者会見で「公聴会も終わったので一日も早く用地買収にかかりたい」と語った。二週間後、「新東京国際空港工事実施計画の申請書」に対する認可が下り、空港建設は新たな段階に入っていった。

空港公団は同年5月20日から建設予定地への立ち入り調査を予定しており、それに先立つ同15日、条件派の部落協議会と地権者会の二派に対して代替地配分案を示した。この配分案を見た地権者会会長の神崎武夫は激怒する。部落協議会には御料牧場跡地の空港用地に提供された残りの部分や県有地の畜産試験場跡地など二百五区画、百二・五ヘクタールの代替地が配分されていたが、空港用地内に所有面積の多い地権者会には七十三区画、三十六・五ヘクタールしか配分されていなかったのである。神崎は「部落協議会への優先配分を白紙に戻し、公平に分配し直せ」と間に入った県当局にかみついた。

部落協議会長の岩沢正春は反対同盟を脱退し、最初に交渉に応じる条件派の組織をつくった功労者である。そのうえ部落協議会には戦後の入植者が多く、零細農民の集団でもあり、こちらが積極的に動けば、用地買収はスムーズに進む、という読みもあったに違いない。空港公団は地権者会の反発に千葉県知事の友納に交渉をまかせて静観する。友納は副知事の川上を現地に派遣、

6月19日から一週間、泊まり込みの交渉に当たらせた。

さらに26日には運輸大臣の大橋武夫が現地に乗り込み、条件二派との交渉に乗り出す。閣議決定で新空港予定地が三里塚に決まって以来、運輸大臣が成田を訪れるのは初めてだった。午前9時7分、大橋が乗った京成電車が成田駅に到着する。反対同盟は行動隊長の内田寛一指揮の下、約四百人が一時間前からホームに座り込み、「大橋帰れ」「農民の土地を奪うな」などと激しいシュプレヒコールを上げる。電車を降りた大橋の通路を確保しようとした四百人の機動隊と激しいもみ合いとなった。大橋は飯高春吉・成田署長らに守られて駅長室に駆け込んだ。

駅長室で約一時間、缶詰め状態になったが、機動隊によって反対派が排除されると、大橋はパトカーに守られて市役所に入り、条件二派との話し合いに入る。大橋は「滑走路先端から長さ二キロ、幅六百メートルの騒音地帯も空港用地内と同一条件で買収する。買収価格は希望する一アール最低十万円を基準に弾力的に考えたい」と提案する。大橋の条件派に対する〝おみやげ〟だった。これをきっかけに条件二派との話し合いは動き出し、8月14日、条件二派は外郭測量を承諾し、空港問題は外郭測量に向かって動き出した。

少年行動隊、老人行動隊、婦人行動隊の発足

条件二派が外郭測量を承諾した翌日の15日、千葉市内の公園で「空港粉砕強制測量実力阻止」の総決起大会が開かれた。反対派が集会のスローガンに「実力阻止」という言葉を使ったのはこ

れが初めてだった。集会には反対同盟、社会党、共産党を中心に約一千人が集まり、県庁までデモ行進をし、うち三百人が県庁内に座り込み、機動隊がこれを排除する。この集会には反対同盟の子弟からなる「少年行動隊」約四十人が初参加、「両親が一生懸命、農作業をしている畑をコンクリートで固めてしまうのはひどい」と知事、県教育長宛ての作文を読み上げた。

空港問題が起こってから小、中学校の生徒たちも「空港が出来たら私たちの生活はどうなる」と関心を持ち、「少年行動隊」の結成を戸村一作委員長や北原鉱治事務局長に相談した。戸村たちも少年行動隊の結成に賛成し、8月5日に遠山中学校で結成され、芝山、三里塚を合わせて児童、生徒百五十人が加わった。

少年行動隊の結成に対し、県教委は成田市などの教育委員会や校長を通して、戸村や北原ら同盟幹部に「子供を引きずり出し、反対闘争に巻き込むのは止めるべきだ」と抗議した。しかし戸村たちは「子供たちが自主的につくったもので、止めろと言える筋合いのものではない」と断り、同行動隊の活動は以後、次第に拡大されていった。

少年行動隊と同時期に発足したのが「老人行動隊」や「婦人行動隊」である。老人行動隊は「反対同盟の傘下に入り、一朝有事の際には現地座り込みを敢行し、三里塚空港の設置を阻止し、農業百年のために立ち上がる」と宣言し、約四百人で組織された。婦人行動隊は地域婦人会や農協婦人会のほとんどが加入して発足する。これらの各組織は公団の外郭測量実施に備えて、内田寛一行動隊長が指揮して実戦を想定した組織的訓練を実施する。さらに隊長、中隊長、班長など旧軍隊の組織を見習った組織をつくり、約千個のヘルメットを購入し、あらゆる闘争に参加することを申し合わせた。

条件二派が外郭測量を承認した一週間後、千葉県は「8月23日から測量を実施する」と発表した。しかし、この測量は突如、延期される。この前後、空港公団は成田努総裁が辞表を提出し、大揺れに揺れていたのである。成田総裁の辞表提出理由は「新空港建設が進まないため」と発表された。初代空港公団総裁をめぐっては、時の総理である佐藤栄作と元総理の岸信介の意向が大きかったといわれ、前述したように、最終的には愛知用水公団総裁の成田努に落ち着いた。その成田が就任後、わずか一年余りで辞表を提出したのである。

その理由についてては公団内や千葉県庁でも様々な憶測がささやかれた。私たち記者団も取材に駆け回ったが、あちこちでささやかれていたのが成田総裁をめぐるカネの問題だった。「成田はある信用金庫から家族の経営する会社名で土地を担保に億単位の融資を受けていた。担保に入れた土地が成田の愛人の所有地だ」という情報である。この情報が真実であるかどうか、確認は取れなかったが、こうした情報を流した週刊誌もあった。成田は釈明するため佐藤総理に面会を求めたが、佐藤はこれを無視した。成田は10月2日に辞任し、翌日、副総裁の今井栄文（元海上保安庁長官）が総裁に昇格した。

未明の外郭測量の杭打ち

今井新総裁が就任すると空港公団は直ちに外郭測量実施に向けて動き始めた。その動きを察知した反対同盟は10月6日、「強制測量の暴挙を目前に全国の支援を訴える」声明を発表する。

「私たち同盟の基本的闘争方針とその計画は、あくまで『無抵抗の抵抗』を唯一の武器として正々堂々と正義の勝利を信じつつ、最後の日まで闘い続ける覚悟である。現政府がかたくなに反省の気色なく、暴挙を続行するならば、流血の突発もやむを得ないだろう。私たち反対同盟は身命を賭して正義の闘いに殉じる決意である」

この声明は、反対同盟委員長戸村一作と副委員長瀬利誠、石橋政次の三人の連名で出された。「無抵抗の抵抗」は、反対同盟委員長のキリスト教徒、戸村一作の基本的な闘争理念だった。

外郭測量は10月10日未明に始まった。以下、同日付の「日本経済新聞」(以降、日経)夕刊一面からその一部を引用する。

「新東京国際空港公団は十日早朝、空港建設予定地の成田三里塚地区で外郭測量用のクイを三本打ち込んだ。測量隊は千葉県警のほか神奈川県警の機動隊員ら千三百人に守られて抜き打ち的に出動したため、空港絶対反対を叫んでいた農民や支援労組の集結が遅れ、クイ打ち作業は約一時間半で無事終了。懸念されていた流血騒ぎもなく、こぜり合いで軽傷者九人を出し、二人が逮捕されるにとどまった」

「成田市三里塚一帯には九日夜十一時過ぎ『明朝いよいよ外郭測量のクイ打ち』との情報が流れ、十日未明にかけて農民たちがトラックやオートバイで四千メートル滑走路予定地北端の駒井野、大清水部落に集まった。その数はざっと四百人。町かどにもヘルメット姿の見張りやパトロール隊が繰り出し、寝静まった町は騒然となった」

「午前五時過ぎ、機動隊に守られて測量班が出動した。まず空港北側の国道五十一号の十余三地区に機動隊が現れ、陽動作戦で農民の注意を引いているうちに、待機中の測量隊の一行が午前五時、こつ然と南方の三里塚中心部交差点に現れた。ここは四千メートル滑走路の南端に近く、守っていた反対派はわずか四十人の老人行動隊。座り込んだがたちまち機動隊に排除され、測量隊は県道を東に直進し、約二十分後には県道わきで初のクイ打ちを終えた。クイは鉄パイプで地上に五センチだけ首を出して埋められた」

社会面では「反対の農民がっくり　老人なだめる若い警官」との見出しで、農民たちの表情を私（筆者）はこう書いている。

「腰の曲がった八十のおばあさん、シラガ頭にしわだらけのおじいさんが、お経を唱えたり、うちわ太鼓をたたき続けた。十日朝、御料牧場正面に近い三里塚交差点の冷たいアスファルトの上に、老人行動隊四十人が座り込んで約五百人の機動隊と向かい合った。（略）午前五時半、突如現れたヘルメットに闘争服のいかめしい機動隊を、大部分の老人たちは初めて見たのだ。国が動員した予想以上の〝物量〟に、老人たちは思わず息をのんだようだ」

「『おじいさん、おばあさん、道を開けなさい、抵抗してもむだですよ』。警備車の上から若い警官が呼び掛けるがビクとも動かない。機動隊はついに老人たちの手足を取って道をあけた。『ケガはさせませんから』と老人一人に警官四人がかり。機動隊とそれに守られた測量班は交差点から七百メートル先の測量点へどっと突進。『おめえらだって親兄弟があるんだろう』、孫のような隊員の後を、ハチ巻き、もんぺ姿のおばあさんがよたよたと追い続けた」

この日、公団側は駒井野で二本、三里塚で一本の計三本の外郭測量杭を打ち込んだ。杭打ちといっても空港公団の作業員五人がスコップで土中に穴を掘り、そこに急速に固まる特殊セメントを流し込むというもので、作業員はつるはし、スコップ、セメント袋に砂、小石まで準備し、瞬く間に作業を完了したのである。様々な準備を重ね、作戦を練ってきた反対同盟の明らかな〝敗戦〟だった。戸村一作も「この日は反対同盟員にとって屈辱の日」（戸村一作『闘いに生きる』）と記した。

私（筆者）はこの日の解説原稿である「取材ノート」に「騒ぎが終わった後」の状況をこう記している。

「反対同盟現地闘争本部の十二畳敷きの真ん中で二、三人が大の字に寝転がっていた。まわりで座っている人たちも言葉少ない。同盟結成以来、一年四カ月、この日のためにさまざまな反対運動を続けてきた結果がこれ――。戸村反対同盟委員長は『ますます張り切って戦っていく』と言っているものの（略）反対派農民たちの挫折感、（重要な節目の闘いに）ほとんど集まらなかった支援団体への不信感がぬぐえない。『これからが闘いだ』との声が高くなればなるほど、むなしい感じが強くなる。この日を起点に反対派の闘争もいやおうなしに、微妙に変化していこう」

この記事で指摘したように、杭打ちでの〝敗戦〟によって、その後の闘い方には大きな変化が生まれることになる。しかし反対派はこの闘いでの敗北を認めてはいなかった。

翌々日の12日、反対同盟員約八十人が小型トラックに分乗して駒井野山林内に打ち込まれた杭（第一標点）一本と三里塚近くの杭（第六標点）一本をハンマーでたたき壊し、地中深くに埋まっていた鉄製の杭を引き抜いて持ち去ったのである。現地では「天狗がやってきて杭を引き抜いた」という情報が瞬く間に広まった。反対同盟が意識的に流した情報である。

空港公団はすぐさま「航空写真の撮影が終わっているので、実際上の被害はない」と発表したが、この際、三里塚近くの杭を警備していたガードマンが殴る蹴るの暴行を受けた。捜査に乗り出した千葉県警によって14日、芝山町青年行動隊員二人が逮捕され、身柄を拘束された。

共産党・民青への不信感と三派全学連の登場

この日の杭打ちをめぐる衝突は反対同盟側の事実上の〝敗北〟だったが、この闘争では、反対同盟の組織と闘争に大きな転機をもたらすことになる〝事件〟が発生していた。成田空港反対闘争に過激派組織の三派全学連（秋山勝行委員長、中核派、社青同解放派、社学同）が駆けつけてきたのである。三派全学連は二日前の10月8日、佐藤首相の東南アジア歴訪を阻止しようと、羽田空港に通じる弁天橋上で機動隊と激突、京都大生で中核派の山崎博昭が死んだばかりだった。

次章で詳述するが、私は弁天橋のすぐ近くでその衝突を取材、「山崎死亡」の原稿を書き、9日夕、杭打ち取材のために三里塚に入った。ベトナム戦争に反対し、佐藤の東南アジア歴訪を阻止しようとして死者まで出した三派全学連が、二日後には三里塚に駆けつけ、成田闘争に参加してくるとは思ってもいなかった。

この日、外郭測量実施のために動員された機動隊に対し、反対派の農民たちはこれを阻もうと、各地の路上に座り込んでいた。成田警察署長が「反対同盟ならびに支援団体の諸君に警告する。諸君の行為は公務執行妨害、道交法違反である。直ちに事態を収拾して解散しなさい」とマイクを手に装甲車から呼び掛ける。「けえれ、けえれ」と座り込んだ農民たちは互いの腕を固く組み合いながら叫び続けていた。

その渦中に「農民の後ろでスクラムを組み、赤旗を振っている一群があった。その中の一人の青年が農民にむかってこう叫んだ」と戸村委員長も、次のように記している。

「『挑発に乗るな、皆さん警察の挑発に乗らないでください』。その青年の左腕には『民青』と青地に白く抜かれた腕章がまかれていた。すると、スクラムを組んでいた一群は、赤旗を先頭に掲げてにわかに後方へ移動し始めた。農民は機動隊から一斉に背を向けて、ぞろぞろと団結を崩していく一群を呆然と見送った。農民の一人が『この大馬鹿野郎、貴様らはおらっちの仲間じゃねえ。さっさとけえれー』と叫んだ」

「彼等は一列に並んでこちらを向き、手をふって一斉に歌い出した。『がーんばろう！　突き上げる空に！』――農民たちは初めて日共・民青というものを、実際に知らされたのである。荒れ狂う機動隊の暴力を目の当たりにして、彼等は〝挑発に乗るな〟と呼び掛け、闘う農民を振り捨てて去っていく。こうした中で標識は打ち込まれたのである」（『野に起つ』）

ちょうどその頃だった。大清水方面から十数名の青年たちが駆けつけてきた。すると日共・民青の一団は走り寄ってきた青年らを取り囲み「トロッキスト、お前らの出る幕でないぞ、帰れ、帰れ」と口々に罵った。共産党、民青の罵声を浴びた十数人は、三派全学連の委員長、秋山勝行を先頭にした一団だった。三派全学連の学生たちが初めて成田闘争に参加してきたのである。秋山たちは二日前の「羽田闘争」で機動隊に浴びせられた放水によって、その衣服は乾き切っていなかった。

農民の一人は彼らの姿を見ながら「こっちはよ、トロッキストだかなんだか知らないが、闘う者なら誰だっていいのよ。いくら共産党だって民青だって卑怯者には反対同盟は用はねえ」と語りかけてきた。「トロッキスト」とは、ロシア革命後にスターリンと対立、権力闘争に敗れて殺害されたトロツキーを信奉する過激派勢力のことを指し、日本共産党・民青と対立していた。

私はこの時、成田空港闘争はこれまで思ってもみなかった過激な闘争となっていくのではないか、という予感がした。事実、反対同盟の戸村委員長はこれをきっかけに日本共産党・民青に見切りをつけ、三派全学連を中心とする過激派組織と連携するようになっていくのである。

成田市役所前で角材を手に機動隊と衝突する中核派の学生たち（1968年2月26日）
（写真：毎日新聞社/アフロ）

第3章

覚醒

共産党との決別と反対同盟の過激化

三派全学連と山崎博昭の死

三里塚に登場した三派全学連は前年の昭和41（1966）年12月17日、中核派（革命的共産主義者同盟全国委員会）とブント（共産主義者同盟）の学生組織である社学同（社会主義学生同盟）、社青同解放派（日本社会主義青年同盟解放派）によって結成される。結成時には全国三十五大学、七十一自治会、千八百人が参加した。

60年安保闘争後、その中核を担ったブント全学連は革マル派と中核派に分裂。対立する両派は激しい内ゲバを繰り返し、昭和37年の全学連大会では革マル派が中核派を追い出して執行部を独占し、以後、全学連は「革マル派全学連」となっていた。これに対し日本共産党は同年8月、傘下の民青を指導して「安保反対、平和と民主主義を守る全国学生自治会連合」（平民学連）を結成させ、共産党系の全学連が再建される。

そうした時代に中核派、社学同、社青同解放派の三派は、学生運動再建のため革マル派とも共産党系とも違う「第三の全学連」をつくる必要があるとの認識から、自分たちの全学連を立ち上げ、一緒に行動するようになっていた。私たちメディアはこれを「三派全学連」と呼んだ。学生運動はこの三派全学連系と革マル派系自治会、共産党・民青系という対立する〝三つの全学連〟の時代に入っていた。

三派全学連の主導権を握ったのが中核派であり、委員長には横浜国立大生の秋山勝行が就任する。秋山は昭和16（1941）年、香川県観音寺市生まれ。60年安保闘争の渦中の昭和35（1960）年に横浜国立大学工学部電気工学科に入学、同大学全学中央委員会委員長を経て、新たに結成された中核派委員長に就任する。新しい戦闘組織として誕生した三派全学連は、その闘いの第一歩として「砂川基地拡張阻止闘争」に乗り出す。この闘争で三派全学連は60年安保闘争以来、初めての集会・デモを行った。

この頃、激化するベトナム戦争へ米軍が深く介入するようになり、三派全学連は「ベトナム戦争反対」を最大の目標に掲げていた。昭和42（1967）年8月から佐藤首相が東南アジア諸国歴訪を開始し、その最後の仕上げとして10月8日に南ベトナムも訪問する予定が公表されたのは、三派全学連発足直後のことである。

三派全学連は佐藤首相のベトナム訪問を日本のベトナム戦争介入と受け止め、「佐藤訪越実力阻止」の強硬方針を打ち出した。三派全学連にとってこの闘争は、彼らの将来を決める重大な闘争だった。前章でも触れたが中核派の京都大学一年生の山崎博昭（18）が死亡したのはこの闘争である。反政府運動で死者が出たのは60年安保闘争での東大生・樺美智子以来のこと。山崎の死因は何だったのか。

佐藤首相がベトナム訪問に飛び立つこの日、羽田空港に通じる穴守橋、稲荷橋、弁天橋の三つの橋を挟んで、機動隊と押しかけた三派全学連を中心とする過激派学生が対峙していた。日経取材班もこの三つの橋を中心に取材態勢をとった。私の担当となったのが、山崎博昭が死んだ弁天橋である。翌9日付朝刊の日経社会面トップの見出しは「狂気のデモ　死を招く」「奪った車、仲間轢き殺す」「喊声　突撃の繰り返し」。私はこの弁天橋上での警官隊と学生たちの激突の一部始終を目撃し、こう書いた。

「佐藤首相の乗った日航特別機が白煙を残して飛び去ると、羽田空港に通じる弁天橋、稲荷橋、穴守橋の三つの橋を挟んで警官隊とにらみあっていた学生たちは〝破壊活動〟を始めた。穴守橋などの三派全学連学生が橋の上に並んだ七台の警備車に放火すると、その黒煙にあおられるように弁天橋上の中核派学生は、こん棒を振りかざして〝突撃〟、給水警備車一台を占拠、この車を先頭に警官隊に繰り返し突入した。橋から水中に組み合ったまま落下する警官と学生、飛び散る血。学生の投石が続くという狂った状況の中で、学生は奪った車で仲間をひき殺してしまった」

さらに記事はこう続く。

「反日共系全学連学生と警官隊の衝突は午前九時すぎ、羽田空港横を流れる海老取川にかかる三つの橋の上で始まった。いちばん空港入り口に近い弁天橋が中核派の六百人の受け持ち。その約百メートル北側の稲荷橋が革マル派の四百人。その北の穴守橋が社青同、社学同の千人。反戦青年委員会の九百人も弁天橋の〝攻撃〟に加わった。午前十時三十四分、首相の乗った日航特別機が飛び去ると学生たちは『ウオー』と異様な叫びをあげた」

「その直後の十時四十分、穴守橋上の学生たちは橋の上に並んだ五台の警備車の下に潜り込み、付近から集めてきた紙クズ、古材木をタイヤのまわりや、エンジンの下あたりに積み上げこれにガソリンをかけた。数人の学生がライターやマッチでこれに火をつけて回る。（略）この焼き討ちに刺激されたのか、弁天橋上の中核派十数人が（前進してくる）給水警備車の屋根によじのぼった。十一時すぎ、学生たちは給水警備車の窓を割って中に入り、車一台を占拠。この給水警備車を運転（注・バックさせながら）して何度となく警官隊に突入した。投石はますます激しくなる」

「午前十一時二十五分――。学生たちは占拠した車のマイクを使って『最後の突撃』をアジり、車を先頭に進み始めた。警官隊は車と後ろに続く学生を切り離そうとその間に割って入る。こん棒と警棒の殴り合い。学生、警官が橋から水中におりかさなるようにこぼれ落ちる。そのとき突然、学生が奪った給水警備車が後退を始めた。警官二人が突き飛ばされて川へ落ちる。その前にいた学生が頭をかかえうずくまるようにして倒れた。目撃者の話では、倒れた学生の上を車の前輪と後輪が通り去ったという」

この倒れた学生が死亡した山崎博昭だった。山崎はこの春、大阪府立大手前高校から京都大学文学部に入学したばかりだった。中核派はその後、山崎の死因は警官隊による撲殺だった、と主張する。しかし、現場で一部始終を目撃した私は「弁天橋の空港側で、突撃してくる学生たちを阻止しようとしていた給水警備車を学生が乗っ取り、奪った給水警備車をバックさせながら警官隊に突っ込もうとした。その際、バックする給水警備車の前で警官隊ともみ合っていた山崎が倒れ、引かれた」と判断した。

私は山崎が倒れた後、警官隊と逆方向の学生側に前進を始めた給水警備車を追った。学生たちは弁天橋に通じる一般車道にこの警備車を止め、タイヤにベットリとついた血痕を、民家の水道から引いたゴムホースで懸命に洗い流していた。私はその現場を目撃したのである。この時、私は山崎の死因は学生たちが奪った給水警備車による轢死だ、と確信し記事にしたのである。

山崎の死は60年安保闘争での樺美智子の死と同様、反権力闘争における歴史的な犠牲だったが、樺美智子に対するような同情と共感を呼び起こすことはなかった。

強まる三派全学連との共闘

前章で述べたように、中核派の秋山委員長ら三派全学連が三里塚に姿を現したのはこの二日後の10月10日。空港公団が初めて外郭測量を行った当日だった。反対同盟の戸村委員長らは、三派全学連の戦闘力への期待から、これを歓迎して受け入れたのである。

戸村は三派全学連を迎え入れるに先立って、三派全学連が結成後、最初に闘争に参加した砂川基地拡張反対同盟の関係者に「砂川基地拡張阻止闘争で三派全学連がどのような闘いをして地元反対同盟に協力しているか」という書簡を送っている。砂川基地反対同盟の宮岡政雄副行動隊長は、「秋山は三里塚闘争の役に立つ」と秋山を称賛する返事を送る。この返答に満足したのだろう、一カ月ほど前の9月1日の三里塚芝山反対同盟の金曜集会に秋山勝行委員長を呼んだ。その席で秋山は次のような挨拶をする。三里塚闘争に〝参戦〟する秋山の〝決意表明〟でもあった。

「ここに来るのが非常に遅かったと思っている。三里塚の人々の闘う決意を直に聞き、事態の緊迫を知り、全学連も全力をかけて闘わなければならないと決意した。この町にも歴史始まって以来の大事件が起ころうとしているのだということをひしひしと感じる」

「僕たち学生は第二次世界大戦で学徒出陣などに駆り出され、最前線に立たされた苦い歴史を持っている。戦争を民衆の犠牲のうえに引き起こした国家権力に対する報復は、その後の全学連の反戦平和の闘いとして営々として受け継がれている。学生たちはただ大学で勉強するだけでなく、積極的に戦ってゆかなければならない」

「〝国家権力は無慈悲である〟ということについて確認したい。彼らはむごい暴行を辞さず、攻撃の手を緩めないだろう。国家権力の暴力の前には無力の数万はしょせん無力でしかない。強力に身を挺して闘い抜く数万こそが要請されているのだ。佐藤政府の侵略と抑圧に抗して最後まで闘い抜きたいと思う」(戸村一作『闘いに生きる』)

10月10日の外郭測量阻止闘争に参加するため三里塚にやってきた三派全学連は、秋山委員長以下、わずか十数人にすぎなかった。10月17日に東京・日比谷の野外音楽堂で行われた「山崎博昭君追悼中央葬」には反対同盟の戸村一作委員長も出席、挨拶をする。このとき、戸村は「全学連は必ず三里塚に来るに違いない、と直感した」(『闘いに生きる』)という。
「反対同盟は全学連に共闘の要請はしなかったが、自主的に農民運動のなかに足を運んだのである。全学連はいかに依頼されても自ら行くべき闘争の本質と意義を堅持していない場には参画しないであろう」(同)
中核派を中心とする全学連の学生たち約五十人がバスで三里塚入りし、現地でのデモに初めて参加したのは11月3日のことである。反対同盟は、握り飯の炊き出しと民宿を手配し、彼らを歓迎した。この日から三派全学連の学生たちは、農民たちとともに三里塚での空港建設反対の闘争に乗り出していった。

中核派の狙いは「内乱への転化」

中核派委員長でもある秋山勝行は自著『全学連は何を考えるか』で、「三里塚闘争の真意」として以下の三項目を挙げている。

「全学連が三里塚空港建設に反対したのは、別に農民からたのまれたから助太刀に行くというような単純なものではない。第一にそれが軍事基地とされることは明らかである。羽田も板付も日米安保条約によっていつでも無料で米軍機の使用に委ねられることになっており、三里塚空港はそれを一つ増やすだけである」

「仮に民間空港用の新しい空港としても、これを三里塚につくる必要性はない。日本最大の飛行場である横田をはじめ、全国の重要空港が米軍基地であり、その一つでも返還させれば充分に足りる。そのうえ決定は全く一方的に、十分な技術的検討さえなく、強行されている」「新空港が三里塚に決まった理由は『大部分が天皇の牧場なので用地買収が容易だ』という独断に過ぎない。こうした権力の決定が、長く開拓の苦汁を流してきた農民から土地を強制的に取り上げ、その生活を破壊しつくすものであり、農民には生活破壊しかもたらさないのだ」

こうした秋山の考え方の背景には、60年安保闘争での全学連書記長であり、中核派の最高指導者でもあった清水丈夫の思想があった。彼が三里塚闘争に期待したのは「内乱の芽」を育て、いずれは「内乱」に転化させることだった。清水は「津久井良策」というペンネームで書いた『内乱と武装の論理』で要旨、こう述べている。

「(山崎博昭が弁天橋上で死去した)10・8以来の左翼の闘いが決定的限界を持ちながらも容易ならぬ影響を与えており、その力の波が大学の中に封じ込めきれない状況となっている。日本帝国主義者は10・8以来の闘いが革命的内乱への強力な志向を公然と掲げていることに敏感に反応して、反革命的に内乱への体制をとり、人民大衆に恫喝を加え、縮みあがらせようとしている」「我々は攻撃の激化に対し、全面的、全戦線的に人民決起の戦線を打ち立て、いたるところで『内乱の芽』を育て、成長させなければならない。その意味で注目すべきが三里塚闘争である。三里塚空港は日本政府のアジア侵略の一環であり、日本国内の諸矛盾激化の中で、農民の一方的犠牲のもとに乗り切ろうとする攻撃、いわば闘う農民に徹底的に攻撃を加え、みせしめにしていこうということである」

「10・8以来の闘いの中で、我々と闘う農民との間に生まれた血で結ばれた友誼に我々はあくまでも忠実に、約束は必ず守るという革命的伝統を貫いていく。我々はいかに苦しくとも、闘う農民との関係で自らの約束を守れないようでは革命的前衛には決して成長できないし、農民はおろか、どんな人民階層も獲得することはできないであろう」

三派全学連と共に現地入りしたのは、東京地区反戦青年委員会（社青同解放派の労働者組織）の代表者、動力車労組（動労）千葉地本青年部の代表者である。動労本部は革マル派が中心の組織であるが、動労千葉地本は対立する中核派が握っていた。三派全学連、動労千葉、東京反戦青年委員会の代表者たちは、今後の共闘体制を築くために反対同盟と次の三点を了解し、確認する。

①三者の代表者は三里塚闘争を「支援」するというより、労働者、学生各々の立場から現地に結集し、闘う農民との同盟の下に強い共闘の決意をもつ

②三里塚空港の建設はベトナム戦争の拡大と激化のなかで第二の羽田として実質的な軍事基地化するのは自明である。現在の安保体制のなかで、軍事空港と民間空港の差異はなく、この意味で成田空港の建設は阻止されねばならない

③三里塚空港闘争を闘う農民組織（反対同盟）の創意と方針を尊重し、いかなる行動も反対同盟の同意のもとに綿密な連絡を保持し、共闘体制を整えることを約束する。責任体制は明確にし、各単産組織、団体ごとに責任の所在を反対同盟に明らかにする

この三点は、その後の闘争の基本的姿勢として支援各団体は守り続けた。特に③の確認事項はその後の闘争に大きな意味を持っていた。三派全学連をはじめその後反対闘争に参加してきた過激各派は、戸村一作が委員長を務める反対同盟の指示に忠実に従い、結束した闘争体制が築かれていったのである。

三派全学連が天神峰に「全学連三里塚闘争本部」を設置したのを皮切りに、革マル派を除く主要学生組織が農民の提供する土地に「団結小屋」を建てて闘争本部を設け、絶えず数十人が常駐して政府・空港公団との闘いに突入していく。当時の学生運動の思想と行動には、宗教的信仰に似た〝殉教〟的側面があったことは否めない。

「学生たちは、農民に自分たちを理解してもらうため、難解な言葉を振り回すことをやめ、農村の生活習慣に従い、衝突がない時は農作業の手伝いにいそしんだ。（略）強制測量があれば、走って現場に駆け付け、抗議活動を繰り返した。現地闘争は、理屈好きの学生たちに初めて、民衆にとけこんでいくことの大切さを教えた。正確に言うと、共産主義の政治を現実の大地に定着させていくためには何が必要なのか（略）を学びながら対応していったのである」（尾形史人『「革共同五〇年」私史』）

〝魔の二カ月〟――日本共産党・民青の排除

中核派を中心とする三派全学連が11月3日、初めて反対同盟のデモに参加し、三里塚で反対同盟と連帯して活動を始めると、これに強く反発したのが日本共産党・民青である。日本共産党の現地支部は同4日付の機関紙『千葉民報号外』で「日本共産党粉砕を叫ぶ挑発者集団の策動を断じて許さず」とこう書いている。

「彼等は一年有余にわたって空港反対闘争の発展のために努力してきた日本共産党を敵として羽田闘争のように『官憲』との『流血の衝突』を引き起こそうとすることは、いかに犯罪的であることか。闘争が新しい段階に入った今日、突然、現地に入り込んできた三派系学生挑発者集団の真の目的が共産党を誹謗し、反対同盟を中心とする現地農民の団結を破壊し、反対同盟、共産党、社会党の三者連絡会議の分裂をはかることにあるのは明白である」（要旨）

「暴力集団であるトロッキストと手を結ぶことは、反対同盟と民主団体の団結を破壊する」というのが日本共産党の言い分だった。これを機に共産党と反対同盟の間に深い亀裂が生じてきた。三派全学連が参加した11月3日の集会には、共産党・民青を大量に動員し、反対同盟員一人ひとりにトロッキスト排除のチラシを配布するとともに、三里塚、芝山一帯や成田市内に「反共分裂主義者を叩き出せ」と書いたステッカーやビラを張り、青年行動隊員たちに説得工作を行うなど「反対同盟批判」に乗り出した。

この頃、藤倉成田市長が戸村委員長宅を訪れ「大橋運輸大臣との会談」を要請したが、戸村はこれを断った。その直後、大橋運輸大臣は早朝、戸村の自宅を訪れる。戸村と大橋は五分間程度、儀礼的な会話を交わしたが、戸村は大橋との会談を拒否する。共産党はこの問題を捉え、「戸村委員長ほか内田寛一行動隊長も条件派となるなど、多数の幹部がすでに反対同盟の農民を裏切っている」とのキャンペーンを始めた。

こうしたキャンペーンに対し、反対同盟も事実調査に乗り出す。その結果、「富里村二重堀で三カ月ほど前に条件派の農民が土地の所有権移転を申請していたが、同盟幹部とはまったく関係ない」ことが判明する。戸村委員長と大橋運輸大臣との会談についても、共産党は「反対同盟側が申し入れた」と〝宣伝〟するが、その際の録音テープが残されており、大橋大臣側からの申し入れであることが判明、これも共産党側の虚偽だったことも証明された。また内田行動隊長が条件派になったのではないか、という指摘もまったくのデマで、彼は当時もその後も「空港反対闘争」の先頭に立っていた。

こうした共産党・民青とのせめぎ合いが続くこと二カ月余、年末の12月15日、反対同盟は次のような「声明書」（要旨）を公表し、日本共産党・民青との決別を宣言した。

「空港粉砕の目的を実現するために、地域住民によって構成される反対同盟の自主性を尊重し、その統制に服し、同盟の団結を増大する限りにおいて民主勢力の支援は許される。日本共産党は

11月3日の（三派全学連が参加した）三里塚集会以来、反対同盟はその方針の変更を強要したとか、大橋運輸大臣に会談を申し込んだ、とか事実を曲げて宣伝し、また『同盟幹部が条件派となった』などと事実無根なことを言いふらして一連の反幹部工作を繰り返している。このまま放置すれば組織は破壊され、戦力を失う危険がある」

「彼らは何のためにこのような工作をするのか。その意図は、まず同盟幹部を意識的に中傷することによって幹部と同盟員を引き離し組織を動揺させることにあり、さらに組織の動揺に乗じて一挙に現幹部の責任を問い、退陣を求めて同盟の主導権を握ろうとするものである。反幹部闘争や組織の分裂を来すような行動をする政党は我々にとって政府、公団と同様であり、いかなる政党といえどもこれを排除しなければならない。今後、共産党の一切の介入は断固として排除する」

策略の「平和の塔」

だが、反対同盟から排除されることになった共産党は三里塚闘争から全面的に撤退したわけではなかった。この年（昭和42年）の夏、日本山妙法寺の僧侶を名乗る佐藤行通が戸村委員長を訪ねてきた。彼は「空港反対のため断食するので、どこか適当な場所を紹介してほしい」と戸村に依頼した。佐藤という人物が共産党関係者とは知らなかった戸村ら同盟幹部は、喜んで彼を迎えた。

当時、駒井野に新たな団結小屋が完成したばかり。佐藤はここで断食に入るが、断食が明けると「この地に平和の塔を建て、反対運動のシンボルにしたい」と言う。「坊主の言うことはさすがに違う」と早速、三里塚平和塔奉賛会が結成された。駒井野団結小屋近くの畑に建設される予定だったが、畑の持ち主が難色を示したため、建設地は東三里塚の共産党系農民の所有地に変更される。建設が予定されている四千メートルA滑走路の南端近くである。

昭和43（1968）年4月、非暴力を訴える「平和塔」の起工式を行った。当初、反対同盟副委員長の小川明治はその趣旨に感動し、農繁期のさなかにも自分の畑の草取りも放り投げ、資金カンパに走り回るなど一年近く平和塔建設に協力した。ところが平和塔が完成に近づく頃から、小川は佐藤の人間性や三里塚闘争に対する取り組みに不信感を抱き、平和塔建設から身を引く。

新東京国際空港敷地内に建てられた「平和の塔」（1971年3月1日）（写真：毎日新聞社/アフロ）

小川は佐藤行通という人物に協力するなかで「彼と日本共産党との深いつながりに気づいた」からだった。

「平和の塔」は翌44（1969）年7月に完成する。高さ二十一メートル、直径十三メートルの真っ白なドーム型の巨大な塔で、空港敷地内の畑の中に堂々たる〝妨害物〞が出現したのである。慌てた空港公団はしばしば塔の移転を求めたが、佐藤らは「空港の軍事利用禁止、騒音対策の完全実施、代替地の完全斡旋」などを要求、「これを認めない限り移転に応じない」との強硬姿勢に出た。宗教が絡んだこの塔の撤去は、その後も長く尾を引くが三年後の47年夏、日本山妙法寺側が移転を認め、同年11月に南東二百五十メートルの旧三里塚ゴルフ場跡に移転する。

戸村によると、佐藤行通の狙いは「平和塔の掲げる『非暴力・平和』という言葉に隠れた、危険なしかも卑劣な言動による反対同盟と学生・労働者らの共闘の分断にあった」という。平和塔を拠点にした佐藤たち共産党はその後、「農民を連れて空港公団や千葉県庁に行き、補償金・代替地確保について度重なる話し合いを求め、条件獲得の物取主義に転落していった」（『野に起つ』）のである。

10月10日の外郭測量阻止闘争での〝敗北〞から12月15日の共産党・民青の排除に至る期間を、戸村一作をはじめとする反対同盟の農民は〝魔の二カ月〞と呼んだ。空港建設反対闘争に乗り出したものの、どう闘いを進めればいいのか、闘争の経験のない彼らには〝重い課題〞となっていた。それがその後、三派全学連をはじめする過激派集団との結びつきをますます強めることにつながっていった。

戸村一作の負傷

年が明けた昭和43（1968）年、2月26日午後、空港公団分室がある成田市役所の目の前の成田市営グラウンドで「三里塚空港、砂川基地実力阻止集会」が開かれる。この集会に三派全学連中核派の学生約千人をはじめ農民、反戦青年委員会など計千六百人が参加した。学生たちは代表者五十人と公団側との会見を申し込むが、それが拒否されると成田市役所前の広場に乱入、公団分室へ突入しようとした。

千葉県警本部は警視庁、神奈川県警等の応援を求め、警官隊千七百人を動員、これを阻止しようとするが、学生側は投石や角材を振るって突撃を繰り返し、二時間半にわたって警官隊とのこぜり合いが続いた。この衝突で「警官、学生、反対同盟の戸村一作委員長、巻き添えの市民など五百数十人（うち警官四百九十人）が負傷、学生十七人が逮捕された」（27日付日経朝刊）。

戸村委員長の負傷を知った私は、彼が運び込まれた成田日赤病院に駆けつけたが、面会は拒否された。この負傷が「無抵抗の抵抗」を掲げてきた戸村の心境に、大きな変化をもたらすことを、私はその時点では想像すらできなかった。以後、「成田闘争」は一挙に過激な実力闘争へと変質していくことになる。

この日の激突の様子を私は「社会面」に「走り回る救急車、流血の成田」「石、あきビン乱れ飛

ぶ　市民は恐怖と同情と」の見出しでこう書いた。

「お不動さんの町、成田がとうとう乱闘の場となった。『成田空港阻止』を頑強に主張する反対同盟と農民。それをバックアップする三派全学連の中核派学生約千人が遠く九州、関西からもやってきた。真新しいヘルメットに角材で作ったばかりのプラカード。機動隊と向かい合ったとたん、プラカードは武器に変わり、石が弾丸となって機動隊を襲った。走り回る救急車のサイレンが町にひびき、けがをした機動隊と学生のうめきが成田市内の病院を埋めた」

「『第二の佐世保を三里塚で展開せよ』との三派全学連中核派のかけ声で、バス十台に分乗した学生らはアノラック、白ヘルメット、プラカード風の角材を手に市役所わき市営グラウンドに勢ぞろい。反対同盟の農民とすっかり意気投合した学生たちは、午後三時半、デモに移ってすぐ市役所の三差路から市役所前の公団分室に向かって一斉に突進した。大きな石が機動隊のジュラルミンのたてに当たってゴツン、ゴツンとにぶい音をたてる」

「機動隊に分断された学生約百五十人のグループは京成成田駅方面に押しやられたが、市役所前の学生本隊と同様、しつように機動隊を襲撃する。石、空き瓶、板切れ、丸太の杭など手近なものはすべて学生の武器になる。いつもなら成田山参りの観光客でにぎわう成田市だが、時ならぬ市街戦に商店街のシャッターは閉じられ、民家、市役所の壁は穴だらけ。その激しさに通りがかりの親子連れや若者たちは、路地に逃げ込んだり、近くのアパートではベランダの下に潜り込む者もあり、ケガ人も出る」

そして解説欄の「取材ノート」では「乱闘の主役は極左的な三派全学連、とりわけ中核派の学生たちだった。中核派の学生は最近、反対同盟との連携を一段と強め、この日の集会でも反対同盟の農民六百人と〝協力体制〟をとった。もちろん角材、投石で機動隊と激突したのは学生たちだけだったが、最後には農民も学生と一緒に座り込んで『機動隊は帰れ、空港反対』と慣れない口つきだが大声でシュプレヒコールを上げた。土地を手放したくないという切羽詰まった反対派農民の感情が体を張って闘う中核派に共鳴した形となった」と記している。

血を見て知った転生

この闘争でケガをし成田日赤病院に運び込まれた戸村委員長を、成田警察署長の飯高春吉は翌日、見舞いに訪れた。病院には多くの機動隊員も担ぎ込まれ、まさに〝呉越同舟〟の状態。戸村の病室には「面会謝絶」の札が下がっており、看護師に見舞いにきたことを伝えると、案外簡単に部屋に案内してくれた。

飯高は見舞いの羊羹を差し出す。戸村は包帯を巻きつけた自分の頭を指さし「飯高さん、これはあなたの警棒によるものです」。飯高によると戸村は「無口でほとんど言葉のやり取りはなかった」（『北総の朝あけ』）という。

戸村はこの日の模様を「血を見て知る自己発見の日であり、私にとっては忘れえぬ日となった」（『野に起つ』）と克明に書き残している。この日を境に戸村は文字通り「転生」するのである。彼が負傷した状況を少し長くなるが要約しておきたい。

「私は機動隊の動きに不穏なものを感じ、学生集団のそばに立って機動隊の動静を監視していた。突如、数名の機動隊が警棒を振りかざし猛然と学生に向かって走り出した。一人の学生が私の目前に転倒した。警棒が振り下ろされようとするので、私は抱え込むようにして、両手を差し延べた。瞬間、私の背後から頭上にバシーッという音とともに、警棒の振り下ろされるのを激しいショックで知った」

「殺せーッ、という叫び声とともに、私は警棒の乱打の下で、路上に膝まずいて倒れた。その時、嗚咽とも悲鳴ともつかない音が、私の喉笛をついて出た。咄嗟に私は両手の掌で頭を抱えて、仰向けにのけぞった。生ぬるいものがどくどくと顔に伝わって、足下に落ちるのを見る。真っ赤な血である。不思議なことに血のわりに痛さを感じない。私は右手で力いっぱい頭をおさえ、傷口を塞ぎ出血を止めようとした。両眼は血で曇り、視界は見る間に遠ざかった」

「グラウンドから瀬利誠副委員長、内田寛一行動隊長らが駆けつけ、日本手拭をだして傷口に当ててくれた。その時、私の全身から急に闘争意欲が抜け出していくような虚脱感を覚えた。私はなぜあの時、わが身をかばうことのみに捉われて、戦闘意欲を喪失していったのだろうか。私は血をみて一瞬ひるんだのである。死ぬんではないか、という恐怖心が私の全身全霊を圧倒した。私は三里塚闘争を闘うものとして自己の不甲斐なさを恥じた」

ケガをした戸村は北原事務局長の車で成田日赤病院に運ばれ、手術室で頭部裂傷二カ所を八針縫った。その他、十数カ所に警棒と足蹴による打撲傷を負っていた。一カ月の入院、通院八カ月が日赤病院の診断だった。戸村は『闘いに生きる』でこの日の自分をこう反省する。

「血みどろの私はなぜ彼等を追跡して、敵陣営まで行けなかったのであろうか。私は私自身の血をみてひるみ、なにか闘争意欲の崩れ去るのを覚えたことを恥じなければならない。身の危急存亡の瀕死の恐怖感の最中で、私の闘争はもろくも潰え去り、闘志の中絶がきたのである。あの場において血だるまになってまでも、暴力機動隊の張本人をとらえて放さないだけの意志的な闘志の持続を、なぜ持ち合わせなかったのか」

「もし私に流血の身をもって機動隊の密集部隊の中に踊り込み、犯人を捕らえ、責任者に突き出すだけの決意と気迫を持っていたら、たとえその日の行為が思うにまかせなかったとしても、現在の三里塚闘争に何らかの変化があったのではなかろうか。闘志の欠如と喪失は、闘争の団結を破壊し、敗北に導く禍根である。私はこれを流血と恐怖の中で身をもって知らされたのである」

私はケガをして入院している戸村一作の談話が欲しかった。成田日赤病院に日参して面会を求めたが、「面会謝絶」の状況は変わらなかった。かつて自宅を訪ねると、居間に招き入れて、穏やかに〝解説〟してくれた日々が嘘のようだった。彼はその理由を『野に起つ』にこう書いている。

「マスコミなんていうものは、自分の都合ばかり考えて、夜でも昼でもおかまいなしに、それも病院のベッドの上まで、記事をとりにくるほどコモンセンスを欠いた人たちであった。しかし、私は三里塚闘争を有利に進めるにあたっては、できるだけ記者たちに会ったほうがいいと思い、つまらぬ記事とりにも、耐えたものだった。結局はマスコミも国家権力の手先機関で、私の幻想であることがわかった」

戸村は私たち新聞記者も「国家権力の手先」と見るようになっていた。非難の矛先は私にも向けられていた。以後、戸村の自宅を訪ねても、私たち報道陣に会うことはなくなった。弁解するわけではないが、私たち報道機関は戸村委員長の〝代弁機関〟でも、空港公団など国家機関の〝手先〟でもない。双方の考えを、できる限り公平に伝えたいと心掛けていたつもりである。その点について戸村には大きな〝誤解〟があった、というほかない。

私たち報道陣にとって、取材対象の〝本音〟を知るには「夜討ち・朝駆け」は欠かせない。公式な記者会見での発言は〝建前〟が多い。以後、戸村の発言は反対同盟主催の記者会見か、闘争の現場などでの演説を聞いて彼の思いを判断、または周辺の同盟幹部たちへの取材によって、彼の本音を把握するしかなくなったのである。

角材をもって闘いのシンボルとせよ

二週間後の3月10日、再び「三里塚空港粉砕」をスローガンにした反対同盟と千葉県反戦青年委などが主催する総決起集会が前回と同じ成田市営グラウンドで開かれる。この集会には学生、農民など約五千人が参加した。

成田日赤病院に入院中の戸村一作は包帯を巻いた頭にベレー帽をかぶり、看護師が制止するのを振り切って、タクシーで会場に駆けつけた。会場に着くと、梯子を使って宣伝カーの上によじ登る。空港公団や成田市役所の建物の周りには、反対派の突入を防ぐため有刺鉄線のバリケードが張りめぐらされていた。戸村の目の前に「成田教会の十字架がひときわ目立って輝いていた」(『野に起つ』)。戸村はマイクをつかむと、成田市役所と空港公団を指して叫んだ。

「学生の皆さん、農民の皆さん、この土手の上の公団の丘をご覧ください。このものものしい警備をご覧ください。バリケードと有刺鉄線を張りめぐらせた彼らはみずから孤立しました。我々の闘いがそうさせたのです。我々は闘わずして勝ったのです。見よ、あの獄の中を！　彼らは自ら築いた鉄鎖の中に自らを閉じ込めたのです。彼らは自縄自縛の状態で完全に孤立した。我々は闘わずして勝った、と私は言いたい……」

その時、戸村の目に「成田教会の十字架が鮮やかに光り輝いているのが見えた」(同)という。その十字架を指さしながら戸村は叫んだ。

「あの十字架でナザレのイエスは殺された。諸君、プラカードの角材をもって、闘いのシンボルとしてください。彼等の自縄自縛のあのような不様な姿をもう一度見つめようではないか。諸君、私たちは闘わずして彼等を縛り上げたのです」

「無抵抗の抵抗」を唱えてきた戸村が初めて「角材をもって闘いのシンボルとせよ」と叫んだのである。こう叫ぶと戸村は待たせておいた車で病院に戻った。

戸村委員長が会場を去り、大会が終わろうとする頃、突然、白（中核派）、赤（社青同解放派）、青（社学同）のヘルメット部隊が角材を持って一斉に行動を開始する。グラウンドの土手に張りめぐらせてある空港公団急造の金網に突進し、壊しにかかった。別の一団がまっすぐに公団正面のバリケードを壊しにかかる。待機していた機動隊のガス弾がデモ隊に一斉に打ち込まれる。学生たちの投石が機動隊に降り注ぐ。戸村委員長の「角材をもって闘いのシンボルとせよ」との呼び掛けに応えるように、反対同盟も青年行動隊が正面の公団攻めに加わり、婦人行動隊は道路の石を手で掘り、かき集めて学生に送った。

夕暮れも迫った午後5時過ぎ、乱闘服に盾、警棒で武装した機動隊四千人が、解散しようとしていたデモ隊に突撃してきた。警棒で学生たちのヘルメットが打ち砕かれる。多くの学生たちが次々と倒れたが、救急車は来ない。グラウンドは阿鼻叫喚の修羅場と化した。機動隊の攻撃は薄暗くなるまで続いた。この日の負傷者数は千人を超え、逮捕者は百九十八人に達したのである。

戸村一作はこの日の状況を「昔、ローマの野外劇場コロシュームで、猛獣の餌食とされたキリスト教徒に対するネロ皇帝の迫害とはこのような形で行われたものではなかったか」（同）と述べている。いずれにしても成田市内での機動隊と反対派の最初の激突は機動隊の〝暴力〟の前に、反対派の完全な敗北だったと言えるだろう。反対派はこれをきっかけに、闘争方針の練り直しを迫られることになった。

千葉県三里塚の御料牧場に
遠足で来た小学生たち
（1969年4月1日）
（写真：毎日新聞社/アフロ）

第4章

直訴

御料牧場の閉鎖と百日調査

公団、空港用地内民有地の八九％を取得

成田市役所前での機動隊と反対派の激突の取材を終えた私（筆者）は、昭和43（1968）年3月1日、社に戻ると3月人事に伴う4月からの配置換えを知らされた。それまで都庁（有楽クラブ）担当だったが、新たに国鉄本社の「ときわクラブ」に常駐し、同時に運輸省記者クラブである「交通政策研究会」を兼務することになったのである。それまでのように、千葉市内に住んでおり三里塚の現場に駆けつけるのが一番早いから、という〝便宜的理由〟ではなく、航空問題を含む運輸行政全体をカバーせよ、というのが私に課せられた任務となった。社会部員がわずか三十人余の日経にとって、こうした担当兼務は当時、避けて通れない日常だった。

常駐することになった国鉄本社は前年の昭和42年度から累積赤字に陥り、五万人合理化を組合に通告する。その柱が「ＥＬ（電気機関車）、ＤＬ（ディーゼル機関車）の一人乗務」だった。特に七千五百人の機関助手の削減を通告された動労（動力車労組）は激しい反対闘争に乗り出し、連日のようにストや順法闘争を繰り返し、各線の列車や電車には大幅な遅れや運休が相次いででいた。ダイヤの連日の大幅な混乱に乗客の怒りが爆発し、暴動化する事件も相次いで発生していた。私はこうした国鉄の混乱を取材しながら、成田闘争からも目を離せない毎日が続くことになる。

当時の運輸大臣は、前年11月の佐藤改造内閣で就任したばかりの中曽根康弘（後の首相）だった。中曽根運輸相は、反対派の抵抗で遅れている成田空港建設にできるだけ早く着手しようと千葉県や成田市当局と折衝を重ねる。成田を含む千葉二区選出の山村新治郎代議士や友納武人千葉県知事らとも秘密裡に会談を進めていた。友納知事は3月31日に条件派農民から、土地価格問題を中心にする政府・公団との交渉を白紙委任することを取り付ける。

43年4月6日、地元条件派四代表と今井栄文・空港公団総裁の調印式が、運輸省四階会議室で中曽根運輸相、友納千葉県知事、藤倉成田市長の立ち会いの下に行われた。農民側から出席したのは成田空港対策部落協議会（岩沢正春会長）、成田空港地権者会（神崎武夫会長）の二条件派に、芝山町空港対策連絡会議（大竹孝男会長）、多古町空港対策委員会（瓜生義男委員長）の条件派二団体を加えた四団体。

調印式は友納知事の挨拶に続いて中曽根運輸相が「国家的大事業を理解されたことに国民を代表して感謝する。今後も地元農民の生活設計には親身になって相談に応じる」と述べたあと、今井公団総裁と条件派四代表の間で「補償妥結の覚書」が交換された。この後、中曽根運輸相は記者会見しその内容を公表した。主な内容は次の通りだった。

①用地買収価格は一反（十アール）当たり、宅地百九十万円、水田百三十九万七千円、畑百四十万円、山林原野百二十万円とする

②用地提供者には、空港内営業権を優先的に考慮し、空港および関連事業への雇用を含めて、今後の生活設計について積極的に協力する
③空港公団は国および千葉県の協力を得て代替地造成に早急に着手し、農民に引き渡す。反対派農民にも条件派農民と同一条件で代替地を確保する

今井公団総裁はこの後「代替地の動静、関連事業の問題も残っており、これまで以上に全力を尽くす。公団は直ちに各戸ごとに用地買収作業に入る一方、6月から買収した土地においてボーリング調査を、秋には一部整地工事に着手、三年後の昭和46（1971）年3月までには一番機を飛ばせるよう滑走路を完成する」との談話を発表する。

これに対し戸村委員長も次のような談話を発表した。

「条件派農民が調印したからといって別に驚くことはない。彼らは時が経てば売ることはわかっていたのだから別にどうということはない。我々は今まで通り空港反対闘争をいっそう激しく繰り広げるだけである。用地買収の公団は一歩たりとも現地には立ち入らせない」

二年前の昭和41（1966）年7月に空港公団が発足、空港建設が動き出した同9月に政府が決定した用地の買収価格は畑一反（十アール）当たり六十万―百十万円で当時の相場の四倍から八倍と言われたことは前述した。新たに示した価格は畑一反百四十万円であり、それを大幅に上回っていた。この価格設定によって用地買収を積極的に進め、昭和43（1968）年末までに、

公団側は空港用地内民有地の八九％（六百七十ヘクタール）の取得を完了する。逆に言えば、空港用地の一一％が反対派の所有地として残った。公団側がこの土地を取得するには、国家権力による強制収用が必要になってくるのである。

御料牧場存続を〝直訴〟

政府・公団による用地買収が進むと同時に御料牧場の閉鎖も近づいていた。反対同盟委員長の戸村一作や老人行動隊長の菅原一利（当時七十八歳）にとって御料牧場への思いは強かった。明治天皇を崇拝する菅原にとって御料牧場は近代農法の象徴でもあった。そんな菅原が戸村に提案したのが、牧場存続を天皇陛下に直訴することである。菅原はかつて「我々老人の余命はいくばくもない。千葉県庁玄関先にわらを積み上げ、白装束に身を固めて焼身自殺をして政府と千葉県知事に抗議し、空港建設を中止させよう」と提案したことさえあった。

戸村は、明治時代に群馬県と栃木県の県境を流れる渡良瀬川流域で起きた、足尾銅山からの廃棄物による鉱毒事件で、明治天皇に直訴した田中正造を心から尊敬していた。戸村は直ちに菅原老人行動隊長に賛同、演説のなかでしばしば「御料牧場を閉鎖し空港の一部に転用することは、昔なら不敬罪であり死刑ものだ」と叫び始める。

中曽根運輸相が土地買収の新たな方針を示し、買収が新たな段階に入った二週間後の同年4月18日、老人行動隊百十八人はバスに分乗して皇居に向かう。この朝、「生きて帰れるとは思わない」と妻と水杯を交わした菅原の手には、天皇への上奏文を包んだ紫の袱紗がしっかりと握られていた。老人行動隊のバスは皇居お堀端にある楠正成の銅像の前の駐車場に着いた。麹町署員がバスを坂下門前まで誘導する。宮内庁職員は宮内庁に入れるのは代表五人と制限した。宮内庁は宇佐美毅長官が不在だったため瓜生宮内庁次長が対面した。菅原は「我々は明治大帝偉業の発祥の地をいかなることがあっても命をかけて必ず阻止します」と言いながら、宮内庁長官に対する「請願書」と、天皇陛下への「上奏文」を手渡した。宇佐美長官への「請願書」にはこう記されていた（要約）。

「明治大帝によって創立された三里塚御料牧場は八十年の歴史を経て、時代と共に幾多の変遷を重ねながら、宮中の御用に供する傍ら地方畜産振興に寄与されたことは近隣住民の無上の喜びであります。その間、近郷住民はもちろん、都下住民の憩いの場として一世紀近く親しまれてきました。これは明治大帝の叡慮の賜物であります。然るに今回、政府当局によって三里塚国際空港案が出され、私たちが愛惜する三里塚御料地は遠く栃木県に移転の余儀なき事態に至ったことは誠に残念であります」

「ここに空港が建設されたなら、御料地はその用地となり、空港周辺一帯は騒音を始めとする公害のため廃墟同然となることは確実です。そして私たち農民や都内住民の憩いの場として愛惜された牧場は姿を消し、明治大帝以来の由緒ある歴史的事跡も散逸することは明らかです。宮内庁も政府に対し御料牧場の歴史的存在事由を力説され、御料牧場の現存保存をお願いするものです。これ明治大帝の叡慮に報ゆる道であります」

さらに天皇陛下への上奏文は「蒼生の安寧と幸福を旨とせられる天皇陛下の御仁慈にすがり奉り　不敬を憚らず願わくば政府をして新東京国際空港建設地選定を再調査せしめ賜らんことを」として次のようにその「理由」を具体的に指摘している。

一、航空審議会の答申に基づき決定した富里地区をまったく突然に三里塚地区に変更した説明がない

一、三里塚地区決定に先立ち広く全国に適地を探査しその調査結果を公表し、公論に付した形跡がなく、三里塚決定については殊更に必要な諮問手続きを省略した

一、三里塚地区は周辺住民に及ぼす被害が五カ市町村に亘り空港敷地にすべからざる地区であって、住民に対する配慮を欠いている

一、三里塚地区を新国際空港の最適地とする根拠がなく航空専門家は悉く批判的で、政府の方針に止むを得ず追従しているにすぎない

上奏文には老人行動隊長・菅原一利以下四人の副隊長と住民百十三人、計百十八人の自筆の署

名が添えられている。

上奏文を受け取った瓜生次長は「三里塚農民が反対し、現地に一人でもとどまっている限り、宮内庁は御料牧場の移転はしないと約束した」（『闘いに生きる』）と菅原は言う。しかし、宮内庁側はその後、「そんな約束はなかった。聞き違えではないですか」とこれを否定し、御料牧場移転に向けて急ピッチで動き始めるのである。

「人生の手本」田中正造

クリスチャン・戸村一作が英雄視し、尊敬していた田中正造は明治23（1890）年、国会開設に伴う第一回衆院選挙で栃木県三区から出馬、当選。当時五十歳だった。同34（1901）年10月、任期途中で議員辞職するまで連続六回当選する。その間、古河鉱業の足尾銅山から流れ出る廃棄物によって渡良瀬川流域が汚染し、農民に大きな被害が続出する。田中は帝国議会で何度も操業停止を訴える演説を行ったが、事態は一向に動かず、被害民の窮状は深まるばかり。彼は鉱毒被害民を救う最後の非常手段として、議員を辞職して天皇に直訴する決意をしたのである。

明治34（1901）年12月10日午前11時20分、国会の開会式を終えた陛下の馬車が衆院議長官舎前を通過しようとした時、田中は右手に直訴状を掲げ「お願いがございます」「お願いがございます」と叫びながら馬車をめがけて飛び出した。馬車の窓に直訴状を投げ入れるつもりだったが、群衆の一人につまずいて倒れ、近づくことはできない。直ちに警官に取り押さえられた。政府の衝撃は大きく、あわてて参内した内務大臣に対し「穏便に済ませよ」との天皇の意向が伝えられ、「事件性なし」として処理され、田中正造は深夜、釈放された。

しかし、新聞はこの事件を大々的に報道、社会的に大きな反響を巻き起こす。ほとんどの新聞が直訴状の全文を掲載した。鉱毒事件に対する世間の関心は高まり、学生をはじめ宗教団体、婦人団体などが鉱毒反対の積極的な啓蒙運動を繰り広げ、被害地の救援活動を活発化させる。

政府もこうした動きを無視できず、鉱毒防止の抜本策を講ずることになった。それは渡良瀬川の最下流に遊水池をつくることだった。遊水池をつくるには最下流の谷中村など三村が水の底に沈むことになる。田中正造の鉱毒反対闘争は、今度は遊水池反対、廃村反対運動へと性格を変えていった。

政府が谷中村などの土地収用に乗り出すと、地主階級を中心に「やむを得ない」とする意見が生じ、村民の意見は分裂し運動の足並みは大きく乱れる。村民のなかには「鉱毒や水害のない新しい土地に移ることが村民にもプラスになるのではないか」という声が強まり、多くの村民が土地を手放し始める。圧倒的な力を持つ国、県、企業の前にずるずると後退し、田中は数人の農民と一緒に小さな小屋で暮らし始める。妻や友人たちとも別れ質素な生活を続けた。

田中正造は「無政府主義者でも社会主義者でもなく、鉱毒被害民という国民のことのみを考えて行動した実践主義者の政治家」であり「見る人によっては狂人と映った」(山岸一平『反骨の村田中正造勝利の闘い』)。彼は鉱毒問題に生涯をなげうったのである。悲惨な晩年を迎えた田中正造は大正2(1913)年9月4日、群馬県渡良瀬村の友人宅で波乱の人生を閉じた。享年七十三。彼が亡くなった時、枕元に残された頭陀袋の中の所持品は、鼻紙と読み古した『新約聖書』と一本の杖と菅笠一つ、三冊の日記帳だけだったという。

戸村一作の「人生の手本」は、この田中正造だった。戸村は田中の人生を見習うように、反対同盟の利益を守るため成田市議会議員に立候補し、常に上位当選を果たす。さらに昭和49(1974)年には参議院選挙にも「全国区」で立候補するが落選する。

戸村は「土地は神が最初に創造したものであり、土地の売買は神の意志に背く行為であり、空港公団の土地買収工作は悪魔の仕業である」と考えていた。彼は生涯を通じて、年を追うごとにより急進的になり、より戦闘的となり、そしてより〝純粋〟になっていった、のである。

条件派の土地への「百日立ち入り調査」

老人行動隊が宮内庁に押し掛け〝天皇直訴〟を行った二日後の4月20日、空港公団はこうした反対派の動きを無視したように地元条件派約三百世帯の土地、建物、立木に対する基礎調査のための「立ち入り調査」に踏み切る。

この調査は土地収用法に基づく手続きの一環で、空港敷地となる土地の補償の基礎資料を作成するためのものだった。条件派はこの調査を了承し協力したが、反対同盟やその下に結集した過激各派は、集会やデモ、バリケードや投石、スクラムなど様々な手段を使ってこれを阻止しようとした。調査は7月19日に終了するまで八十八日間を要し、後に「百日調査」と呼ばれることになる。

千葉県警は調査が始まる前々日の4月18日から機動隊百名を毎日現地に常駐させ、集団パトロールを行い、不法行為の取り締まりに当たったった。公団にとっては「百日調査」だったが、県警にとっては「百日常駐パトロール」だった。

当時の成田警察署長、飯高春吉は「四月から七月といえば、春から初夏にかけて北総特有の黄塵吹きすさぶとき、あるいは雨の中、また三里塚の真夏特有の草いきれ、未舗装道路での車両による砂ぼこりを頭からかぶって、汗にまみれ、口に表すことのできない苦痛をみんなが経験した」(『北総の朝あけ』)と、この「百日調査」を振り返る。

飯高署長が記録する特異な闘争のいくつかを拾ってみよう。空港公団側の最初の基礎工事(ボーリング)が実施される、と伝えられた5月7日未明から反対同盟と三派全学連は急遽「三里塚闘争集会」を開いた。中核派百四十人は天浪養蚕場を拠点に、空港公団の動きを終日、監視する。社青同解放派の約二百人は角材を持ってデモを行い、大清水交差点にドラム缶を並べて検問所をつくり、一般車両の検問を行った。

こうした動きは連日、繰り返され、5月12日には成田警察署員がパトロール中、付近のやぶに隠れていた学生ら二十人が突然、襲い掛かり、丸太、角材などで警察車両を叩き、同乗していた警官二名が負傷する。

6月22日の成田市東峰地区の立ち入り調査では、反対同盟はサイレンやドラム缶を打ち鳴らし、同盟員や過激派学生を招集、公団、警察部隊に投石を繰り返し、農薬（クロロピクリン）を投げつけ警官数名が重傷を負う。クロロピクリンは土壌を消毒するときに使われるが、空気に触れると猛毒に変化するという。

7月11日には芝山町大里、岩山地区の立ち入り調査。反対同盟は太鼓、ドラム缶を乱打して反対同盟員を招集する。婦人行動隊・老人行動隊も駆けつけ糞尿弾や投石で激しい抵抗を行った。

7月17日には芝山町横堀などで反対同盟の拠点となっている「横堀団結小屋」周辺、十戸の立ち入り調査を行うが、反対同盟は約四百人を動員、阻止態勢に入った。まず、横堀公民館から約五百メートルの町道に丸太を打ち込み、それに有刺鉄線を張ってバリケードを築き、さらにその両側の松林に有刺鉄線を張るなどして公団や警官隊の進入を妨害した。

予定された立ち入り調査は同7月18日まで足かけ四カ月間、八十八日間かけてようやく終了する。この間、五十八回、延べ約千六百十九人の調査員を動員、四百五十五戸の立ち入り調査を実施したのである。

といっても、この調査の対象になったのは、土地を手放すことを了承している条件派の土地である。この調査によって用地買収の大枠が決まったわけで、これを皮切りに実際の補償額をどうするか、それぞれの地権者との個々の交渉が始まることになる。しかし、条件派の土地調査にこれだけの時間がかかったということは、反対派の所有する土地を取得することの難しさを十分に予感させる「百日調査」だった。

御料牧場閉場式への乱入

反対同盟を中心とした空港反対闘争によって、空港公団による反対派の民有地買収は遅々として進まない。第一期工事の四千メートル滑走路一本を当初の予定通り完成させるためには、遅くとも昭和45（1970）年10月までに本工事に着工しなければ間に合わない。このため政府・公団はその手始めとして、御料牧場を栃木県高根沢に移転させ、牧場内の立木十万本の伐採から開始する方針を決める。宮内庁はそれに先立って44（1969）年8月18日に御料牧場の閉場式を行い、9月上旬まで栃木県高根沢への移転を完了し、御料牧場内の立木十万本の伐採を開始することになった。

閉場式が行われた8月18日午前、反対同盟は御料牧場に隣接する三里塚第二公園で抗議集会を開いた。三々五々集まってきた反対派約二百人のなかには主婦も多く、のんびりとした雰囲気。まず戸村一作委員長が挨拶に立った。

「私が少年の頃、御料牧場はフランスの名画に見るような、牧歌的な非常に美しい風景が展開していた。大きな桜の並木が続き、四月ごろになると花のトンネルと言われるように、大空が桜の花で覆われていた。そういう美しい三里塚が、天皇陛下の財産が、佐藤自民党政権によって乗っ取られるんです。天皇陛下は今、何も言うことができない。御料牧場を乗っ取るということは、戦前だったら佐藤首相以下為政者たちは真っ先に死刑の断罪に処せられたんですよ。過去において立派な功績を果たした御料牧場が佐藤政権によって奪われるのを許してよいのか」

続いて宮内庁に直訴した老人行動隊長の菅原一利がこう挨拶した。

「私たちは昨年4月、御料牧場存続の陳情のため宮内庁に行きました。その時、瓜生次長は『用地内で反対者が一人でもあった場合には政府・公団といえども牧場内に一歩も足を踏み入れさせない』と確約したのです。私たちが〝御料牧場の存続を願う〟という横幕を持って行進していたら皇宮警察官がきて『神聖なる所へ横幕を置かれては困る』と言うから『何を言う、我々は明治大帝創立の御料牧場の存続を訴え、あなた方に味方するために来たんだ』と言うと皇宮警察官は、それじゃあ、お体お大切に、と言ってわしらのすべてに耳を貸してくれました」

戸村一作にしても菅原一利にしても「御料牧場について語る論理は、『佐藤政府が天皇陛下をいじめている。だからわれわれは何も言えない天皇に代わって闘っているのだ』というものである。このような論理は御料牧場が完全に姿を消すまでは三里塚の同盟のなかで生き生きと脈打っていた」（福田克彦『三里塚アンドソイル』）のである。戸村も菅原も御料牧場の〝最期の日〟を静かに見守るつもりだった、という。集会を終えた反対同盟の参加者たちは、青年行動隊を先頭に、会場のすぐ裏手にあった御料牧場内の総験会館に設けられた閉場式会場に向かった。

会場は紅白の幕で囲まれ、宮内庁の瓜生次長、川上千葉県副知事、今井公団総裁、鈴木成田警察署長、藤倉成田市長ら関係者百人近くが出席していた。その席には戸村一作も招かれていた。

成田警察署は機動隊の配備を要請したが、式典の雰囲気にそぐわないばかりか、反対派住民を刺激する恐れがある、との牧場側の主張によって警備の警官はごく少数しか配備されていなかった。三里塚第二公園での集会を終えた反対同盟員たちが、青年行動隊（青行隊）の萩原進隊長を先頭に到着すると、想定外の事態が起きた。

青行隊数十人が一斉に会場の壇上に駆け上り、「狂ったように」会場に並べられた椅子を蹴散らし、演壇を倒し、マイクを引きちぎり始めたのである。彼らは来賓のために準備されていた料理が並ぶテーブルも引き倒し、紅白の幕を引き裂き、会場をめちゃめちゃに破壊していった。彼らは何も叫ばず、ただひたすらに会場を破壊し続けたのである。

青行隊を刺激したのは会場を囲む「紅白の幕」だったと言われる。彼らにとって紅白の幕は運動会や学芸会、卒業式などの〝祝いの席〟に使用されるものだった。そんな紅白の幕が「御料牧場の葬送」に使われていた。これが青年行動隊の〝魂〟を激しく揺さぶったのだろう。

戸村委員長にとっても予想外の事態であり、彼らの行動を制止することもできず、手にしたハンドマイクで「私たちは御料牧場に残ってほしいのだ」と叫び続けるしかなかった。青年行動隊の心情も単純に「閉場式を見たくない」といったものだったのかもしれない。

青年行動隊をはじめとする反対同盟関係者全員が引き揚げた後、主催者は机、椅子を並べ替え、形だけの「閉場式」を行った。明治時代、大久保利通が羊毛の自給自足を夢見て開設した「下総御料牧場」はこうして八十年の幕を閉じ、栃木県・高根沢へ移転していったのである。

成田署から十五人ほどの警察官が現場に到着したのは、反対同盟の農民たちが引き揚げた後だった。鈴木成田署長（当時）は「機動隊を出動させようと思っていたが、主催者が反対同盟とは穏やかに閉場式を終えるということで話はついており、機動隊の出動は必要ない、と言うので成田市内で待機させていた。主催者側の判断が甘かったのだ。関係した農民を住居侵入、器物損壊で全員逮捕する」と報道陣に怒りをぶちまけ、本格的な捜査に乗り出した。

空港公団側の予定では、御料牧場の栃木県・高根沢への移転は9月初めには終了し、9月10日から二十六万本といわれた御料牧場内の立木の伐採を始めることになっていた。立木伐採を終えれば、ボーリング測量などを進める予定になっており、御料牧場閉場は、空港建設の開始を宣言することでもあった。

〝閉場式乱入者〟の相次ぐ逮捕

御料牧場の立木の伐採が始まる前日未明の9月9日午前4時、機動隊五百人が完全装備で身を固め、三里塚・芝山地区に出動、御料牧場閉場式に乱入したとして住居侵入・器物損壊容疑で青年行動隊の中心メンバーである島寛征、小川了、石井新二、秋葉憲一など七名を逮捕した。逮捕者七名は千葉、市川、松戸、習志野署などに分散留置された。たまたま自宅にいなかった青年行動隊長の萩原進は、逮捕を免れた。萩原は天神峰の闘争本部にいたのである。

捜査当局は萩原がすぐに自宅に戻ったにもかかわらず、萩原の人相を正確に把握していなかったため逮捕できず、反対同盟本部や親戚を潜伏先とみて、捜査を続ける。萩原が自宅で逮捕されたのは、二カ月近くが経過した11月6日のこと。自宅近くの畑を自動耕運機で耕しているところを数十人の警察官に包囲され逮捕された。その間、全国に指名手配され続けたのである。

この間に起きたのが柳川秀夫の「誤認逮捕」である。秋も深まるこの頃、農家は畑の除草作業で大忙し。三里塚の農家に援農に来ていた母親を、芝山地区に住む青行隊のメンバーの一人、柳川秀夫が車で迎えにやってきた。車から降りた柳川を発見すると、三人の刑事が近づいて「萩原進への逮捕状」を読み上げ、彼を連行する。柳川はすぐに誤認逮捕だと気づいたが、そのまま黙って連行された、という。近くいた萩原は「おれの逮捕状を読んで柳川君を連れて行ってしまった」とあっけにとられ、それを見送った。警察当局の決定的なミスだった。

戸村委員長、北原事務局長や青年行動隊員たちは直ちに成田署に押し掛け、激しく抗議する。鈴木成田署長は「誤認逮捕でした。申し訳ありません」と謝るが、農民たちは収まらず、署長室に殺到する。誤認逮捕された柳川は「車で送り届けるので署の裏口から帰ってくれ」と言われたが、「俺は玄関から帰る」と抗議団の前に姿を現し、大きな拍手で迎えられた。成田署の警官隊と農民との押し合いは、機動隊が到着するまで三時間近く続いた。

閉場式に伴う事件が続発したとはいえ、閉場式が終わると空港公団は直ちに御料牧場の立木の伐採を始めた。御料牧場の名物であった桜並木も次々と切り倒され、周辺の景色は日ごとに変わっていった。同時に各地で条件派農家の移転が始まった。9月末になるとボーリング測量が始まり、ブルドーザーが何台も入り、資材輸送用の道路をつくるための整地作業も始まった。事実上の着工だった。御料牧場の閉鎖は成田新空港建設の第一歩だったのである。

閉場式を混乱に陥れ、警察当局によって八人の逮捕者を出した青年行動隊にも、今後の闘争をどう進めればよいのか、深刻な反省が生まれる。空港公団や警察当局にとっても、空港建設は至上命令であり、どんな手段を使っても目的を貫徹しようとするだろう。「それに抵抗するには今までの闘い方でよいのか」という反省だった。特に、閉場式に乱入し、顰蹙《ひんしゅく》を買った青年行動隊にとって深刻な問題だった。9月28日に開かれた全国集会で青年行動隊は、新たな「闘争宣言」

を発表する。それはこれまでの闘争様式を転回させる「決意表明」でもあった。

「三里塚闘争に責任を持つことを基本的に確認していた我々は、この闘争の全戦線のすべての状況に、重要な責任があったはずである。しかし、それは我々の内部において、いつのまにか忘れ去られていた。ただしゃにむに実力闘争を叫んだ。そうすることによって、すべての問題が解決されるかのように思っていた。閉場式粉砕闘争は、同盟の大衆的闘争を見ずに終わった」

「その後、我々は三里塚闘争を担うことの責任について真剣に話し合った。真に三里塚闘争に責任を持つことの重い意味がわかりかけてきた時、我々の同志は不当に逮捕されていった。突出した我々は、今、再び反対同盟の内側深くに帰らねばならない。青年行動隊という個が実力闘争を叫び、実践することが闘争を勝利させない。反対同盟総体が実力闘争を叫び、かつ実践していくことによって、それは勝利すると考える」（要旨）

明治大帝の御料牧場の移転を静かに見守るという老人行動隊や戸村一作たち同盟幹部と、閉場式を粉砕するという青年行動隊の間には意識のうえで大きな隔たりがあった。閉場式で突出した青年行動隊はそれを深く反省し「反対同盟内側深くに帰ろう」と決意し、反対同盟の決定した方針に従うことを宣言したのである。その後の青年行動隊の闘争方針を大きく転回させ、反対同盟の結束を強める結果となった。

抜かれた〝伝家の宝刀〟

反対同盟内部でこうした動きが続いていた9月13日、空港公団は任意買収が困難な反対派の土地に対して、建設大臣に「公共用地の取得に関する特別措置法」（土地収用法）に基づく新空港建設事業の事業認定を申請する。この法律は、新東京国際空港建設においては一度も抜かれたことのない〝伝家の宝刀〟であった。土地収用の主な責任を負うことになる千葉県の友納知事も、当初は話し合いでの解決を願ってその適用を渋っていたが、反対派農民が一切の妥協を排する姿勢であることを知って、しぶしぶ同意した。

こうした動きが続くなかで空港公団は同20日、御料牧場の跡地を中心にブルドーザーを使って整地作業に入った。事実上のA滑走路（四千メートル）建設工事の着工である。反対同盟は測量現場や整地作業を発見するたびに、動員を呼びかけるドラム缶を叩いた。しかし、機動隊の方が先に結集してブルドーザーを守っており、反対派の動きは常に後手後手に回っていた。

同年11月12日、反対同盟のパトロール隊が、駒井野地区の工事用道路の建設現場で整地作業を行っているブルドーザーを発見する。ドラム缶がたたかれ、集まってきた農民たち二百三十人がブルドーザーを取り囲み、口々に「作業をやめろ」と叫んだ。戸村委員長はその先頭に立ち、運転席によじ登り、作業員の説得にかかった。集まった農民はブルドーザーの前に座り込み、作業は中断される。戸村は「作業を強行すると双方にけが人が出る。今日は互いに引き揚げよう」と説得する。

そこへ急報を受けた鈴木浩雄成田署長ら成田署員と機動隊員が駆けつけ、座り込んだ農民たちを取り囲み、ゴボウ抜きが始まる。戸村委員長をはじめ青年行動隊も含めて十三人が威力業務妨害の現行犯で逮捕される。工事を阻止しようという動きに対して、警察当局が異常なほど強硬方針で臨んでくることが、反対同盟の誰の目にも明らかになったのである。

そうしたなかで12月16日、建設大臣は9月13日に空港公団から出されていた成田市、芝山町、多古町、大栄町にまたがる空港用地千六十ヘクタールの土地収用法に基づく新空港の事業申請を認定、告示する。地域内の反対派所有地がすべて強制収用の対象となったのである。空港公団は一気に反対派農民の土地の強制収用に向かって動き始めた。

出撃から陣地戦へ

戸村一作委員長を先頭にした反対同盟にとって、これまでの闘争は敗北の連続だった、と言ってもよい。何が敗因だったのか。これまでの闘いはすべて反対派農民の所有地でなく、条件派の土地や、御料牧場という国家の所有地だったということだ。12月16日の建設省による事業認定を前に、反対同盟は収用の対象となる同盟員の所有する土地に「反対同盟用地」と書いた看板を立てた。ベニヤ板二枚を組み合わせ、それに足を付けたものを六組作り、そこに「反・対・同・盟・

用・地」という六文字を書いた大看板を立てたのである。

機動隊もこうした作業を遠巻きにして見守るだけだった。その理由は簡単だった。看板を立てた場所が反対同盟員の土地だったからである。これまでの闘争の場は空港公団に売り渡した条件派の土地であり、御料牧場のように国家所有の土地だった。反対派農民はドラム缶がたたかれるたびに、他人の土地に駆けつけていたわけである。事業認定を前にして開かれた大会で「自分たちの所有する土地を自分たちで守る」という方針が提案される。具体的に言えば「収用対象となる土地にバリケードを構築して機動隊を阻止する」という方針である。

バリケードの材料となったのが、御料牧場で伐採された樹木だった。青行隊や同盟有志は〝窃盗部隊〟を組織して、御料牧場で伐採された樹木の幹を盗んで回った。そして年が明けて昭和45（1970）年の新年早々から、空港公団の立ち入り測量に備えて駒井野や天浪、木の根の各団結小屋に堅固なバリケードを構築していった。

これは闘争の方針が「出撃」から「陣地戦」に変わることを意味していた。闘争は「工事阻止」から「農地死守」へと変わったのである。反対派農民にとって、「残された狭い土地であっても、そこに立てこもる」という発想は、最も理解しやすい方針であった。

過激派各派も参集、常駐体制を強化

60年安保闘争から十年。成田闘争を支援する三派全学連は「70年代の政治目標は成田」と長期目標に織り込んでいた。第三次佐藤内閣が発足した翌日の昭和45（1970）年1月15日、三里塚第二公園で「強制測量阻止現地共闘集会」が開かれる。三派全学連千四百人をはじめ各セクトから三千八百人が参加した。保釈後間もない戸村一作は「これは集会でなく闘いである。今後は常駐学生も増え、日夜、激しい戦いとなる。我々に共鳴する勢力を結集して断固、戦う」と激しい口調で闘争宣言を行った。

空港公団は十日後の同25日から始める「土地収用の前段階の手続きである事業認定」のための測量実施の準備を着々と進めていた。これに対し反対同盟は「土地収用法を恐れず、真っ向から対決することを決意し」（北原事務局長）、正月返上でバリケードを強化していった。

この頃から各大学の様々なセクトの学生が、白（中核派）、赤（共産同などブント系各派）、青（社青同解放派などの革労協系）、緑（フロント＝統一社会主義同盟など）、黒（武装蜂起準備委員会など）など様々な色のヘルメットをかぶって三里塚に集結し始める。それぞれのセクトが小屋を建てたり、テントを張って常駐するようになる。学生の多くは農家の手伝いなども始め、条件派が売り渡した土地に自分たちの作物を植え、同盟員から借りた田んぼで米づくりを始めるなど長期戦の構えを見せ始めた。

反対同盟の幹部会は三里塚の戸村一作宅で支援学生は入れずに開かれていたが、この頃になると実行役員会には各セクトのキャップクラスの傍聴を認めるようになった。実行役員会は北原事務局長が司会を務め、戸村委員長が挨拶や提案を行うことになっていた。各セクトの代表の意見陳述も認められ、彼らは常に過激な闘争方針を提案するが、「反対同盟の最終決定には全部従っていた」（北原鉱治『大地の乱　成田闘争』）という。

当初、革マル派も何度か集会に参加したが、「他の全党派から嫌われ、現地の食堂でおでん食い逃げ事件を起こしたり、野戦病院車を襲撃するなどの敵対行為をとったため、幹部会は全員一致で共闘拒否を決定した」（同）という。革マル派の革命理論の中心は「企業労働者が革命の中心を担う」という点にあり、「三里塚において階級闘争を組織化する」という中核派と理論的に対立、三里塚闘争を「小《プチ》ブル急進主義者の武装蜂起妄動」などと厳しい批判を繰り広げていた。

昭和45年1月25日から老人行動隊は、交代で五百日間の座り込みを始めた。「五百日闘争」と言われる。「五百日」というのは、空港公団が目標としている開港日「昭和46年4月」までの日数である。青年行動隊は「五百日闘争」を前に、「身を捨てて浮かぶ瀬もあり」という表題で次のような決意表明（要旨）をした。

「決意を固めて五百日間の座り込みに突入せよ！　そこは我々の砦だ！　日々破壊されていく三里塚の地において、反対同盟用地とそこに築かれたバリケードのみが、我々の内部にしっかりと根をはって育ちつつある。それをがっしりと育て上げるために、我々は連日、その用地とバリケード内部に居座り続ける決意をした。我々が居座り続けるバリケードは、我々の戦いの戦場であり、最前線である。バリケードは日々、補強されてゆかねばならない。また我々一人ひとりの内部においても、バリケードは日々、補強されてゆかねばならない」

成田署による戸村一作委員長の逮捕は、空港公団が「反対派の土地の強制収用に乗り出すための第一歩」だった。公団は空港建設のためには「土地収用法三十五条に基づく反対派用地の強制収用も辞さない」という強い意志を示したのである。次章で詳述するが、公団が土地収用法の「事業認定」に基づき、強制収用の〝前段階〟である農地や家屋、団結小屋に対する第一次強制測量を始めたのは同年2月19日朝からである。

第一次強制代執行収用作業を阻むため一坪共有地の堀に埋め込まれた竹やり（1971年2月22日）
（写真：毎日新聞社/アフロ）

第5章

激突

強制代執行"春の陣"

「事業認定」のための強制測量

昭和45（1970）年2月19日、空港公団は土地収用の前段の手続きである「事業認定」のための第一次強制測量に着手する。空港公団による「事業認定」とは、空港建設にどんな意味を持つのか。公団側は記者会見で、その意味についてこう説明した。

「事業認定されると、空港公団には土地、物件の調査権が与えられ、土地所有者は現状変更や転売が禁止され、認定区域内の土地価格は収用手続き中は固定される。公団はその時点での土地、物件の補償などを周知させ、あくまでも売り渡しを拒んだ場合は立ち入り調査を実施して、収用委員会に裁決を申請、明け渡しの採決が出れば直ちに強制収用を行う」

さらにこう付け加えた。

「反対派の妨害などで立ち入り調査が困難な場合は、航空測量などで調査し、土地所有者が調書への署名を拒んだときは、関係市町村役場の職員が代行できる」

要するに「事業認定」をすれば、空港公団側は「どんなに反対派が土地売却を拒んでも、合法的に土地収用はできることになっている」というのである。「反対派と機動隊を先頭にした公団側との激しい衝突は避けられない」。反対同盟とも接触し取材している私たち記者団の多くがそう判断した。

第一期工事区域への立ち入り調査は19日午前7時から始まった。以下、同日付の日経夕刊（一面）から引用する（要約）。

「新東京国際空港公団は千葉県成田市の新空港第一期工事区域内で土地買収に応じない土地と建物のうち十一カ所を強制収用するため、土地収用法三十五条に基づく立ち入り調査を一斉に行った。午前十時までに六カ所の調査と団結小屋周辺三カ所の土地調査を終えたが、団結小屋の建物など五カ所は、反対派が平和的な調査の説得に応じないため、午前十時半までに立ち入り調査を打ち切った。公団はこの朝、航空調査も合わせて行っており、立ち入り調査ができなかった部分については航空資料を採用して書類を整え、二月下旬には千葉県土地収用委員会に裁決を申請する方針である」

「公団では新空港予定地内の一番機就航に必要な第一期工事区域五百十ヘクタールのうち民有地二百八十二ヘクタールの九六％を買収、工事を進めているが、十七ヘクタールが未買収のまま残っている。この日、立ち入り調査の対象になったのは、来年四月開港のために特に重要な四千メートル滑走路、ターミナルビル用地内にある反対派の拠点。内訳は社会党議員ら百六十九人の共有となっている一坪運動関係地七カ所、反対同盟の団結小屋三カ所、日共系の〝平和の塔〟の一カ所の計十一カ所である」

「公団側は周辺の土地調査は早めにすませたが、建物への立ち入り調査は難航、午前十一時四十分、測量隊は調査をあきらめ引き揚げた。公団ではこの朝、航空機を飛ばし上空から航空測量を並行して行った。立ち入り調査できなかった地点については、土地収用法三十七条二項に基づいて航空測量によって土地調査、物件調書を作成することに決めた。二月末ごろまでには書類を整え、千葉県土地収用委員会に収用裁決を申請。五月末までに認可を得て六月には着工、来年四月開港に間に合わせたいとしている」

この日の社会面の見出しは「来春開港へヤマ越す」「測量、三時間半でケリ」「無抵抗〝一坪地区〟残し落城」である。見出しにもあるように、この時点での空港公団の判断は当初予定の「昭和46年4月開港」は実現できる、と考えていた。記者会見した今井公団総裁は「用地問題がかたづけば空港は九〇%完成したのも同じ。4月からの全面着工への布石を終えた」と楽観的に胸を張ったのである。

確かにこの日の測量は三時間半で終了した。航空測量も行い、手続き的に言えば公団側にとっては「胸を張れる」成果だった、と言えるだろう。しかし、現場を取材した私（筆者）は、反対派の抵抗は終わったわけではなく、ますます激しくなるのではないか、という予感がした。私はそのことを「子供も座り込み」「団結小屋で〝帰れ〟の連呼」との見出しで次のように書いた。

「反対同盟の拠点となった三カ所の団結小屋はどこも先をとがらせた丸太に鉄条網を巻き、農民やヘルメット姿の学生がびっしりと座り込んだ。『帰れ』『畑に入るな』『私の土地だ』とシュプレヒコールが続くが一歩も外に出て来ない。測量隊はなんの妨害もなく周囲の土地に杭を打ち、測量を進めていった」

「団結小屋に閉じこもる農民はみんな深刻な表情。木の根団結小屋は学生より農民の方が多い。小、中学生の〝少年行動隊〟も三十人ほど、押し黙ったまま座り込みを続けた。測量隊が『建造物の調査を行います』とさくに近寄ってくると、農民たちは一斉に甲高い声で『泥棒帰れ』と叫び続けた」

「天浪の団結小屋では、とりでの上に一人で立った小学三年生が『クラスの仲間も別のところで参加しているのでこわくない。だが明日は学校に行きたい。公団の人たちは僕たちの家を取るので泥棒だ』と語った。この日、反対派農民家族の小中学生百六人が休校、三十八人が座り込みなどの行動に参加した」

家族ぐるみの戦い

空港用地に対する初めての立ち入り調査を前にして、反対同盟は幹部会議で「家族ぐるみの戦いであり、少年行動隊全員を闘争に参加させる」と決めていた。戸村委員長は「家族ぐるみの戦いは鉄則であり、教育界から非難があるかもしれないが、土地を奪われ、生活が脅かされている時だけに、全員の総意で決めた。戦いが長引けば長期休校の可能性もある」と記者団に語った。

これに対し千葉県教育庁は「反対同盟が少年行動隊を結成した際、反対運動に子供たちを使わないよう了解がついていた、と思っていたのに残念だ」と強く反発した。

成田市、芝山町教育委員会の調査によると、各地の少年行動隊百五十人のうち、この日の立ち入り測量では、六十人が同盟休校し、このうち天浪団結小屋に二十人、駒井野団結小屋に十数人が立てこもり、有刺鉄線越しに「空港反対」などシュプレヒコールを繰り返した。翌20日も菱田小の四十二人を最多に芝山中など三校で七十六人が休校、各団結小屋で開かれた抗議集会に参加する。

空港公団側は「この日の測量は航空測量も含めて大成功」と胸を張り、同3月3日には千葉県収用委員会に第一次収用裁決を申請した。手続き的には空港建設に向けて前進した、とは言えよう。しかし、前述したように、反対同盟は「自分たちが所有する土地に張りめぐらせたバリケードに立てこもる」という〝新作戦〟を実施したわけである。かつてのように「調査団や機動隊と正面衝突してこれを阻止する」という〝戦い方〟を止めたということであり、「抵抗は少なかった」という空港公団は、反対同盟のこの作戦変更に気づかなかったということでもあった。

三日間戦争

2月の第一期工事区域の立ち入り調査に続く第二期工事区域内の反対派農民の土地への立ち入り調査は、六カ月後の昭和45（1970）年9月30日朝から始まった。空港公団の発表では立ち入り調査の予定は六日間。調査対象区域は成田市、芝山町、大栄町の一市二町にまたがる合計百二十五カ所七十八ヘクタールに及び、この種の調査としては戦後最大。この区域には反対派の

〝本拠地〟である成田市天神峰の現地闘争本部をはじめ団結小屋四カ所、一坪運動地も含まれ、土地所有者、関係者は千三百人に上る。

反対同盟は六日間の調査期間中、小中学生二百五十人を同盟休校させるなど、天神峰の闘争本部を拠点に家族ぐるみの闘争態勢を組んだ。子供たちも「ブルドーザーの下敷きになって死んでもかまわない」と口をそろえる。反対同盟の北原事務局長は「家族全員が闘争に参加し、農民の底力を見せる」と徹底抗戦の構えだった。

公団側は農民の激しい抵抗を予想して、調査スケジュールは幹部以外には一切極秘。直前になってスケジュールを公表した。初日の調査は岩山、千代田など四千メートル滑走路予定地の南端部分から始まった。公団側の〝隠密作戦〟によって反対派農民は各所に分散を余儀なくされ、一カ所にまとまることができず、調査は順調に進み、この日は予定した二十八カ所のうち十三カ所の調査を終えた。

立ち入り調査初日の反対派の抵抗を、私はこの日の夕刊社会面で「ぶつかり合う執念　ツチで手砕かれる農民も」との見出しでこう書いた。

「東三里塚の朝は農民に非常招集をかけるけたたましいサイレンの音で明けた。闘争対策本部になっている芝山町の千代田農協の屋根に農民や支援学生が駆けのぼる。農協に通じる二本の道路には用意した木材でバリケードが築かれ、中には農民、学生ら百人近くが立てこもった。『とうとう来るべきものが来た』と農民たちの表情はけわしい。

農民の中には、竹やりを持った小学生、赤旗を手にした中学生など約百人の姿も見える。『少年行動隊』のハチマキを締めた小、中学生たちは『来るなら来い』と幼い顔をこわばらせながら車のタイヤを燃やしたり、ビニール袋にいれた糞尿を投げつけたりして、測量班に抵抗した。たんのう炎をわずらい、長い間、病床に伏していた反対同盟の戸村一作委員長も病身をおしてこの日の反対運動の先頭に立った。戸村さんは測量の進む畑一つ一つに出向き、『農民は売らない、と言っている』と調査団にきびしい口調で抗議を続ける。しかし、機動隊やガードマンに守られた公団側は余裕しゃくしゃく。マイクで警告を繰り返しながら、杭打ち作業を続けた。途中、芝山町大里、加瀬勉さん（36）が打ち込まれようとする杭の上に手を出し、ツチで右手を砕かれるという場面もあった」

強制測量二日目は、二千五百メートル滑走路予定地最北端の十余三地区や天神峰地区の一部。この日は機動隊が先頭に立ち、農民、支援学生を排除しながらその後に測量班が続く。少年行動隊が作ったカーバイド爆竹が大きな音をたてて破裂する。農民たちは一斉に〝糞尿弾〟と呼ぶ糞袋を機動隊に向けて投げつける。三日目の調査は木の根地区の五カ所。二千人近い機動隊員が木の根地区を完全に封鎖、抵抗する農民や支援学生を次々と排除していった。

空港公団はこうした立ち入り調査を三日間続けたが、反対派の抵抗は激しく、全体の四割を実測調査しただけで、残りは航空測量などに切り替えた。この三日間に反対派二千五百人、機動隊六千五百人が動員され、反対派五十九人が逮捕された。この間の闘争は通称「三日間戦争」と呼ばれている。

大混乱の公開審理

空港公団は強制収用のための立ち入り調査を続ける一方、千葉県収用委員会に収用裁決申請を行う。これを受けて収用委員会は、この年の夏から秋にかけて前後五回、千葉市内の県立体育館で、土地収用法に基づく公開審理を開いた。

審理の対象物件は、成田市駒井野地区の「一坪運動用地」と反対派農地の計六件、千八十六平方メートル。いずれも新空港建設の第一期工事の焦点となる四千メートル滑走路北端の重要部分である。この頃になると強制収用を見越して反対同盟が進めていた「一坪運動」への参加者も増え、収用予定地の地主は約千五百人に膨れ上がっていた。

第一回の公開審理は6月12日に開かれた。開会を前に北原同盟事務局長は「県収用委員会と空港公団はグルだ。機動隊を導入し、公団と一緒に現地調査を行った。公開審理は公団にとって収用裁決を得るための儀式にすぎない」と語る。開かれた公開審理は反対同盟の顧問弁護士が「本日の審理は違法だ」と申し立て、会場は騒然たる雰囲気。公団側が事業内容の説明を始めると、農民たちは壇上に駆け上がり、マイクを引きちぎるなど大混乱に陥った。この日も会場最前列に陣取ったのは少年行動隊数十人だった。

9月1日の公開審理はついに流血の事態となる。審理の進め方をめぐる折衝で収用委員会と反対同盟の意見が折り合わず、開会は予定より大幅に遅れた午後4時過ぎ。入場した反対派農民は椅子を持って壇上の収用委員に詰め寄る。退席しようとした収用委員を取り囲み、殴る蹴るの乱闘となった。委員の一人が肋骨を折られ病院に担ぎ込まれた。

第三回(9月2日)も同じような混乱が続き、第四回(10月22日)では反対同盟は耕運機八十二台で三里塚を出発、会場に着いたのは午後4時過ぎ。委員会は開かれないまま閉会となった。第五回(10月23日)審理は、反対同盟は欠席のまま、公団側の意見陳述のみで結審した。

五回の公開審理は「反対派のボイコットによって、審理はほとんど行われず結審。収用裁決に持ち込まれた」(日経23日付夕刊)のである。千葉県収用委員会は12月26日、「土地所有者、関係人は昭和46(1971)年1月30日までに空港公団に明け渡すこと」との裁決を出した。県収用委員会が収用を採決したのは一坪運動共有地、立木など六件六筆(六拠点)で、いずれも四千メートル滑走路北端、駒井野地区を中心にした原野や山林計千四百八十六平方メートルだった。

この採決によって、1月30日の明け渡し期日までに反対派が撤去しなければ、県知事に強制代執行を求める手続きを一方的に進めることが可能となったのである。事態は急速に反対派用地の強制代執行に向けて動き始めた。

〝モグラ作戦〟で対抗

「1月30日まで」の期限付きで土地明け渡しを迫られた反対同盟は新年早々、役員会を開き、対応を協議した。席上、かつて海軍士官だった副委員長の小川明治が提案したのが、戦争中に使われた地下壕を掘って農民や支援学生がその中に立てこもって闘う〝たこつぼ〟戦術である。役員会はすぐにこの作戦に賛同する。昭和46（1971）年1月6日から三里塚、千代田、岩山など収用対象の六地点で同盟員に作業が割り当てられ、〝たこつぼ〟掘りが始まった。

北原事務局長によると、「狭いところは鍬の柄を半分に切った特製の鍬で掘り進め、掘った土は一輪車で外へ運び出した。明かりはすべてローソクの火。壕の中の酸素量を確認するためにもローソクの炎は重要だった」。地下壕は各地点とも百数十メートルに達した。

その作業が進むと、それぞれの地下壕をトンネルでつなぎ、地下にこもる反対派が地下道で移動できるようにすることが提案された。各集落の対抗競技のように参加者は競って穴掘りを進めた。

関東ローム層と呼ばれる北総台地の地質は、富士山の噴火による火山灰が積み重なってできたと言われ、極めて軟弱だった。地下壕を掘り進めるのは比較的容易だったが、崩壊する危険は高く、掘った個所は木材などで補強する必要があった。反対派が掘り進めた地下トンネルは高さ一・二メートル、幅一メートルほどだったという。

戸村委員長はこの地下壕を「カタコーム」と呼んだ。「カタコーム」とは古代ローマ時代にキリスト教徒が迫害を逃れて身を隠した地下墓所のことである。出来上がった地下壕にはトイレもつくられ、電話やテレビが使えるよう駒井野団結小屋から電気を引き、布団や食料、酒など各種の備品が運び込まれ、長期に〝籠城〟ができるような工夫もされた。戦時中の防空壕を思わせるものだった。

小川副委員長の急死

穴掘り作業が続く同13日、提唱者の小川明治副委員長が心筋梗塞で急死する。この日、二番地点での地下壕掘りの責任者だった小川は、モッコを担いで穴の土を外に運び出す作業を続けていたという。五十九歳だった。第1章で述べたように小川副委員長は終戦直後に御料牧場の跡地に入植し、木の根地区二十一ヘクタールの土地を手に入れ、妻と七人の子供と共に小屋住まいを続けた。自ら「闘魂必成正剣破邪木ノ根居士」を名乗り、〝死ぬ覚悟〟で闘争を続けてきた人物だった。

葬儀は反対同盟、支援学生約一千人が参加した同盟葬で行われ、四千メートル滑走路予定地のど真ん中にある天浪の共同墓地に土葬された。戒名は彼が生前書き遺していた「明覚院闘魂必成居士」。成田日赤病院のベッドで死の直前に遺した言葉は「三里塚で闘い、三里塚に眠る。私は死んでも闘い続ける」だったという。四十九日法要の日、小川明治の墓は、反対同盟や支援学生たちの手によってコンクリートの厚い壁で覆われ、〝地下砦〟となり、空港公団はその後、この墓をいかにして撤去するかという重い課題を背負うことになる。

こうしたなかで友納武人千葉県知事は2月3日、「12日までに土地を明け渡すよう」戒告書を送り、これが無視されると「2月22日から3月14日までに代執行する」との「代執行令書」を反対同盟に送付した。これを受け取った反対同盟は2月21日の朝、戸村委員長が各副委員長、北原事務局長や支援各セクトの代表らとともに駒井野団結小屋に集結、各地点での闘争指揮者と守備する地域を決めた。

第一番地点（横堀、中谷津、丹波山）の責任者は副委員長瀬利誠、第二番地点（木の根、宿、辺田）は副行動隊長の熱田一と菱田地区住民、第三番地点は副委員長の石橋政次と横堀・辺見地区住民、第四番地点は事務局長の北原鉱治と三里塚・中郷地区住民、第五番地点は芝山町議三浦五郎と谷平野・朝倉地区住民、第六番地点は内田寛一行動隊長を責任者として岩山、宝馬地区住民。支援各セクトにも第一、第二地点が中核派、第三地点が社青同解放派などが割り振られた。

さらに「地下壕には死を覚悟した農民だけが入る」ことが申し合わされた。

「至上命令」46年度中の開港

強制代執行が近づくと空港公団成田分室の一角には、記者の〝たまり場〟がつくられ、常駐する社も増えてきた。代執行が始まった2月22付日の日経朝刊、同日付夕刊によって、この日の現地の雰囲気を記しておこう。

成田市三里塚の空港建設現場は21日午後から反対派農民や支援学生、空港公団職員や千葉県警の警備陣があわただしく動き、緊迫したムードに包まれた。農民や学生は地下壕の周囲にやりぶすまを築き、食料や寝具を運び込んで〝臨戦態勢〟を整えた。地下壕にもぐる農民たちは「もう何も言うことはない」と表情をこわばらせる。

支援の学生たちは昼ごろから続々、現地に到着。セクトごとに築いた地下壕の補強作業を黙々と続けた。六カ所の一坪運動用地周辺には七カ所の闘争小屋と三カ所の見張りやぐらが立つ。周囲には先をとがらせた丸太、青竹と有刺鉄線で堅いバリケードがつくられた。この日、到着した支援学生がこのバリケードの外側にも幅二メートル、深さ一・五メートル近い溝を掘り、その両側に竹の杭を約三十センチ間隔で打ち込んでいった。

地下壕で徹夜した農民たちは、目を赤くはらして早朝から壕の前に座り込み、握り飯を頬張った。ある農民は「オレはもうトシだ。死んでも土地を守る覚悟でやってきた。怖いものは何もない」と語る。傍らではこの日から同盟休校に入った小、中学生がヘルメット姿で救急箱の点検をしたり、連絡に飛び回っていた。

地下壕の前に組まれた高さ二十四メートルの農民放送塔の上では、夜明けと同時にアジ演説が始まった。放送塔のやぐらに下げた垂れ幕には「地下壕注意書き」が書かれていた。「呼吸は静かに、くしゃみをするな」「トリデ内及び周辺で走るな」

反対派は自分たちで掘った地下壕が軟弱なことを知っていた。戸村一作委員長はゆっくりした足取りで各砦を点検して歩き、「改めて言うことは何もない。我々はこの闘いを長期戦に持ち込み、一、二カ月の穴居生活も辞さない。農民はそれに耐えられますよ」と静かに語った。

そして「取材ノート」（解説）では「至上命令の来春開港」としてこう記している。

「成田空港はことし四月開港を目標に建設が進められてきたが、反日共系学生らの支援を得た反対派農民の頑強な闘争によって大幅に遅れている。しかし、羽田の国際空港はここ一、二年すでにパンク状態になっており、ラッシュ時には米軍厚木基地を使ってやっと急場をしのぐ有り様だ。運輸省、空港公団にとってこれ以上の遅れは許されない。

佐藤首相も今国会で『四十六年度中（注・四十七年三月末）には開港する』と言明した。このためには空港公団は遅くとも十月初めまでには運輸省航空局の飛行検査を受けねばならない。空港公団は当初からの全面開港はあきらめ、当面四千メートル滑走路一本だけでオープンする方針だが、問題はこの四千メートル滑走路の北端に陣取る六カ所の一坪運動用地。昨年三月、千葉県収用委員会に土地収用法による裁決申請を出したものの農民の引き延ばし戦術に遭い、『明け渡し裁決』が出たのは昨年十二月末のこと。この一坪運動用地を二月いっぱいに一気に収用してしまえば、突貫工事で十月の飛行検査にぎりぎり間に合う、というのが空港公団の読みである」

こうした〝読み〟によって空港公団は強制代執行に踏み切ったわけだが、反対派の根強い反対運動によって、結果的にはこの読みはことごとく外れ、開港は次々と引き延ばされていくことになる。

第一次強制代執行攻防戦

強制代執行初日（2月22日）は「新空港建設の至上命令と絶対反対を叫ぶ農民たち〝二つの執念〟ががっぷり組み合ったまま、抜き差しならぬ対決の日を迎えた。支援の過激派学生たちは竹やりをそろえて突撃を繰り返し、農民は立木に体をクサリでしばりつけるなど張り詰めた空気が急速に高まった」（同日付日経夕刊）。こうした緊迫した状況に千葉県・空港公団は午後2時過ぎ、衝突を避け初日の作業を中止した。

代執行が再開されたのは二日後の24日。反対派農民、支援学生の激しい抵抗は続く。25日には警官隊が出動し、抵抗する学生ら四十九人を凶器準備集合、公務執行妨害で逮捕、警官九人がケガをした。こうした状況に千葉県の友納知事は26日、県庁で記者会見し、「成田の現地は公団側、反対同盟側の衝突が繰り返されており、人身事故を出さないため、27、28両日の代執行は取り止める」ことを表明する。代執行は三日間の〝休戦〟となった。

空港公団、千葉県当局が代執行を再開したのは3月3日朝からである。この日、千葉県知事の要請によって機動隊が出動する。これまで友納千葉県知事は「代執行は公団が独自にやるもの」として機動隊の本格的な出動要請は控えてきたが、県当局はこの日、初めて正式に機動隊の出動を要請した。緊迫した現地の状況にその方針を転換したのである。

第六地点では、機動隊に守られた約三百人の収用班が、地下壕の周囲に張りめぐらされたバリケードの有刺鉄線を切断、丸太や杭を抜く作業に取り掛かる。砦内に立てこもった農民たちを中心に約千人の反対派が投石やバリケードに火を放つなど激しい抵抗を繰り返した。

第二地点では、機動隊五百人に守られた収用班は一気に砦東側のバリケードに飛びつき、作業に着手、トビグチや先端を曲げた鉄棒にロープをつけバリケードを引き倒した。反対派農民は杭に鎖で体を縛り付ける一方、学生たちは長い竹竿を振り回したり、砦内外に並べたゴムタイヤに火をつけるなどして抵抗した。

私事になるが、私はこの日、第六地点で向き合った機動隊と反対派のほぼ中間の位置から、機動隊と反対派の正面衝突を取材していた。もちろん、投石除けのヘルメットは着用していた。その時、左側に陣取った反対派から飛んできた投石が、左頰を直撃、顔面から血が噴き出した。機動隊によってすぐに現地県警の医務室に運ばれ、四針縫ってもらった。本社に報告すると、この日は帰宅を命じられる。翌4日は前日の攻防の激しさに、千葉県側も危険を感じたのか代執行を中止。一日の〝休戦〟となったのである。

代執行は5日に再開されるが、その早朝、社から「成田に戻ってほしい」との電話連絡。少数の日経社会部では交代要員がいないのだという。私は顔に包帯を巻いたまま、迎えにきた車で成田に戻り、取材を続けることになった。しかし、ケガをした私一人では不安になったのか、その日午後、応援要員として後輩一人が成田に派遣されてきた。

全面対決――火炎瓶対機動隊

中一日の〝休戦〟を挟んで5日午前、千葉県、空港公団は機動隊三千人を先頭にブルドーザー、クレーン車、ダンプカー、バックホーン（溝掘り車）などを動員、農民たちが地下壕などに立てこもる第六、第二地点に向かった。この日の日経夕刊の社会面の見出しは「死ぬ覚悟だ、と竹やりも」「警察、フル動員で次々突破」。そしてこう続く。

「ブルドーザーやパワーショベルの〝機械化部隊〟と大量の機動隊員を前面に押したてて強硬作

戦に出た県、公団に対し、反対派からは初めて火炎瓶が飛び、青竹にロープをかけた新兵器〝足払い器〟や竹やりによる激しい抵抗が続いた。火だるまの機動隊員、炎上するブルドーザー、泣き叫ぶ少年行動隊の小学生。新国際空港の強制代執行はこれまで最大のヤマ場を迎え、全面的な激突となった」。以下本文の要約である。

第二地点では機動隊はまずバリケード外で抵抗する学生たちを排除、収用班がバリケードの杭にロープをかけて引き倒し、中でスクラムを組んで座り込む農民を外に連れ出す。丸太、手カギつきロープなど撤去用の七つ道具を駆使して近づく収用班に、砦の中から一斉に石が飛ぶ。前面に出た機動隊員めがけて火炎瓶が飛び、五、六人の機動隊員が火に包まれた。その上へさらに投石の雨。火だるまの機動隊員は首筋から腹にかけペロッと皮膚がむける大やけど。「ガス銃を使わせてくれ」と幹部に訴える機動隊員もいた。

ブルドーザーとパワーショベルが砦外側の溝を埋めにかかると、火炎瓶が運転席に命中。炎に包まれた運転手があわてて逃げ出す。〝鉄のツメ〟が砦の柵の一角を崩すと、農民は本気でそばにいた作業員を竹やりで突いた。足をかかえて倒れる作業員に「思い知れ、オレたちも死ぬ気だ」。間もなく、五台の放水車が一斉に砦内へ放水、続いて山の上にいた機動隊員二百人が砦へなだれ込んだ。立てこもっていた反対同盟の戸村一作委員長や学生らを排除、すぐさま小屋やバリケードが撤去される。

3日の代執行で一本だけ切り残されていたナラの木の上に農民と学生が二人、必死にしがみついていた。収用班はその下に網を張り、根元にのこぎりを入れた。ついにナラの木が倒れた。木の上の二人にケガはなく逮捕された。収用班はナラの木の跡に「空港用地につき立ち入り禁止」の立て札を立てた。

六つの砦のうち最強と言われた第六地点では、最初から機動隊が前面に出て放水車五台が火炎瓶を投げる学生らに一斉放水、同時に収用班も土嚢で堀を埋めてバリケード撤去に取り掛かった。機動隊が砦内に突入、中でスクラムを組む婦人、少年行動隊を次々にゴボウ抜きにしていく。少年たちは「地下壕にはおとうがいる。あまり砦の上に乗るな」と訴える。地上の農民のほとんどが排除された後、地下への通風筒を通じて機動隊員が「大丈夫か」と呼び掛けると、「大丈夫だ」との応答があった。

第六地点にあった団結小屋が機動隊によってすべて撤去されると、第六地点の内部が報道陣にも公開された。砦内部は約千平方メートル。プレハブ小屋、テントのかまぼこ住宅、トタン板の小屋の三つの〝住居〟があった。かまぼこ住宅にはびっしりわらが敷かれ、湯飲み茶碗、ヤカン、茶筒など世帯道具と火炎瓶などの武器に使う一升瓶、コーラ瓶がごろごろ。板張り小屋は学生の宿泊場所だったらしく、棚の上の段ボール箱にマイク、ヘルメット、旗などがぎっしり。壁には「機動隊、公団職員、ガードマン、農民を殺すのか」と書いてあった。

泥と炎と血——第一次代執行終結

第二地点、第六地点の代執行を終えた千葉県、空港公団は翌3月6日朝から約三千五百人の機動隊に守られ、約四千人の職員らを繰り出し、第三、四、五地点での強制代執行を強行する。早朝、収用班三百三十人が収用対象の三地点に集結、ブルドーザー七台、ショベルローラー三台、レッカー車二台の計十二台の機動力で反対派の砦や柵の溝を埋めていった。

第四地点では、谷合いから機動隊が挟み撃ちにする格好で砦前の支援学生の排除を開始。学生たちは火炎瓶、投石で激しく抵抗したが、ほぼ全員が公務執行妨害で検挙された。このあと収用班がバリケードや団結小屋などを撤去、まず第四地点の強制代執行の終了を宣言する。

第三地点では立木に農民たちが登り、鎖で体を縛り付け、その下でこの日も同盟休校した少年行動隊員らがスクラムを組んで座り込み、最後の抵抗を見せた。農民たちの間から「地下壕で落盤がありみんなが出てこれない」との訴えもあったが、警備本部は地下壕の入り口がわからない、とこれを無視し、昼前に終了宣言を行った。

入り組んだ谷底の湿地帯に砦が築かれた第五地点では、前日二千人近い反対派の投石で作業に取り掛かれなかったため、まず厳重な規制が行われた。三方の丘の上には砦を囲むように五台の放水車が並び、放水のなかを大型のショベルカーとブルドーザーが砦に突っ込み、その後を追うように機動隊と収用班がなだれ込んだ。撤去作業はその後、順調に進み、千葉県、空港公団は第一次代執行の終了を宣言する。

こうして、十三日間にわたる〝泥と炎と血〟にまみれた第一次代執行の攻防戦は、終わりを告げたのである。この間に動員された反対派は二万人、機動隊三万人。この間の反対同盟の逮捕者は四百六十一名、負傷者六百六人。機動隊員、公団職員、千葉県職員など千百七十一人が竹ややり投石、火炎瓶などで負傷した。

第一次代執行は終了したが、反対運動は次第にゲリラ化する。反対同盟は新たな闘争拠点を空港敷地外につくることになり、事業認定区域に入っていない四千メートル滑走路南端から千四十メートル離れた岩山地区の畑に高さ三十・七四メートルの鉄塔建設を始める。鉄塔は十日間かけ、5月12日に完成した。この鉄塔の建設場所は滑走路の延長線上にあった。反対運動のシンボルの役を果たし、開港を阻止する障害となるのは必至で、反対派はこの鉄塔を「岩山鉄塔」と呼んだ。

「ゴルゴタの丘」

第一次代執行の対象だった四千メートル滑走路の北端には、反対派の六カ所の地下壕と高さ約二十四メートルのやぐらの「農民放送塔」が収用されないまま残っていた。この地点は公団が県収用委員会に申請した時の番号を取って「十六番地点」と呼ばれていた。農民放送塔は連日、マイクを使って「公団、機動隊、お前らは農民を殺すのか」などとがなり立てていた。

空港公団は改めて「農民放送塔等建設妨害物の除去を求める仮処分の申請」を千葉地裁に出し、７月15日、同地裁は公団の申請を全面的に認める決定を下す。仮処分執行は同26日早朝と決まった。反対同盟はこの事態を予測し、放送塔周辺の地下壕を掘り進めており、地下壕は深く長く、全長百メートルにも達していた。

仮処分が実施される前日の７月25日夕、十六番地点には農民や支援学生が続々と集まり、反対同盟主催の決起集会が開かれた。戸村一作委員長はこう挨拶した。

「我々はこの六年間、闘い続けてきた。幾多の闘いを経てきた私はここで改まって言うことはない。要は平静沈着な闘争意欲を持って最後まで徹底抗戦を貫くことである。不屈の闘いは地下壕の奥深くまで達している。地下壕は海を越えて南ベトナム民族解放戦線の地下壕まで至る穴であり、三里塚闘争は決して孤立する闘いではない」

７月26日早朝、千葉地裁の執行官が砦の柵近くで強制執行の理由書を読み上げた。砦の中から十数個の〝糞尿弾〟が投げつけられ、執行官も周りの公団職員も汚物まみれとなり、砦を見下ろす台地に駆け上がった。出動したブルドーザーが砦前の谷をぐんぐん埋め、大型溝掘り機が砦の柵を次々と引き倒す。砦周辺では支援学生たちが各所で放火、投石などのゲリラ活動を続ける。

午前９時過ぎ、地下壕前面の柵をブルドーザーが押し潰す。抵抗する農民や学生たちは地下壕の奥に身を潜めた。地下壕周辺からはバリケードや団結小屋はすべて取り壊され、地面にはポッカリと地下壕の入り口が口をあけた。その数は全部で六カ所。地下壕にはかなりの農民たちがこもっているらしいがその数はわからない。戸村委員長が警備陣の制止を振り切って地下壕に近づくと執行官が「戸村さん、出るように説得してください」。戸村は穴の前に行き、「オーイ、戸村だよ。がんばれよー」と叫んだ。

農民放送塔の撤去は二日目の27日に行われた。放水が続くなか、大型クレーン車の梯子が放送塔に近づくとその突端から一本のワイヤーが伸び、その先端には大きなカギがついていた。それを放送塔にひっかけ、やぐらの四本の脚を切って吊り上げようという狙いである。塔の中段にいた三人の学生が機動隊によって逮捕されると、作業員が上って、クレーン車のカギを塔中段の桟にひっかけた。塔は次第に宙に吊り上げられ、四十五度の傾斜を描きながら地上へと降ろされていった。

放送塔には最後までマイクを離さず、叫び続けた学生がいた。彼は倒される放送塔にしがみつきながら「農民放送塔は決して倒れない。同志諸君、もっともっと素晴らしい放送塔を建てましょう。さようなら」と叫んだ。機動隊は倒れた放送塔から彼を引きずり出して逮捕した。

戸村一作委員長は放送塔が撤去されるこの光景を見ながら「私はゴルゴタの丘を想起した」(『野に起つ』)と次のように記している(要約)。

「三十三歳のキリストが十字架につけられた時も、ゴルゴタの丘に集まった階層の違う人々がいた。イエスを十字架につけたのは朝の九時頃であった。早く十字架から降りて自分を救え、とイエスを罵る祭司長と律法学者がいた。イエスの脇腹を槍で突き刺す死刑執行人がいた。槍と甲冑と大盾に武装したローマの軍隊もいた。また、遠くの方から見ている女たちもいた。その中には娼婦のマグダラのマリア、キリストの母マリア、またサロメもいた。

私は三里塚の丘にゴルゴタの丘を見た。農民放送塔を取り巻くその周辺の丘の上に集まった群衆もまた、ゴルゴタの丘に集まった者と同じではなかったか。私は三里塚の丘に立つ農民放送塔が、ゴルゴタの十字架に見えてならなかった。ジュラルミンの大盾に警棒を持つ機動隊がローマの兵隊に見えた。機動隊の放水車、クレーン車は、キリストの脇腹を突き刺した槍に見える」

農民放送塔はこうして撤去されたが、塔の周りにはまだ六つの地下壕が残っていた。地下壕の撤去作業を視察した今井公団総裁は「これ以上作業を続けると、人命に危険が及ぶ」と判断し、作業はいったん中止されたが、同27日早朝から、地下壕の撤去作業を再開した。28日午前1時すぎ、六十七メートルの穴を壊したところで「工事上、緊急を要する部分の撤去は終わった」としてこの日の作業を打ち切った。

空港公団は30日、地下壕を七メートル残したまま、作業終了を宣言する。開港日程を考えれば、なりふりなどかまっていられない状況だったのである。双方の攻防は五日間にわたり、機動隊四百十三人、反対派三百人余が負傷、反対同盟の瀬利誠副委員長ら幹部を含む二百九十一人が逮捕された。

代執行許さぬ……と竹やりで砦を築く天浪団結小屋（1971年8月1日）
（写真：毎日新聞社/アフロ）

第6章

犠牲

強制代執行“秋の陣”

無差別化するゲリラ活動

新空港の開港目標である昭和46（1971）年4月は、とっくに過ぎていた。運輸大臣、丹羽喬四郎は新たな開港目標は「47年5月」と言明する。そのためには四千メートル滑走路予定地に残る反対派の土地、物件は46年秋までになんとか強制収用しなければならない。空港公団は第一次代執行に続く第二次代執行をできる限り早期に実施し、一気に建設工事に取り掛かる必要があった。

空港公団の申請を受けていた千葉県収用委員会は6月12日、反対派の土地の明け渡しを緊急裁決する。「十四件三十筆約三万九千平方メートルを8月12日まで引き渡せ」という内容だった。期限が切れた同13日、うち十件二万六千平方メートルの代執行を友納千葉県知事に請求、翌日、土地所有者九十九人に二週間の期限付きで明け渡し勧告書を送った。

このなかには第一期工事のなかで反対派の最大の拠点であった駒井野、天浪、木の根の団結小屋や、反対同盟の〝シンボル〟的存在である大木よね（当時六十五歳）が住む六畳一間ほどの粗末な住居とわずかな所有地も含まれていた。

第二次代執行が近づくにつれ成田市内では爆弾ゲリラが相次いでいた。7月10日未明には成田市役所隣の成田空港警備会社で時限爆弾が爆発、民家にも被害がでる。8月7日には成田署長官舎入り口で爆発したが被害はなかった。さらに8日夜には千葉地裁のトイレでインク瓶爆弾が爆発するなど、ゲリラ活動は無差別化の様相を深めてきた。

緊迫する事態に丹羽運輸相、今井公団総裁は連名で戸村委員長に会談を申し入れる。戸村は条件を付けた。「第二次代執行を返上すること。空港建設工事一切を中止すること」。運輸省も公団も受け入れ不能な条件である。第二次代執行の混乱回避は絶望的な状態となった。

友納知事は8月11日、代執行要請のあった十件のうち、まず五件について9月10日までに明け渡すよう戒告書を送り、期限切れの同11日、「うち四件について16日から29日までに代執行する」と反対同盟に通告する。

通告を受けた反対同盟は幹部会で対応を協議。代執行対象の第七地点（社会党一坪運動用地）は参院議員加瀬完をはじめ県議七人を含む社会党員ら三百五十人、第八地点（天浪団結小屋）には内田寛一行動隊長、長谷川たけ婦人行動隊長をはじめ中核派など百人、第九地点（木の根団結小屋）には故小川明治の実弟小川源と青年行動隊約百人、第十地点（駒井野団結小屋）には戸村委員長、北原事務局長と各セクトの混成団百五十人、がそれぞれ立てこもることを決めた。

北原事務局長によると、反対同盟は第二次代執行に備えて、対象地域の四地点では深く長い地下壕を掘り進め、第八地点の天浪の地下壕は滑走路予定地まで三百数十メートルにも達した、という。「これほど長くなると掘った人間でないと入れない。長く狭い壕の中を一輪車で土を運び、最後はつるべで外へ捨てた。この壕は縄梯子での登り降りだけでも大変で、反対同盟のおやじ連中には無理。若者だけの地下要塞だった」（北原鉱治『大地の乱　成田闘争』）という。

だが、代執行間際になって予期せぬ災害が起きる。9月7日夜から8日朝にかけて、房総半島をかすめた台風25号による豪雨で、地下壕には見る見る水がたまって、胸までつかるような状態となり、まったく役に立たなくなってしまったのである。地下壕掘りを進めてきた支援学生たちは、それでも自分たちが掘り進めた地下壕に立てこもろうと、排水作業やコンクリートを使って対策を講じた。しかし、反対同盟は危険だと判断、学生たちの地下壕への立ち入りを禁止した。

一方、警備当局は第一次代執行の経験から、東京などから支援に駆けつける過激派が反対派の団結小屋へ接近するのを阻止するため「三重作戦」と呼ばれる新戦術をとることになった。まず、支援にやってくる過激派学生たちの三里塚入りを阻止するため、彼らが電車やバスを降りる地点（成田市内の鉄道駅）を中心に警官隊を配置する。最外周地点である。中間点は空港予定地に隣接する三里塚周辺。最も重点を置くのが代執行の対象となる空港用地内の団結小屋周辺、というように三重に機動隊を配置するという作戦である。

この作戦に沿って機動隊は、代執行対象地に通じるすべての道路を封鎖した。しかし、8月に入ると第二次代執行を想定して、すでに空港建設予定地には続々と過激派学生が集結していた。

第二次代執行が始まる9月16日付の日経朝刊（社会面）で私は、「成田　緊迫の前夜」との見出しでこう書いた。

「駒井野と天浪の団結小屋では赤ヘル、青ヘルと色とりどりのヘルメット姿の学生たちが懸命にトリデの補強作業を続けていた。丸太を打ち込んだバリケードの内側に次々と土のうが積み上げられた。セメント袋にビニール袋をかぶせ、放水でトリデが崩れ落ちないようにするために登場した新手の〝城壁〟だ。『死守』となぐり書きした看板が目立つ。その中で駒井野に七つ、天浪に二つとそれぞれ五―十メートルのやぐらが組み立てられ、各セクトが旗をなびかせ、〝本番〟ではスピーカーでアジ演説を流し、最後にはやぐらもろとも倒れようという作戦である」

「農民たちがたてこもる木の根団結小屋では約三十人が『もう一歩も後へは引けない』といった表情だ。団結小屋の前に座り込み、作業を見守る婦人行動隊員。『こんどは最後の決戦。家族ぐるみ死を覚悟して闘い抜こう』とのシュプレヒコールを、硬い表情で聞き入る。夜になると子供たちと連れ立って農民たちが相次いで姿を見せ、トリデの中に消えていった。十六日からは百三十人の小、中学生が同盟休校にはいるという」

「午後六時すぎ、日の暮れた三里塚の丘に学生、農民など約千五百人が集まり、総決起集会が開かれた。駒井野団結小屋前に集まった学生約千人は、集会前からセクトごとのヘルメット姿で空港用地内を〝軍事訓練〟と称してデモ行進、気勢をあげた。反対同盟の戸村一作委員長は『機動隊は学生を血祭にあげようとしている。だから、私たちは何をやってもかまわない。革命的蜂起は今夜から始まる。勇敢に戦おう』と訴えた」

「私たちは何をやってもかまわない〝革命的蜂起〟」という戸村委員長の演説は何を意味していたのか。私たちはその意味を代執行が始まった翌16日に知ることになる。

東峰十字路事件

9月16日午前6時過ぎから四千メートル滑走路の建設予定地で、執行官が収用予定地の天浪団結小屋、駒井野団結小屋、木の根団結小屋と社会党などの一坪運動地に近づき「代執行開始」を宣言した。これに対し各団結小屋に前夜から立てこもっていた約二千二百人の農民、学生らは、火炎瓶、投石、糞尿弾などで激しく抵抗する。特に天浪、駒井野両団結小屋での抵抗は激しく、作業は難航、天浪小屋には機動隊が突入するなど一進一退を繰り返していた。

そうした状況が続いていた午前8時過ぎ、記者団が情報収集に当たっていた千葉県警の警備本部に、信じられない情報が飛び込んできた。空港予定地から東へ二キロ近く離れた成田市東峰地区で検問に当たっていた神奈川県警の機動隊員二百五十人が「過激派ゲリラ部隊に襲われ多数の死傷者が出ている」という情報である。代執行が行われる空港予定地に警備の目が集中しているなかで、事件発生現場は、空港予定地外の県道成田―小見川線の東峰十字路近くである。前述した警備当局「三重作戦」では〝中間点〟に当たる。

襲われたのは、千葉県警に応援を依頼され到着したばかりの神奈川県警機動隊の堀田大隊。その任務はこの地点で、外部から代執行予定地に入り込もうとする過激派を食い止めることにあった。堀田大隊は午前6時半ごろ、数台の輸送車に分乗して次々に東峰十字路近くに到着、いくつかの小隊に分かれて、付近の山林内に隠された火炎瓶や竹やりなどの捜索を開始した。

各セクト連合で組織された「突撃軍団」が二手に分かれて、現場の孟宗竹が鬱蒼と生い茂る山林内で待ち伏せしており、捜索を始めたばかりの機動隊に襲いかかったのである。火炎瓶や石が飛び、転倒した隊員は釘を打ち込んだ角材で乱打された。指揮官車や輸送車が燃え上がり、機動隊員は逃げるのが精いっぱいだったという。

警備本部にはこの衝突で死亡した機動隊員の名前が次々と飛び込む。小隊長の福島誠一警部補(47)、柏村信治巡査部長(35)、森井信行巡査(23)の三人である。福島警部補は肋骨がめちゃめちゃに砕けており、攻撃の激しさを物語っていた。死亡した三人だけでなく、重傷者十一人を含め百五十人以上の負傷者がでた。

私は夕刊への送稿を終えると、すぐに車で現場付近にかけつけた。神奈川県警の機動隊が輸送車を降りた狭い道路の両側には、覆いかぶさるように竹や木が生い茂り道路は日中でも薄暗く、その中に潜めば、道路からは完全に姿を隠すことができる。五百人近い「突撃軍団」がその中で息をひそめて神奈川県警機動隊の到着を待ち構えていたというのである。

発表された三警官の簡単な経歴を記しておこう。

福島警部補は大正13（1924）年生まれ、神奈川県三浦郡出身。昭和24年に神奈川県警に入り、横須賀・田浦署に配属。県警本部保安部少年課などを経て同45年警部補となり、神奈川署外勤係長となった。

柏村巡査部長は昭和11年2月生まれ。山口県小野田市出身で、同33年3月、国立山口大を卒業後、35年に神奈川県警に入り、46年に巡査部長となって神奈川署外勤一係に配属となった。

森井巡査は昭和22年2月、東京生まれ。同41年、東京・私立自由が丘高校卒業、44年7月に神奈川県警に入り、45年6月から同県警外勤係に勤務していた。

「神奈川県警機動隊」といっても、県下各警察署から寄せ集めた急ごしらえの〝混成部隊〟だったのである。

午前11時40分ごろ、駒井野団結小屋での激しい攻防の指揮を執っていた戸村委員長は、マイクを突き出したＮＨＫ記者に「東峰十字路でたった今、神奈川県警の機動隊員三名が死んだそうですがご感想を一言」と聞かれて初めて事件を知った。「私はすーっと今までの胸の留飲が、一挙に下る思いだった。それには答えず、私は（ケガをして）運び出されていく担架の後を追って走った」（『野に起つ』）という。戸村は事件に関する記者会見も開かず、それ以上の発言はなかった。彼にとっても事件は予想外の出来事であり、反響の大きさを考えて発言を避けたのだろう。

一方、北原事務局長は新聞記者に「事件についてどう思うか」と聞かれこう述べた。

「機動隊が前面に出てこのような代執行をしたことが、一切の事態の原因だ。力と暴力によって生きる権利を奪おうとしたのはだれなのか。だいたい県の責任たる代執行をなぜ機動隊がやるのか。問答無用で死人が出るような状況を作っているのは権力側ではないか。警官三人が死んだ責任はあげて国側にある」(『大地の乱　成田闘争』)

事件の特徴は「代執行の現場ではなく、その周辺の地域で起きた」ことである。以後、警備当局は周辺地域まで含めた警備体制の見直しを迫られることになる。

強行された代執行

「機動隊員三人の死亡」となれば、〝喪に服する〟という意味でも、この日の代執行は中止されるのではないか、と私は思った。だが、空港予定地内の代執行は中止されるどころか、機動隊の攻撃はあたかも「三警官殺害」に対する報復のように一段と激しさを増した。

駒井野団結小屋では正午すぎ、機動隊は反対派が立てこもるバリケードを崩し、砦の中に突入する。駒井野砦の地下壕は直前の台風によって、使用不能となっていたが、高さ十五メートルほどの鉄塔が残っており、立てこもった学生たちが火炎瓶を投げつけるなど激しい抵抗を続けた。

午後3時すぎ、機動隊はその鉄塔にワイヤロープをくりつけクレーン車で引き倒そうとする。鉄塔の上には数人の学生たちが乗っている。ワイヤロープで引っ張られた鉄塔はグラグラと揺れ、鉄塔の上から学生たちは大きな石や火炎瓶を機動隊の頭上に投げつける。機動隊員が頭上に構えたジュラルミン製の盾の上で炎上、火だるまになって四散し放水車によって消火される光景が続く。クレーン車の牽引によって鉄塔は次第に傾き、「日本農民の名において収用を拒否する」との垂れ幕と共に、学生たちを乗せたまま、轟音を立てて地上に横転した。

支援の機動隊員三人の犠牲と双方に多数の負傷者を出した第二次代執行は、この日夕刻、予定された四つの拠点を完全に収用して終了する。この日だけでも二百七十五人が逮捕され重軽傷者は千七百人に及んだ。廃墟同然となった駒井野団結小屋の地下要塞などの完全撤去にはその後、二日間を要した。

「殺人集団は徹底逮捕」

支援の機動隊員三名の死亡に千葉県警は「第二次代執行における殺人事件捜査本部」を設置して現場検証と本格的な捜査に乗り出す。以下は同17日付日経朝刊。

「警察官を殺害したグループは①集団の大部分が白ヘルだった②学生の集結状況からみて人数がほぼ一致する――などから中核派グループの犯行にほぼ間違いないものと判断した。また『ピー』という笛の合図で一斉にヤブから飛び出し、機動隊に襲いかかっていることも分かり、犯行は計画的に行われたとの疑いを強めている。しかし、負傷した機動隊員の中には『黒ヘルグループもまじっていた』『京浜安保共闘のヘルもいた』という証言もあり、中核派の追及とともに、他の過激派集団の十六日の行動も徹底的に調べる方針だ」

しかし、犯人グループは数百人規模で鬱蒼とした茂みに潜んでいたわけで、その中から犯人を特定し、逮捕することは容易ではない、と私はその時、強く思った。後述するが、事実、その後の事件の真相究明は困難を極め、逮捕者の裁判は十年以上もの時間を要することになる。

同日付日経朝刊（社会面）で当時の社会部長・黒羽亮一が後藤田正晴警察庁長官にインタビューしている。この事件を後藤田長官はどう見ていたのか。当時の社会状況や政府の考えがよく分かるので、その主要部分を引用しておきたい。

――警官隊に死者が出た時点で代執行中止を考えなかったのか。

「代執行を中止するかどうか決めるのは千葉県知事だ。友納知事とこの点について直接電話で話した。犠牲者の出ることを心配されていた知事としては当然のことだろうが、私としては、中止してやり直した場合、将来さらに犠牲者を重ねるおそれがあることと、警官隊には冷静、慎重に職務を遂行させるから、既定方針通り行うことが犠牲者を生かす道ではないか、との判断を伝え、その結果、中止しないことになった」

――警備活動で三人もの警官が死亡したのは戦後初めてで異常事態とも言える。今度の事件をどうみるか。

「どんな警備現場でも絶えず危険が伴うが、今回は計画的な集団殺人事件であり、（略）過激派集団の戦術は明らかにエスカレートしている。栃木県真岡市の猟銃強奪、各地での銀行強盗など、過激各派の活発な動きに歩調を合わせるように、中核派など七〇年以降、しばらくノンゲバ路線を取ってきたセクトも最近は過激な武器闘争に方針を転換している。これらの集団は成田を〝入り口〟にして天皇ご訪欧阻止、沖縄返還協定承認反対など秋の一連の闘争をさらに過激なものにしようとしている。つまり、①爆弾使用など武器をエスカレートし②活動を都市ゲリラ化しようとしている。彼らの目的は人心に不安を生じさせることだ」

——今回の事件は過激派学生の一方的行為だが、警察側にも部隊の配置などについて、キメの細かさを欠いた点があったのではないか。

「それは結果論だ。広範囲に多数の箇所を警備する今回のような場合、どこが間違っていたのかを検証することは難しい。出来る限りの検証をして今後の警備に生かしたい。今度の事件で現場の第一線の警官たちはつらいだろう。その心情は察するが、苦しければ苦しいほど厳正に、冷静に、法を守ってくれることを望みたい」

——今後予想される〝都市ゲリラ〟にどう備えるか。

「成田で騒ぐのと、都市で市民を巻き込んで行動するのとは本質的に違う。都市ゲリラ闘争を当然、予想しているが、都会での違法活動は市民を危険にさらすので、警察は一段と厳しく取り締まる。市民にも『暴力は絶対に許せない』という風潮が現在以上に高まることを期待したい。しかし、爆弾の製造方法や都市ゲリラの戦術本が公然と売られているのが現状だ。また爆弾の原料も簡単に入手できる。街頭に出る前に危険を防ぐため、アパート経営者などをはじめ、市民各層からの貴重な情報提供を望みたい」

"よねばあさん"宅への不意打ち

警官三名の犠牲者を出したものの第二次代執行は、ターミナルビル予定地のすぐ裏手に位置する成田市取香地区に住む小泉よね（大木よね）が所有する宅地七百三十平方メートルを残すだけとなった。ここにはよねの住む二坪（約七平方メートル）の小さな住宅があった。電燈もない一間だけの小屋である。よねは当時、六十五歳。三十年前に夫を亡くし、ずっとここで一人暮らしをしていた。

成田空港建設予定地内にある自宅で脱穀作業をする三里塚芝山連合空港反対同盟の小泉よね（左）（1971年9月1日）
（写真：三留理男撮影/毎日新聞社/アフロ）

よねの田畑と宅地はすべて第一期工事の敷地内にあり、空港公団は何度も売り渡すよう交渉を続けてきたが、よねは「おらあ目の黒いうちは絶対に売らないよ」と公団職員を追い返し続けた。公団職員はよねを「日本一の貧乏人」と呼び、いつも口汚く罵ったが、反対同盟にとっては、常に闘争の先頭に立つ〝シンボル〟的存在だった。空港公団は〝よねばあさん〟を「小泉よね」と呼んだが、周辺の農民は「大木よね」と呼んでいた。その事情は後述する。

個人の住宅に対する代執行を当初は渋っていた友納千葉県知事だったが「小泉よねの宅地は闘争の重要な拠点の一つになっている」という県警当局の要請を受け「20日から代執行を行う」と言明した。ところが前日の19日、友納知事と今井空港公団総裁は記者会見して「20日の小泉宅への代執行はしばらく延期する」と発表する。

この情報が広まると、第二次代執行が始まる前日の15日ごろから三里塚周辺に泊まり込んでいた支援学生たちは、ホッとしたのか、東京などの自宅に引き揚げていった。取材陣の大半も警戒要員だけを残して本社へ引き揚げ始めた。私もそのつもりで、念のためいつも正確な情報を漏らしてもらっていたある公団幹部に取材すると「もう一日、こちらにいた方がよいのでは……」と遠慮がちに言う。その時、「小泉宅の代執行は当初の予定通り20日だ」と直感した。

翌朝、私は三里塚の旅館から小泉よね宅に直行した。良く晴れた日だった。この朝、川上千葉県副知事は現地の状況を視察する。反対派学生は中核派を中心に約七百人までに減り、成田市内でのカンパ活動やビラまきに散っていた。抵抗は少ないと判断した川上副知事は正午過ぎ、千五百人の機動隊の応援を得て、一気に代執行を終了しようと、「代執行開始」を宣言した。よねはこの時、自宅前の狭い農地で数人の農民たちに手伝ってもらいながら、脱穀機を漕ぎ、稲の脱穀作業に余念がなかった。その前で代執行開始が告げられたのである。

小泉よね宅に掲げられた、よねの「戦闘宣言」(1971年9月19日)(写真:毎日新聞社/アフロ)

「虚をつき代執行」「反対派農民ごぼう抜き」という見出しで、夕刊最終版に私はこの代執行の模様を突っ込んだ。

「午前十一時すぎ、竹やぶに囲まれた小泉よねさん宅を機動隊員がずらりと取り囲んだ。入り口の前には反対同盟の農民ら二十人がすわり込んで『代執行をするのは県知事のはずだ。機動隊に用はない。帰れ』とマイクで叫ぶ。モンペ姿の農婦、少年行動隊の顔も見える。千葉県の執行官が数回、マイクで『作業の妨害をしないで下さい』と説得、入り口へ続くなだらかな坂を十人ほどが上りかけては、農民らの『帰れ、帰れ』のシュプレヒコールで退散する。

零時十五分、排除命令が出され、機動隊員五十人がすわり込んでいた農民らのごぼう抜きを始めた。足をばたつかせて抵抗する農民、泣きわめく農婦。この騒ぎをよそに当のよねさんは脱穀機で稲をこいでいた。機動隊の姿を見ても知らん顔――。間もなく屋敷の周り竹ザサの囲いが撤去された。『ばかやろう』と叫びながら、ついによねさんも機動隊四人に抱きかかえられ、外へ連れ出された」

ここまでが夕刊締め切りギリギリの時間だった。よねが連れ出される状況を、十分に目撃する余裕はなかった。電話送稿を終え、再び現場に戻った。すでによねは機動隊によって連れ出されていた。「小泉よねさんの敷地内に飛び込んだ代執行作業班はナベ、カマから農機具、たたみまで家財道具を次々と運び出した。それが終わるとすぐに小泉さんの家と同じ側の二つの団結小屋の取り壊しにかかった。小さな部屋が一つだけの小泉さん方は、十五分ほどで跡かたもなくなった。第二次代執行の〝最後のとりで〟は三時間足らずであっけないほど簡単に落ちた」(21日付朝刊)

戸村一作は、私が目撃できなかった小泉よねが運び出される瞬間を、自著『野に起つ』にこう書いている。

「血気盛りの機動隊員が脱穀機にしがみついて離れようとしないよねの顔面めがけてパンチを加えた。脱穀機に臥せたよねの顔がぐらりと動いたかと見ると、束ねた胡麻白の頭髪がパアーと散乱した。よねは初めて顔面をあげてその機動隊員をにらんだ。よねの口元から血がたらたら流れた。よねの形相はこの世のものと思えず、鬼気迫るものがあった」

残念ながら私は夕刊用の送稿に現場を離れ、この瞬間を見ていない。

よねの宅地の強制収用によって、第一期工事の中心四千メートル滑走路の予定地内にあった反対派農地はすべて姿を消したのである。空港公団側もよねのその後の生活には気を遣っていた。彼女に新住居を提供する義務はないが、成田市本城の県有地に二十六・四平方メートルのプレハブ建ての仮設住宅を建て、電気、ガス、水道を引き、寝具、炊事道具、当面の食料も備えてよねの転居を求めた。しかし、よねはこれを拒否し、自分の家の跡にテントを張って、さらに闘いを続けようとした。

反対同盟も代執行によって無一文になった小泉よねへの対応を協議する。「今、早急にやらねばならないことは、よねの家を建てることだ」との結論だった。戸村委員長は「よねは乞食ではない。よねの第二、第三の闘いをどうつくり、闘いを一つにできるかが問題だ」と、よねの意向を確認、同意を得たうえで、彼女の家を建てることを決定する。敷地は東峰地区の同盟員島村良助の畑の一角を提供することになった。

第二期工事が予定されているB滑走路（二千五百メートル）南側の土地である。二日後、集まった同盟員たちの手によってプレハブの三坪の新居が完成、小泉よねはそこに住むことになった。この土地は今もなお、最後の反対派農地として引き継がれ、島村の家族やよねの養子夫妻が、農業を続けている。

「日本一の貧乏人」の半生

空港公団には「日本一の貧乏人」と呼ばれた小泉よねだが、反対同盟にとっては「常に先頭に立って闘うヒロイン」だった。空港公団は彼女を「小泉よね」と呼んだが、地元の農民は「大木よね」と呼んでいた。私（筆者）も成田取材に通ううちに「大木よね」という女性に興味を持ち、何度か彼女が住む〝小屋〟を訪ね、「これまでの人生」を聞き出そうとした。しかし、そのたびに「おめえら大学出に、おらあのことなんどわかるもんか」と冷たく追い返された。よねの半生については、北原事務局長をはじめとする反対同盟幹部への取材に頼るしかなかった。

よねの父親の小泉右馬之進は埼玉県川越の生まれ。明治37（1904）年に母ますと結婚すると、新空港予定地に近い千葉県・八街の開墾地に移住し、そこで新生活を始めた。二人には女六人、男二人の子供が生まれたが、よねは明治40（1907）年11月生まれの三女。子供が多く困窮していたため、生後二週間で母親の姉のもとに養女に出された。

養母も貧しく、よねは七歳から十六歳まで、地主のところに奉公に出される。そこでよねは、洗濯や畑仕事、飯炊きもやった。学校へも行けず、字も書けなかった。十七歳の時、地主の家を飛び出したよねは、横浜の旅館街に行き、女中となって働いた。その頃、露店商をやっていた男と一緒になり、彼と別れると横浜、東京、成田と転々とし、最後に住みついたのが三里塚だった。

そこでめぐり合ったのが大木実という人物。二人で所帯を持ち、「大木よね」と名乗るようになった。しかし、正式に籍を入れたわけではない。大木は数年後には病死する。

一人暮らしのよねは、大きな農家に行って働き、一日三百円をもらって食事の御馳走になるなど、農家を転々とする生活を送ったという。現金収入はわずかで、春になれば山でセリを採って食べ、夏は川でエビ、カニ、ドジョウを捕り、秋になればイナゴを捕って食べる、といった生活を続けた。

そうした貧乏生活を続けるなかで、よねは「反対同盟」の戸村一作にめぐり合った。戸村はよねに深い関心を寄せ、しばしば自宅を訪れて激励し、支援を惜しまなかった。よねもすぐに戸村を心から尊敬するようになった。反対同盟のメンバーたちもよねにカンパをし、米も持ってきた。三里塚に住み着いた学生たちもよねの人柄に魅かれて、十人近くがよねの狭い自宅に泊まり込み、生活を共にするようになった。よねは、熱心でひたむきな同盟員となった。彼女は反対同盟の集会を休んだこともないし、デモに出なかったこともなかった。「反対同盟に義理を欠かしたことはない」というのがよねの誇りでもあり、反対同盟の〝シンボル的存在〟となっていった。

反対同盟や集結した学生たちにとっては「大木よね」だったが、彼女の農地を強制収用する空港公団にとっては、土地の所有者はあくまで戸籍上の本名である「小泉よね」だったのである。

三ノ宮文男の自殺

話を三名の神奈川県警機動隊員が殺された9月16日まで戻そう。警察庁は千葉県警を中心に懸命な犯人捜査に乗り出した。連日のように「東峰十字路事件」の捜査状況が各紙やテレビ、ラジオで報じられた。私たち取材陣も本筋の空港建設問題からこの事件捜査取材に全力を挙げることになる。捜査本部は襲撃グループについて「地元の地理に詳しい青年行動隊や常駐学生が参加している」とにらんだ。五百人以上の集団が三キロ近い道のりを警備当局に察知されることなく東峰十字路周辺に集結していたからである。

捜査本部は地元で顔を知られている青行隊員と常駐学生に絞ってあらゆる情報を集めた。その結果、事件発生八日後の9月24日、成田市東峰の反対同盟員、石井武方の自宅を不法監禁、公務執行妨害容疑で家宅捜索する。襲われて逃げてきた神奈川県警の隊員を農薬を混合するときに使うフォークで胸などを突き、閉じ込めたという容疑だった。そんな捜査が続いていた最中の10月1日、芝山町菱田の青行隊員、三ノ宮文男（当時二十一歳）が自宅近くの産土神社で首をくくり、自殺したのである。三ノ宮は長文の遺書を書き残したとの情報が流れた。

遺族が悲しみに沈んでいるなかで、捜査当局は彼の遺書を入手しようと、家族周辺の聞き込みを集中的に行った。「三ノ宮は事件のカギを握る最有力者」と見ていた捜査当局は、その遺書に「青年行動隊が機動隊を襲った事件の真相が書かれているのでは」と疑っていた。襲撃後、芝山町で開かれた集会で血の付いた服を着た青年が「機動隊を殲滅した」とアジ演説をしたとの情報があり、「それが三ノ宮ではないか」と当局はみていたのである。「証言も裏付けもあり、彼は第一次の検挙グループに入っていた」と県警幹部は当時、語っていた。しかし、彼の自殺によって三ノ宮が事件にどう関わったかは〝闇の中〟となった。

彼の長文の遺書は後に反対同盟によって公表された。以下はその要旨である。

「空港をこの地にもって来たものを憎む。反対同盟、婦人行動隊、老人行動隊、少年行動隊、そして我らが青年行動隊、がんばってください。私はもうこれ以上、たたかっていく気力を失いました。なにがなんでも、空港を粉砕するまでがんばってください。

空港をこんな所に持ってきたから、まじめに闘わざるを得なかったんだ。しかし、俺は線が細いから闘いに耐えられなかったんだな。人間なんて弱いもんだよ。何かの本に書いてあったけど、もっと人間らしく生きようと思っている人間がなんで非人間的に扱われるのかな。本当に国家権力というものは恐ろしいな。生きようとする百姓の生をとりあげ、たたきつぶすのだからな。

母ちゃん、父ちゃん、長い間苦労を掛け、また今度はこの書き物をみて悲しむと思いますが、どうか悲しまないでください。といっても無理かもしれないが、本当はおれ、死ぬなんて恐ろしいことかと思っていたけど、この時になってみるとかなり楽だ。自然に死ねるようだ。怖くもないし、恐ろしくもない。本当に自然だ。

父ちゃん、母ちゃん、苦労をかけ通してすまない。父ちゃんはやけをおこさないで下さい。母ちゃん心配しないで下さい。おれだけ、ずるやって申し訳ない。三里塚空港粉砕！　最後まで三里塚に生き続けて下さい。みんな元気で」

この遺書でわかるように、彼は「東峰十字路事件」に関しては一言も触れずに逝ったのである。

大山鳴動して――百五十人に達した逮捕者

捜査本部は11月2日には団結小屋など二十八カ所を家宅捜索、遺留品、押収品、供述調書など証拠品は八千点にのぼった。そして12月8日未明、第一弾として青年行動隊員七名、高校生一名が逮捕された。これを皮切りに同月29日、年が明けた昭和47（1972）年1月5、8、9、14日と連日のように逮捕者が出た。「夜明け前の薄暗い時刻、急を告げるドラム缶の音がムラからムラへと響きわたった。そのたびに、ムラの中から若者の姿が消えていたのだ。〈次はだれだろう？〉それは神隠しのような不安を人々の心の中にもたらした」（福島克彦『三里塚アンドソイル』）という状況が相次いだ。

強制捜査は9月まで十五次に及び、逮捕者総数は青年行動隊員二十九人を含む百五十人に達した。逮捕者への取り調べは厳しく、青年行動隊の多くが高圧的な尋問に耐えられず、警察側の意向にそった形の自白をしたと言われる。一周忌を前にした9月11日、捜査本部は「事件の全容」を発表する。それによると、「事件の中心となったのは青年行動隊」とし、次のように述べている。

「青行隊は成田闘争に最も早くから取り組み、現地では最大勢力を誇る中核派の影響を受けていたが、中核派の〝拠点に立てこもり抵抗する〟戦術にあきたらなくなり、昨年7月の仮処分執行の頃から、反中核派との結びつきを強めた。第二次代執行では、中核派は駒井野団結小屋など強制執行の対象になった拠点に立てこもったが、締め出された反中核諸セクトが大同団結、青行隊と共に機動隊襲撃の計画を練った。県警は当初、事前謀議の内容を重視したが、〝機動隊をやっつけよう〟という意識はあったが、〝殺してしまえ〟という殺意の立証は難しく、殺人罪適用を断念、傷害致死罪適用の方針をとった」

その結果、逮捕者のうち五十五人が凶器準備集合、公務執行妨害、傷害致死、傷害罪などで起訴された。集団による暴行事件のうえ、現行犯逮捕が一人もいないだけに、個々の犯罪を立証するのが難しく、殺人罪の適用はできなかったのである。

しかし、相次ぐ逮捕、再逮捕の繰り返しに、反対派農民の間には不安と動揺の声が広がった。「俺の家はこれで終わりだ」「家の中はめちゃめちゃ、せがれが十年も刑務所にぶちこまれたらどうなるんだ」と反対同盟への不信感も広まり、批判の声は北原同盟事務局長に集中する。「娘や息子のやったことは正しいのだ。一方的に空港建設を決めた国に責任がある」といった反対同盟の説明では誰も納得しなかった。

この時の苦しさを北原は自著『大地の乱　成田闘争』にこう書き残している（要約）。

「批判の声は私に集中した。つらかった。大きな試練だった。あの動揺のかけらもない戸村（一作）さんでさえ、内心は悩んでいたと思う。私をふくめ反対同盟は、あらかじめ思想があって闘争を始めたわけではない。生活を基盤にした運動だった。9・16（東峰十字路事件）の弾圧はその私たちに容赦なく試練をかけた。権力を相手に闘い続けることの困難さに打ちひしがれる時期だった。それでも反対同盟は力をふりしぼってこの試練を乗り越えた」

検察側は事件発生から十二年後の昭和59（1984）年11月、千葉地裁での論告求刑公判で、凶器準備集合で起訴した十二人に懲役一─二年、凶器準備集合と公務執行妨害で起訴した十一人に懲役二─八年、凶器準備集合に加え傷害、傷害致死罪で起訴した三十二人に懲役五─十年など厳しい求刑をし、結審した。事件の判決公判が開かれたのは昭和61（1986）年10月4日のことである。

同地裁は五十五人の被告のうち三人に無罪、五十二人に有罪判決を言い渡したが、その全員が執行猶予付きだった。傷害、傷害致死罪で起訴された三十二人のうち二十九人は「事前に襲撃の共謀に加わっていた」として「傷害、傷害致死罪が成立する」と検察は主張したが、「被告らの捜査段階での自白は不合理、不自然な点が多く、信用できない」とその信用性を否定し、「襲撃に直接関与した証拠はない」と判断したのである。

結果的に見れば、検察側の厳しい追及に対する青年行動隊員の〝過剰な自白〟が、検察側の〝自己崩壊〟をもたらしたのである。検察側は五十五人全員について控訴しなかった。

〝裏切り者〟のユダ

大混乱に陥った第二次代執行は終了したが、当初の6月開港予定はすぎており、このままでは開港の予定も立たない。開港に向けてターミナルビルや四千メートル滑走路の建設に拍車がかかった。しかし、友納県知事と空港公団は、第一期開港には欠かせない四千メートル滑走路のほぼ中央に位置する天浪の共同墓地を、この代執行から外したのである。その理由を、友納知事は第二次代執行終了後、「共同墓地の収用はあくまでも地権者などと話し合って、円満に解決したい」と表明した。

前述したように、この天浪共同墓地には前年の昭和46（1971）年1月13日に突然死した反対同盟副委員長、小川明治が眠っている。残された家族は「死んでも土地は売らない」と言い続けた小川副委員長の遺志を継いで、土葬のまま葬り、後に厚いコンクリートで覆った。公団としては墓地の収用は一刻を争う第一期工事の重要なポイントだが、代執行による強制収用となると、遺族たちに禍根を残す。なんとか強制収用なしでの墓地の明け渡しを願っていた。

そのためには小川明治の遺族の説得は欠かせない。また婦人行動隊副隊長である大竹ハナの病死した子供の遺骨もこの墓地に葬られていた。ハナは前年には反対同盟の代表団の一人として中国訪問もしており、小川明治とも親しく、小川一家とも親交があった。

空港建設地に隣接する千代田村生まれのハナは戦時中、貧しい農家生まれの大竹金蔵と結婚、二人で満州に渡り、ハルビンの石井中将が指揮する731部隊で雑役夫として働いた。戦後、帰国して夫と共に三里塚古込地区に入植し、農業で食べていこうと懸命に開墾作業に従事した。やっと農業で食べていけるようになった時、新空港問題が持ち上がった。ハナは夫の金蔵と一緒に積極的に反対運動に参加し、自ら婦人行動隊副隊長として反対運動の先頭に立った。

しかし長男は、農業を嫌って成田市内の木工工場に勤め、借金をして自分の工場を持った。その事業は一時は順調だったが、様々な環境の変化に追いつけず、借金の返済に困るようになる。借金返済は大竹一家の生活を苦境に追い込んだ。そんな時に病弱だった夫の金蔵が長期に入院して胃潰瘍の手術を受けるなど不運な事態が重なり、一家は苦境に立たされていたのである。

空港公団や千葉県、成田市幹部、空港公団の幹部たちはまず、大竹ハナの自宅を相次いで何度も訪れ、食事に何度も招待し、共同墓地の権利を売り渡すよう口説いた。また墓地の移転先や新しい墓の建立などについても詳しい説明を繰り返した。ハナはついに公団の誘いに乗った。

墓地売り渡しを決断したハナは、親しかった小川家に足しげく通い「代執行を見れば分かるように、いくらがんばってもやられてしまう。今のうちにいい条件を取った方がよい」と小川の遺族を何度も口説くようになった。

「ハナの説得力は公団の買収員よりも、数層倍の力があり、小川一家に浸透していった」（『野に起つ』）。小川の遺族たちは「遺体があのままでは安眠できない」とついにハナの説得に応じた。

年が明けた昭和47（1972）年1月10日、大竹たちは墓地の売り渡し契約書に調印した。空港公団の石原耕作理事は大竹ハナや小川未亡人たちの前で「移転先での墓地設置については今後十分配慮する。右事項について誓約いたします」という文書に印鑑を押した。戸村一作によると「三坪足らずの面積の墓地売却の値段は一人が百万円から二百万円、墓周辺のコンクリートバリケードの補償金として三十万円を受けとった」（『現代の眼』一九七二年三月号）という。

戸村は天浪共同墓地が公団に売り渡された、という噂を聞きつけると、同13日、すぐに墓地に駆けつけた。すでに墓地は完全に撤去され、小川明治の遺体を納めていたコンクリートのバリケードがブルドーザーで打ち砕かれている最中だった。墓地の周辺は機動隊が包囲して誰も入ることはできなかった。

戸村委員長、北原事務局長らは同15日、同盟で決議した「糾弾書」を持参して大竹ハナの自宅を訪ねた。ハナは戸村たちに「同盟は今まで私の家族に何一つやってくれなかったじゃないか。それでもまだ反対しろというのか」と不貞腐れた。北原事務局長は「大竹金蔵・ハナとその家族を除名処分にする」との通告書を読み上げた。「ああ、いくらでも除名処分にしろよ。そんなものちっともおっかなくねえよ」とハナは一段と声を高めた（同）。

戸村一作は共同墓地を売り払った大竹ハナを「脱落というより同盟を権力に売り渡した最大の裏切り行為」と強く非難し、「銀貨三十枚でキリストを裏切ったユダである」と決めつけた。

「祭司長らとパリサイ人たちはイエスを捕えようとして『イエスのいどころを知っている者があれば直ちに申し出よ』という指令を出した。十二弟子のひとりユダが祭司長のところに行って言った。『彼をあなた方に引き渡せばいくらくれるんです』。ユダがイエスの居所を教えると、祭司長はユダに銀貨三十枚を支払った。この恐るべきキリストに対する裏切り行為の中に見るものは何か。権力に隷属化し、物欲の虜となった敗北主義である。大竹ハナはまさしくユダ的存在であった」（同）

数千人に達する負傷者や機動隊員三名の殺害など多くの血が流れ、悲劇が生まれた昭和46（1971）年の第一次、第二次にわたる代執行はこうして終わり、成田新空港は開港に向け急ピッチで建設が進み始めた。同年11月初めには、新空港の中枢となる管理ビルと高さ六十メートルのコントロールタワーが空港施設の先陣を切って完成する。地下二階、地上四階、広さ十四万平方メートルの旅客ターミナル、百二十万平方メートルのエプロン、四千メートル滑走路などは47年春の完成が確実となった。

今井公団総裁は年が明けた昭和47（1972）年1月26日、「昭和47年6月開港」を羽田空港に乗り入れている二十五カ国、三十の航空会社に宣言した。しかし、この年はジェット燃料輸送問題など新たな難問が次々と発生、開港予定は相次いで延期され、年末の12月21日には「昭和48年中の開港は断念する」と発表する事態に追い込まれていった。

岩山大鉄塔と岩山団結小屋（1973年2月1日）（写真：毎日新聞社/アフロ）

第7章

裏切

燃料輸送問題と公団の逆襲

岩山大鉄塔に空中団結小屋

二度にわたる代執行によって第一期工事区域内の反対派の〝砦〟はすべて奪われ、反対同盟は抵抗拠点を失った。しかし、昭和47（1972）年2月から四千メートル滑走路の南端に近い同盟所有地に新たな妨害鉄塔の建設を始めた。第一次代執行が終わった前年5月、たとえ開港しても飛行妨害になるよう滑走路南端から一キロ余り離れた岩山地区の畑の中に三十・七四メートル（第一鉄塔）の妨害鉄塔を建てたことは前述した。新たに建設を始めたこの第二鉄塔は、日一日と高くなり、3月15日に完成した時には六十二・二六メートルの大鉄塔となっていた。

地上三十七・二九メートルまでは鉄骨を組み立て、その上に鉄製のポールを立てたもので、農民たちは「岩山大鉄塔」または「騒音監視塔」と呼んだ。第一鉄塔より四千メートル滑走路に二百八十三・三メートル近く、飛行機の進入表面を三十八・九七メートルも超えており、滑走路の延長線上七百五十七・六メートルの地点にそびえ立ったのである。3月27日から予定されていた飛行検査は急遽、中止され、「47年6月開港予定」はもちろん潰れてしまった。

後に反対同盟はこの大鉄塔の中段に「空中団結小屋」をつくり上げる。高さ十三メートルのところに六メートル四方、二十畳敷きほどの小屋をつくり、いざというときには五十人近くが〝籠城〟できる、さながら〝空中要塞〟である。「ここに大勢が立てこもれば、機動隊だって〝殺人〟の意図がなければ、倒すことは不可能だろう」と反対同盟の幹部たちは強気だった。

さらに、反対同盟は昭和48（1973）年10月から、この鉄塔の「十万人共有化運動」を進めた。百円を出せば誰でも鉄塔の〝株主〟になれるというもので、十万口の共有持ち株が全国で売り出された。用地買収に対してとられた「一坪運動」の〝鉄塔版〟である。戸村委員長は「十万人で共有しておれば、撤去するには持ち主に通知しなければならず、そんなことをしていたら、すぐに五年や十年は経ってしまう」とこの作戦に自信満々だった。

この二本の鉄塔がそびえている限り、新空港が開港しても四千メートル滑走路への離発着は不可能である。開港に向けてこの二本の鉄塔をいかにして倒すか。鉄塔の存在は空港公団にとって大きな焦点の一つとなったのである。

新たな難題浮上——燃料輸送用パイプライン問題

第一期工事予定地の強制収用が終了すると、四千メートル滑走路と旅客ターミナルなど空港施設の建設は一気に進み始める。しかし、空港はこうした施設が完成したからといって航空機を飛ばすことはできない。航空機を飛ばす燃料を途切れることなく供給することが欠かせないからだ。

空港公団が千葉港から成田空港までの燃料輸送用のパイプライン計画を公表したのは、第二次代執行が始まる直前の昭和46（1971）年8月19日のことである。東関東自動車道わき四十四キロメートルに直径三十五センチのパイプライン二本を埋設してジェット燃料を送り込む、という計画である。

千葉港から東関東自動車道までには幸町、稲毛、朝日ケ丘、さつきが丘などに公団住宅が立ち並ぶ。このパイプライン建設計画は早い時期から計画されていたが、空港公団はなぜか市議会や住民には公表しなかった。空港公団は、第二次代執行が終われば空港用地確保のメドが立ち、空港建設は一気に進む、と判断して公表に踏み切ったのだろうが、沿線住民にとってはまったくの〝寝耳に水〟の公表だった。

私（筆者）自身も、この計画発表に驚いた市民の一人である。前述したように成田空港問題が持ち上がった頃は、総武線西千葉駅に近い幸町団地に住んでいたが、この頃は子供が少し大きくなったこともあって、さつきが丘団地の３ＬＤＫへ引っ越していた。パイプラインが敷設されることになる花見川沿いの小道は、私の休日のジョギングコースでもあった。私も含め沿線住民にとっては成田空港建設への賛否ではなく、軒先を通ることになるパイプラインが安全かどうか、が問題だった。

千葉市内では海岸埋め立て地帯の真砂地区や朝日ケ丘地域の住民がすぐにパイプライン反対で立ち上がり「臨海団地自治会連絡会」を結成、市役所や市議会に押し掛ける騒ぎとなった。しかし、空港建設に協力的だった千葉市長・荒木和成は、年が明けた昭和47（１９７２）年1月14日、混乱する市議会に機動隊を導入、反対派を排除してパイプライン埋設への賛成を強行採決した。

パイプラインルート図

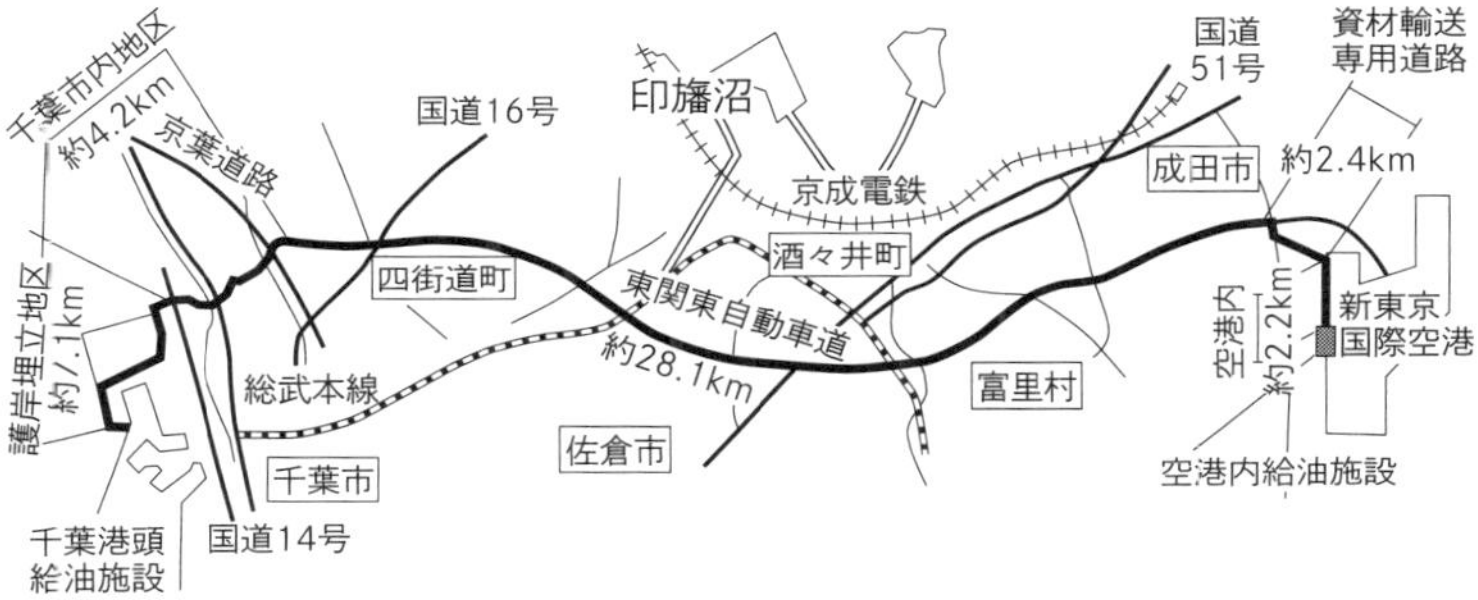

（出所）新東京国際空港公団20年史編纂協議会編『新東京国際空港公団20年のあゆみ』（1987年）

千葉市は同4月14日には市道への埋設工事を認め、千葉県も同日、県道、県有地への埋設を認めた。空港公団は即日、パイプラインの埋設工事に着手する。公団は5月8日には成田分室に「パイプライン建設実施本部」を設置、本部長に就任した池田迪弘（工事局長）は記者会見で「全ルートを四カ月間で完成させる」と胸を張り、反対運動が盛り上がるなかで着工を強行した。

ところが建設実施本部が調べてみると、当初の設計図ではパイプラインを埋設できない箇所が二十カ所以上もあり、さらに約三ヘクタールは用地買収さえ終わっていないなど、多くの問題が残されていることが明らかとなった。

公団の不手際が相次いで明らかになるなかで、6月21日、沿線住民約五百人が千葉地裁に「パイプライン埋設工事禁止の仮処分」を申請する。その内容は「建設計画と現実の工事の間にかなりのズレがあり、安全確保の施策がなされていない」というもので、パイプライン専門家の危険性を立証する膨大な資料が添えられていた。

これを受けた千葉地裁民事部の渡辺佳二裁判長は7月31日、仮処分申請を却下する。しかし、渡辺裁判長はこの判断のなかで「パイプラインの安全性を認めたわけではなく、かなり危険性に満ちたものを民家の密集地帯に通すルートの決定は理解に苦しむ。千葉市、空港公団とも住民感情への配慮が欠けている。住民とも十分協議せよ」と市、公団へ勧告したのである。

この勧告によって工事は事実上ストップする。公団は強引にパイプライン埋設を続けるか、新たな安全対策の再検討を進めるか、の選択を迫られることになった。

その場しのぎの方針変更——貨車とタンクローリーによる輸送計画

混乱が続く最中の昭和47（1972）年7月5日、日比谷公会堂で開かれた自民党臨時党大会で、八年前に成田空港建設を決めた佐藤栄作内閣が総辞職、ポスト佐藤を決める総裁選で、田中角栄が新総裁に選出される。当時、田中は五十四歳。もともと〝土建屋〟出身の田中は、成田空港建設に積極的だった。田中内閣で運輸大臣となったのは、これまた新空港推進派の一人、佐々木秀世である。8月3日、佐々木新運輸相に報告を求められた今井栄文公団総裁は「パイプライン工事は来年6月までかかる見込みで、成田開港は昭和48年夏以降になる」と述べた。

不手際続きの開港遅れに我慢がならなかった佐々木新運輸相は8月14日、今井公団総裁に「パイプライン完成までの暫定措置」として「国鉄の貨車とタンクローリーのリレーによってジェット燃料を代替輸送し、48年3月には開港せよ」と指示した。

航空燃料暫定輸送鉄道ルート略図

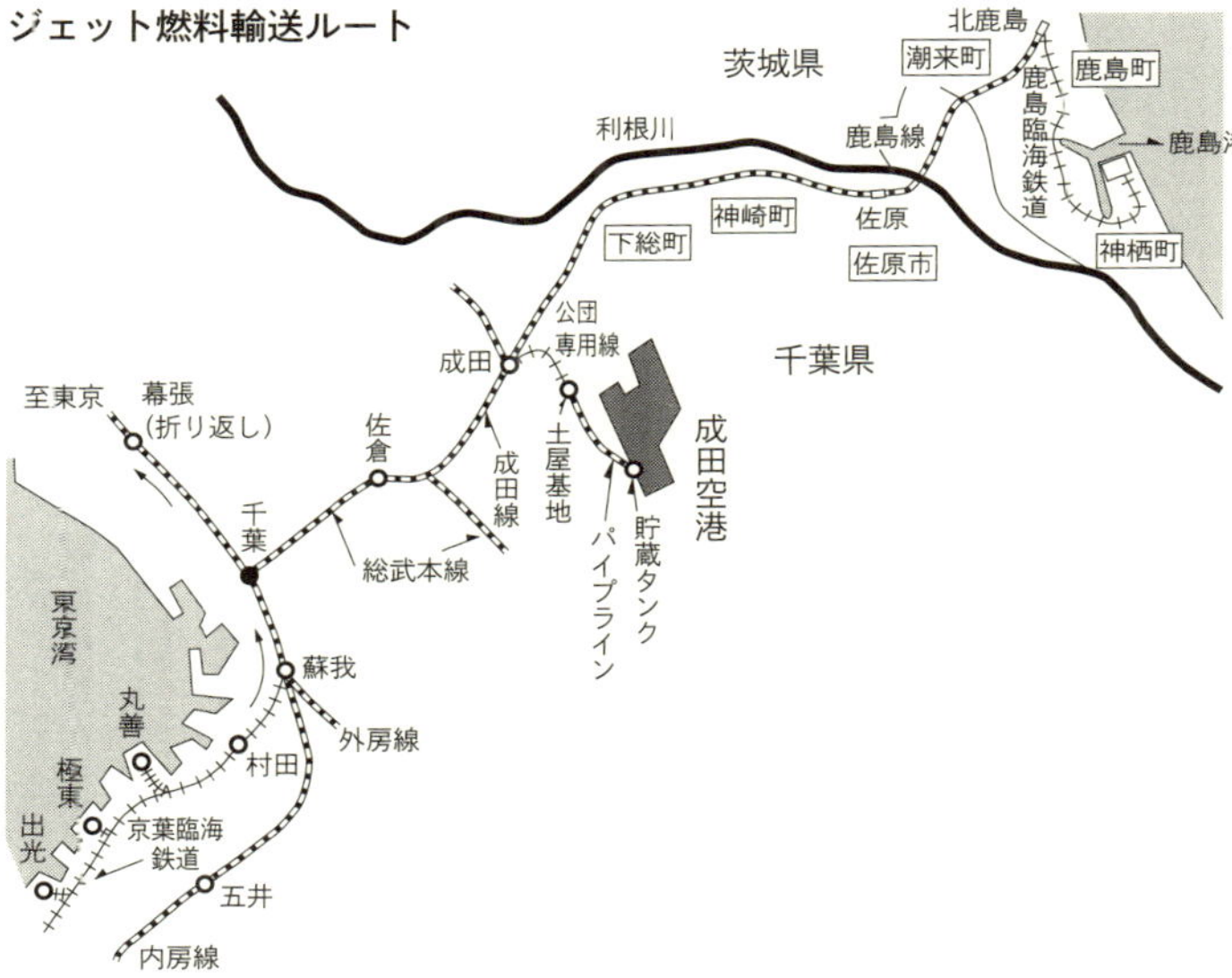

（出所）新東京国際空港公団20年史編纂協議会編『新東京国際空港公団20年のあゆみ』（1987年）

この指示を受けて空港公団が公表した暫定措置は、東京湾沿いの千葉県市原市から国鉄線を使って一日千キロリットル、また太平洋に面した茨城県鹿島港から一日三千キロリットルの合計四千キロリットルを成田市内の土屋にある資材置き場まで鉄道輸送し、そこから空港までの八・七キロはタンクローリーで運ぶというものだった。

公団の試算によると、一日の飛行に必要になる四千キロリットルのジェット燃料は、十トン積みのタンクローリー五十台を毎日八往復させれば必要な量はまかなえる、という計算だった。しかし「細部のツメはほとんど白紙」（15日付日経朝刊）であり、「毎日、五十台のタンクローリーが市内を走り回るこの計画に、地元住民が納得するものかどうか疑問」（同）と私（筆者）は紙面で指摘した。

「貨車やタンクローリーでの輸送は危険だからパイプラインを埋設するのだ」と説明してきた運輸省・公団のその場しのぎのこの方針変更は、関係自治体や住民の不信感を決定的なものにした。なかでも混乱する市議会に機動隊まで導入して市道占用を許可し、パイプライン埋設に協力してきた荒木千葉市長には何の事前連絡もなく、「パイプラインは止めた」というのである。

荒木市長の怒りはすさまじく「本格パイプラインはともかく、公団自らが安全性では劣ると言っていた貨車輸送を押し付けられるのはとんでもない。もう公団には協力できない。勝手にしろ」と記者団の前で憤懣をぶちまけた。そのうえ、千葉市内を通るパイプライン埋設が決まった直後の3月に、公団と千葉市が〝秘密裡〟に結んでいた確認書と覚書の内容をぶちまけたのである。その内容はこうだった。

昭和46（1971）年8月、パイプラインに対する協力要請が千葉市に持ち込まれた際、条件賛成派から見返りとして道路整備、排水施設などの充実を求める声が出た。市企画調整局がその要望をまとめたところ、金額にして十一億円余に上った。荒木市長はこの金額を、パイプライン埋設のための「市道の占用許可を与える条件」として今井栄文総裁に要求した。今井総裁―荒木市長のトップ会談で、今井総裁は「俺が責任を持って出す」と言い切ったという。

荒木市長がぶちまけた確認書と覚書には概略、こう記されていた。

「地元環境整備費として公団は千葉市に十一億一千二百万円を支払う」

「千葉市内のパイプラインルートは暫定三年とし、その後は東関東自動車道に埋めかえる」

当初の予定通りパイプラインの埋設が進めば、千葉市には十一億円余が入ることになっていたのである。だが、鹿島港などから貨車による暫定輸送に切り替えられたため、この〝密約〟は自然消滅する。荒木市長の怒りはこの点にもあった。パイプライン工事の是非は本訴訟に委ねられることになり、千葉市内でのパイプライン工事はすべて中止され、工事は大幅に遅れることになる。

遅れに遅れる開港

千葉市長の個人的な怒りはともかく、この暫定貨車輸送計画に対する鉄道沿線からの反対の声は日ごとに強まる。鹿島ルートに当たる神栖町議会は昭和47（1972）年9月、鹿島町議会も10月に貨車輸送反対を決議、京葉ルートでも市川市、船橋市、習志野市の三市長が輸送反対の共闘を表明するなど、ジェット燃料の貨車輸送は自治体、住民双方から強い反対を受けることになった。

また、成田市内の土屋から空港までのタンクローリー輸送に対しても、タンクローリーが通過する山之作地区の三十三戸がまず反対の声を上げた。彼らは集会所や区長宅に集まり、深夜まで作戦を練り、「タンクローリー輸送絶対反対」の立看板をあちこちに立てた。同年9月15日に成田市議会の特別空港対策委員会が開かれる。その席上、長谷川録太郎市長と一緒に空港公団の山本力蔵副総裁が出席し、こう事情を説明した。

「千葉市からのパイプラインの用地買収が不可能となり、タンクローリーでの燃料輸送が必要となった。ついては市内の土屋の資材置き場に燃料基地を設置するので協力をお願いしたい。土屋の資材置き場には燃料貯蔵タンクを四基作らねばならない。ぜひ、特段の力添えをお願いしたい」

当時、市会議員三期目だった戸村委員長はこれを聞くとすぐに立ち上がった。彼の口調はいつにも増して激しかった。

「山本さん、あなたは気でも狂ったか。これまでパイプラインの安全性を説得しておいて急遽、タンクローリーの燃料輸送に協力してくれとは一体何ごとか。百八十度の転換ではないか。地下に埋めても危険だというのに、この交通の激しい路上で危険物を搬送するとは……」

「交通事故による思わぬ災害で、火の海と化す危険性は明らかだ。成田市民四万人の生命、財産をあなたはどうして守るというのか。それに火炎瓶が飛び出したらどうなる。一日五百台ものタンクローリーがピストン輸送するとなれば、交通マヒ状態になり、たとえ火炎瓶が出なくても、事故による爆発と、その災害は恐るべきものである」

山本副総裁は「その点については万全を期し、路上危険な場所にはガードマンなどを配置し、保安体制を充実し、危険を未然に防ぐ」と答えたが、戸村や市民の不安に応えるものではなかった。

この議論をきっかけにしたかのように、成田市寺台地区や山之作地区などの沿線住民は辻々に「タンクローリー輸送反対」の立看板やステッカーを張りだし、公団の測量なども完全に拒否するなど、成田市内全域に住民の反対運動が盛り上がり、同9月20日には成田市議会全員協議会も「タンクローリー輸送絶対反対」の統一見解を発表する。

盛り上がる反対運動に同年12月、空港公団の今井総裁は「来年3月開港は無期延期する」と記者会見で表明した。「千葉港などからのパイプラインの用地買収が、住民の反対運動によって不可能となった」というのが、その最大理由だった。ジェット燃料輸送問題解決の見通しが立たないということは、開港の見通しも立たないということでもある。

燃料輸送問題の解決の糸口が見え始めたのは、昭和48（1973）年3月末のことである。公団は成田市内の土屋―空港間のタンクローリー輸送を断念、暫定パイプライン（市内八・七キロ）を埋設することにし、成田市に「市道占用許可願」を提出、地元住民への説得を繰り返した。反対の声が強かった山之作地区の住民もようやくこれに同意した。空港公団が、成田市と「パイプライン埋設工事に関する協定」を結んだのは同年5月末のこと。パイプライン埋設工事が本格的に着工したのは翌49年1月だった。計画が持ち上がってからすでに二年半以上が過ぎていた。

しかし、工事が始まると、各地での湧水現象や、水の汲み上げで水脈に影響を与え、付近の井戸水が枯れるなどの被害が続出する。ことに国道二九五号の沿線では立坑内に湧水が生じ、これを汲み上げながら工事を続行したところ、寺台地区の民家の井戸が枯れ始めた。民家に給水車で水を補給しながら作業を続けたが、事態は好転せず、成田市から工事の一時中止命令を受ける。また注入した土壌凝固剤の安全性に対する疑問が提出されるなど、作業はたびたび中断する。成田市内の暫定パイプラインが完成したのは昭和50（1975）年4月7日。

暫定輸送計画が公表されてから足掛け四年の歳月が流れていた。成田市内の暫定パイプライン建設の遅延によって「開港」は遅れに遅れることとなったのである。

成田新空港建設が決定してから八年目を迎えた昭和48（1973）年7月、戸村一作委員長は反対同盟幹部会でこれまでの闘争を総括して「三里塚闘争はいまや土地奪還闘争となった」と次のように述べた（要約）。

「三里塚闘争はいよいよ新しい段階を迎えようとしている。どんな点が新しい段階なのか。闘争というのはなにも機動隊と一戦を交えることではない。農民は農村で生活し、農村で生きて闘っている。政府・自民党が推し進めている農民切り捨て政策をぶっ壊していかない限り、農民として生き、闘う道はないと考えるようになった。私たちにとって農業とかけ離れた総括はない。支配階級は農民をいやでも土地を手放さざるを得ない方向に押しやり、四方八方から締め付けてくるのである」

「私たちは自分たちの課題として新しい農民運動を追求してきた。農民こそ三里塚闘争の主人公である。条件派や脱落者が出る根源は官僚農政による農業政策にある。新しい農民運動は反対同盟を先頭に、青年行動隊、婦人行動隊、少年行動隊、老人行動隊など各組織で真剣に追求しなければならない。これから十年でも二十年でも三里塚闘争を貫徹していくには、闘争を生活と結びつけ、農民を組織して農業破壊と闘わなければならないのである」

八年間の成田闘争を振り返った戸村委員長の率直な〝総括〟と言えるだろう。「闘いはこれから新たに始まるのだ」という新たな決意表明でもあった。

〝よねばあさん〟の死去と養子縁組

戸村一作委員長が就任八年目を迎え新たな決意表明をした二カ月後の昭和48（1973）年9月、成田闘争の〝シンボル〟的存在だった〝よねばあさん〟（小泉よね）が体調を崩して成田日赤病院に入院、胆管がんと診断され、入院三日後に腹部の大手術を受けた。前章で述べたように、第二次代執行で自分の農地を追い出されたよねは、第二期工事予定地である東峰地区の島村良助の農地の一角にプレハブ小屋を建て、そこで一人暮らしをしていた。12月14日に退院するまで三カ月間、よねを慕う延べにして四百人以上の人々がよねに付き添い励ました。

よねは第二期工事区域内にもわずかな耕作地を所有していた。しかし、この土地は形式的には他人名義になっており、よねには耕作権しかなかった。万一、よねが死亡すると、耕作者がいなくなり、国に買収されてしまう。よねのこの畑を守るためには誰かが耕作権を継承するしかない。よねの病が重いと知った反対同盟の若い世代では、「誰かがよねの養子となって耕作権を引き継ぐ必要がある」とたびたび議論となっていた。

よねの容態は日に日に悪化していた。そんな日々、養子の候補に挙がったのが松浦英政、美代夫妻だった。当時、松浦夫妻には一歳三カ月の娘もいた。よねの生きかたや人柄に引き寄せられて三里塚に住み着いた松浦夫妻は「もし僕らが養子になることをよねが喜んでくれ、それが病と闘う少しもの力になればいいのではないか」（小泉英政『土と生きる』）と考えるようになっていた。それを後押ししたのが反対同盟の若い農民の次の言葉だったという。

「ばあちゃんの死んだ後のことを考える養子じゃなくて、あくまでも、ばあちゃんが生き続け、ばあちゃんと生活をともにするという、そういう養子が必要なんだよ」（同）

松浦が入院中のよねに「妻の美代と娘の三里とともに、よねばあちゃんの東峰の自宅に移って一緒に暮らそうと思っているんだ」と打ち明けたのはこの年の10月16日のことだった。「俺たち、ばあちゃんの養子になってもいいかい」。よねは一言、一言うなずきながらうれしそうに松浦の顔を見ていた、という。

「ぼくと美代は、よねに会わなければ、三里塚に住む気にはならなかっただろうと思っている。それほど僕たちはよねに惚れてしまった」（同）と松浦は言う。松浦夫妻が養子縁組の手続きをし、よねの「小泉」姓を名乗るようになったのは翌日の17日からだった。松浦一家は養子縁組の手続きが終わると、よねが暮らす東峰地区のプレハブの自宅に引っ越した。

昭和23（1948）年北海道の炭鉱の街・赤平市に生まれた松浦は、十九歳で上京、様々な職業を転々としながら佐藤訪米阻止闘争（1967年）に参加し逮捕された。その後は「ベトナムに平和を！市民連合」（べ平連）の活動に加わり、そこで知り合った美代と暮らしを共にするようになった。夫婦で成田闘争に参加するようになった松浦は三里塚に住み着き、しばしば第二次代執行で取り壊されたよねの粗末な家に泊まり込み、よねの人生を聞き書きしたこともあった。

「（よねは）日本の、世界の、どこでも居そうな、ごく普通の人。どちらかと言えば、決して働き者ではなく、不器用で、面倒臭がり屋、でも茶目っ気があって気さくで飄々としていて、凛ともしている。しかも声高に語らず、淡々としていてとても魅力的な人だった」（同）。よねの自宅には常駐する農民や学生がたくさんいて、松浦は一時、成田市内にアパートを借りて、そこからよねの家に通っていた時期もあった。

よねが入院して手術を受けていた頃、戸村一作はCPU（キリスト教平和協議会）の招きでソ連・東欧の旅に出ていた。二十日間ほどの旅を終えた戸村は、帰国するとすぐに成田日赤病院によねを見舞った。ベッドに横たわったよねはブドウ糖の点滴を受けていた。「どうだね」と病状を尋ねる戸村によねは「ここが少し痛いくらいで別になんでもねえよ」と脇腹をなでてみせた。

戸村によると「よねのベッドのそばで一人の青年が蜜柑の皮をむいていた。彼はいくつかむき終わるとスプーンで掬ってはよねの口の中に入れていた」（『野に起つ』）。それが養子となった松浦だった。妻の美代も娘もそばにいた。戸村はよねに聞こえるように言った。

「おばあさんは世界一幸福者だよ。世の中には実子をもっても不幸な者もいる。巨万の富を持っても毎日泣いてくらしている者もいる。八年の闘いの中でおばあさんは本当の人間の幸福を闘いとったのだと思うよ」（同）

よねの体調は12月に入ると急速に悪化する。残りの日々を病院で送るのは「よねらしくない」と判断した松浦は12月14日、よねを退院させ家族全員の生活を始める。三日後の17日午前10時15分、よねは静かに息を引き取った。享年六十七。最後の言葉は「おらあ、死んだらB滑走路予定地内の東峰墓地に土葬してくれ」だったという。

反対同盟では、同盟葬で遺言通り東峰部落の共同墓地に葬ることを決めた。よねの養子となった松浦（小泉）英政は同盟葬で「よねさんは死んでも闘うなんて言わなかった。よねさんは生きたかったのだ」と追悼の辞を述べた。彼の家族は、東峰地区のB滑走路予定地内によねが耕作権を持っていた一反歩ほどの畑を引き継ぎ、今なお有機野菜の栽培をしながら、空港反対運動を続けている。

戸村委員長、参議院選に立候補

ジェット燃料輸送問題などで反対闘争は膠着状態となり、開港時期も二転、三転するなかで、戸村一作委員長は昭和49（1974）年7月7日の参議院選挙（全国区）に立候補する。〝よねばあさん〟死去の翌年のことである。前年の48年8月、参議院選に担ぐことになっていた三菱重工長崎造船労働組合の委員長が病で倒れ、立候補者を立てることができなくなった同組合から、戸村一作への出馬要請があり、同10月、反対同盟はこれを受諾、戸村委員長を立候補させることを決めたのである。

当時、国内では急激なインフレが進行しており、長崎造船労組は「労働者と農民、広範な住民、市民、学生戦線などの共同候補として闘いの先頭に立っていただけるのは、三里塚の同志にお願いするしかない」と考え、反対同盟の戸村委員長に立候補を要請することになった、という。議会や政党に対する不信感の強かった反対同盟だが、選挙戦を通して三里塚闘争をアピールし、反対運動の輪を全国に広げる好機と考え、この要請を受けた。

戸村委員長の立候補が決まると、同年11月には選挙戦を支援する組織として東京大学助手の宇井純や「ベトナムに平和を！市民連合」（べ平連）代表の小田実ら知識人、文化人の呼び掛けで「三里塚闘争と戸村一作に連帯する会」（連帯する会）が発足する。反対同盟とこの「連帯する会」の連名で出された「共同闘争宣言」では「空港の実力粉砕、インフレと公害の自民党政府打倒、安保粉砕・日本帝国主義打倒、大衆的実力闘争主義の堅持、議会主義の否定など、空港建設反対をこえて幅広い運動目標が掲げられた」（伊藤睦編『三里塚燃ゆ』）のである。

反対同盟幹部にとっては「三里塚闘争」という千葉県の一農村の闘いを全国に広げるチャンスでもあった。参院全国区に立候補すれば、選挙運動は全国どこでもできる。戸村委員長をはじめ幹部たちは、7月の選挙に向けて手分けして各地に飛び、全国各地で講演会を開き、三里塚闘争のアピールに取り組んだ。彼らが訴えたのは「戸村一作に一票を」といった一般的な選挙運動ではなく、「三里塚農民の三里塚闘争に対する思いを全国の労働者や市民に広めよう」との考えであった。

選挙活動に取り組んでいた昭和49（1974）年3月30日、「連帯する会」は、小田実らと戸村一作などの呼び掛けで三里塚第一公園で「暮らしを奪い返せ——世直し大集会」を開いた。小田はこの集会で知識人の役割についてこう呼びかけた（要旨）。

「あるべき世の中を考えるとき、社会主義だとか、資本主義だとか名前で考えるのではなく、別の発想に立った方がよい。個人個人の胸の中には、あるべき世の中の姿が漠然とあると思う。それにどんな名前を付けようとも、みんなの持っているものを連合させることが必要だと思う。そこで初めて我々が目指す理想の世の中のイメージが出てくると思う。このあるべき世の中のイメージを自分たちで見つめて、それを総合させ、理論化するのが知識人、インテリと呼ばれる人の役割だろう。その第一歩として『世直し』が必要だと考えている人がいっぺん（三里塚に）集まろうではないか」

戸村一作は昭和49（1974）年7月7日に投票されたこの選挙で二十三万四百七票を得たものの、立候補者百十人中、七十五位で落選する。しかし、この選挙戦を通して千葉県成田市の一地域にすぎない「三里塚」の名は全国に広まった。

後述するが戸村一作を推薦・支援した「連帯する会」は、二年後の昭和51（1976）年7月には「三里塚『廃港』要求宣言の会」として再発足する。会の代表となったのが福岡で「瓢鰻亭通信」を発行していた社会運動家の前田俊彦、事務局長にはルポライターの鎌田慧が就任。べ平連を中心とした文化人多数が参加し、「成田闘争」は新しい時代を迎えることになる。

だがこの選挙、当時の田中角栄内閣にとっては、死命を制する重大な選挙だった。自民党は改選前の百三十四議席から百二十六議席に減らし、保守系無所属三人を加えることで、かろうじて過半数を保った。選挙が終わると自民党内では激しい権力争いが始まる。副総理だった三木武夫は選挙五日後の同12日、兼任していた環境庁長官を辞任する。蔵相の福田赳夫も16日には辞任するなど、自民党内では田中首相の後継者をめぐる争いが激化した。

追い打ちをかけるように10月10日発売の『文芸春秋』11月号に立花隆の「田中角栄研究――その金脈と人脈」と、ルポライター児玉隆也の「淋しき越山会の女王」が掲載される。10月22日に外国特派員協会で開かれた記者会見でも彼の金脈が激しく追及され、田中首相は辞任へと追い込まれていった。田中の後任選びは副総裁の椎名悦三郎に一任された。椎名は12月1日に三木武夫を総裁に指名、同9日、三木内閣が発足する。この時、自民党幹事長となったのが、成田新空港を決めた佐藤内閣で運輸大臣を務めた中曽根康弘である。

参議院選で自民党の敗北が明らかになった直後の7月30日、自民党内の内紛を見越したかのように、空港公団総裁は今井栄文から大塚茂に交代した。今井は前総裁・成田努の後を受けて42年10月から六年十カ月、その任にあったが、それ以前の副総裁時代を加えると二期八年、空港公団の責任者を務めたことになる。その間、成田開港は予定より遅れに遅れており、表向きはその責任を取らされたわけではないが、事実上、今井総裁の引責辞任だと見られていた。

新総裁の大塚茂は元郵政省事務次官。退官後、日本航空の理事となり、その後、埼玉県副知事となった。昭和47年に知事選に出ようとしたが、当時の栗原浩知事との調整がつかず断念する。郵政事務次官時代の総理が田中角栄だった。大塚新総裁の下で副総裁も山本力蔵から元運輸事務次官の町田直となった。空港公団の幹部も一新され、開港に向けて突き進むことになる。

副委員長の裏切り

空港公団は、新しい体制の下で開港に向けての作戦練り直しが求められていた。しかし、開港への見通しはまったく立たず、反対闘争も戸村委員長の参院選出馬にみられるようにその動きはストップし、報道陣も成田からの引き揚げが始まった。日経もそうだった。私（筆者）も成田からの引き揚げを命じられ、社会部遊軍に戻った。年末、年が明けた昭和50（1975）年3月1日に、「特派員としてサイゴン（現ホーチミン市）に赴任せよ」との内示を受ける。新年早々に社会部から外報部に移り、タイプライターやテレックスの打ち方の短期間の〝特訓〟を受け、サイゴン支局に赴任した。

支局の引き継ぎを終え前任者が帰国した数日後の3月10日、北ベトナム軍が北緯十七度線を越え、ソ連製戦車を先頭に南ベトナムになだれ込む。サイゴンが陥落したのは五十日後の4月30日である。先輩特派員（酒井辰夫）が昭和43（1968）年、ロケット弾を受けて死亡していたこともあり、本社から何度も帰国命令がきたが、それを無視してサイゴンに残り、サイゴン陥落の瞬間を目撃、その後も共産主義革命が一気に進む南ベトナムの状況を記事にして送り続けた。私にとっては、「三里塚闘争」取材が「ベトナム戦争」の取材に変わったという認識だった。

「ベトナム戦争」は終わったとはいえ、南ベトナムで始まった急激な「共産主義革命」に反発する市民たちは、〝ボートピープル〟となって国を捨て、海外に逃げ出した。その総数は二百万人に達したと言われる。こうした実情を送稿し続けた記事の内容が、ベトナム共産党に「反革命的である」と判断され、「国外退去命令」を受けたのは同年10月末のことである。サイゴンを強制退去させられた私は、新たに「シンガポール特派員」を命じられ、シンガポールからインドシナ情勢を取材・送稿することになった。

シンガポールに移って半年が過ぎた昭和51（1976）年4月21日のことだった。一日遅れで届く日本の各紙をめくっていた私の眼は、読売新聞（20日付朝刊）の第二社会面にくぎ付けになった。「成田空港反対同盟　副委員長が脱落」「土地を公団に売り渡す」という見出しで、そこにはヘルメット姿で住民の先頭に立っていた副委員長、瀬利誠の写真も添えられている。各紙をめくってもその記事はなく、読売の特ダネだった。記事の内容も私にとっては大きな衝撃だった。以下その全文を引用する。

「成田空港の建設に反対する三里塚・芝山連合空港反対同盟（戸村一作委員長）瀬利誠副委員長（61）が昨年十二月、新東京国際空港公団に密かに宅地、畑、山林を売り渡し、事実上反対同盟から脱落していたことが十九日までに明らかになった。

瀬利さんは、戦後、外地から引き揚げ、現在地で農業を営み、畑三・五ヘクタールのほか山林、原野約五ヘクタールを持っていた中農。去る四十一年『三里塚空港』の問題が持ち上がると同時に芝山空港反対同盟の委員長、同年十一月、連合空港反対同盟誕生で副委員長になった。

農民でない戸村委員長を反対同盟の〝象徴〟とし、瀬利さんと故小川明治（四十六年一月死亡）、石橋政次さんの三副委員長が農民の〝三本柱〟となっていた。三人の中でも瀬利さんは『無口だが物事の判断には慎重でスジを通す人』（内田寛一反対同盟行動隊長）といわれ、穏健派リーダーだった。

しかし、瀬利さんは、昨年十二月二十六日に空港公団に対して宅地、畑を売り渡し、今年二月二十三日には登記も完了していた。すでに移転先の代替地も同県印旛郡八街町に確保してあるという。

瀬利さん自身は沈黙を守っているが、脱退理由について、家族から『反対運動をやめてほしい』という意見があったほか、さる四十九年二月十三日未明、不審火から自宅や作業場など合わせて十棟、三百二十平方メートルが全焼、瀬利さんは〝放火だ〟といっており、反対運動にいや気がさしたのでは——ともいわれている」

私はこの記事を読みながら三里塚に新空港が決定した当時から何度も取材した瀬利誠の顔を思い浮かべた。記事では「無口だがスジを通す人」と書かれているが、私は会うたびに「重苦しい何か」を感じていた。その「何か」はわからなかったが、第1章で記したように、芝山地区で育った瀬利は戦前、満州に渡り、郷土出身の先輩である石井四郎中将の率いる「731部隊」で働いていた、という過去を持つ。戦後、そのことは「絶対に外部に漏らすな」と固く口止めされてきた。

そういえば第6章で記したように、故小川明治副委員長らが眠る天浪墓地を売り渡し、戸村委員長に「裏切り者のユダ」と激しい罵倒を受けた大竹ハナも、夫の金蔵と共に満州に渡り、「731部隊」に関与していた。そうした〝暗い過去〟が裏切り行為に関係があるとは思わないが、私は何か不思議な因縁を感じずにはいられなかった。

〝裏切り〟の真相

私は読売新聞の〝特ダネ〟に接した四カ月後の昭和51（1976）年9月、帰国を命じられ、再び「成田闘争」の現場に舞い戻った。空港公団の大塚茂総裁、町田直副総裁の新体制は、早期開港に向けて懸命な動きを続けていた。その一つが反対同盟幹部の切り崩しだった。私はまず瀬利誠副委員長の〝裏切り〟の真相を知ろうと空港公団、反対同盟双方の幹部への取材を続けた。その結果、私は次のような火事前後の動きを知った。

昭和49（1974）年2月13日、夕闇の迫る午後5時過ぎ、横堀部落の瀬利誠の自宅から出火した。火の回りは早く、瞬く間に母屋が焼け落ちる。駆けつけた戸村委員長ら反対同盟幹部たちにも火の粉が降りかかる。火は瞬く間に納屋に燃え移った。消防車が駆けつけ消火作業が始まったのは、母屋も納屋も丸焼けとなったあとだった。瀬利は燃え盛る火をぼんやりと眺めていた。瀬利は警察官や戸村の質問に「この火事は怪しい。放火された疑いがある」と漏らした。成東署が捜査したが、「放火」の事実は確認できず、漏電とも失火とも分からなかった。

翌日、反対同盟は瀬利のために農民や支援学生たちも総動員して救援隊を発足させ、各戸一万円のカンパを募り、二百万円を彼に贈り、焼け跡の整理からプレハブの仮り住まいも建てた。一方、空港公団も「瀬利切り崩し」のチャンスとみて、翌日、公団職員が瀬利の仮り住まいを訪れ、見舞金を置いて行った。「その金額」は公団も明らかにしなかったが、戸村によると「瀬利が驚いたばかりか、薄気味悪くなるほどの高額」(『わが三里塚　風と炎の記録』)だったという。しかし、瀬利はこの見舞金を返さずにそのまま受け取った。自宅も納屋も火事で失い狭いプレハブで妻と息子夫婦と暮らす瀬利は家族の強い要求もあり、一日でも早く、新しい土地と建物に移りたかった。

新体制になった空港公団は反対同盟切り崩しの端緒として、副委員長の瀬利誠に狙いを定めていた。彼の〝陥落〟に成功すれば、同盟に与える打撃は大きい。瀬利の自宅は横風用C滑走路(三千六百メートル)の予定地内にあった。公団職員が深夜、何度も瀬利宅を訪れて裏交渉を続け、瀬利の要求をすべて呑むことにした。その金額は一反歩百四十万円の土地に六百七十万円の補償金を支払い、反当たり二百二十万円の代替地も百七十万円という安値にして譲渡した、と言われている。しかし、公団側はこの金額が事実かどうかについては明らかにしなかった。

昭和50(1975)年12月26日、瀬利は空港公団成田分室を訪れる。公団では町田副総裁以下公団幹部が待ち構えていた。町田は「瀬利さんは同盟では有力者でしたから、ずいぶんとお骨も折れたことでしょう。今回は我々の意を酌んでくれ感謝します」と言いながら瀬利を迎えた。瀬利は町田から差し出された契約書に黙って印鑑を押し、その契約書を上着のポケットに入れるとすぐに立ち上がり、逃げるように立ち去った。その間わずか十五分。町田らは黙って見送った、という。

瀬利は年が明けた昭和51（1976）年1月8日の反対同盟の新年会にも出席、さらに2月15日の芝山町議選にも立候補し、三選を果たした。彼が自分の所有地を公団に売った、という事実が反対同盟に明らかになったのは2月27日のことである。反対同盟は同日夜開いた役員会で「瀬利副委員長の同盟除名、町議辞職」の厳しい処分を決めた。

席上、瀬利は「私は戦争の悲劇を味わった。そのうえ、空港反対闘争が始まり、長い間家族を犠牲にしてきた。これ以上、家族には犠牲を強いたくはなかった。そこで考えたのが〝家族の緊急避難〟だった。私は現地に踏みとどまって最後まで闘うつもりだ。闘争を続けるだけの土地は残してある」と弁明した。反対同盟が調べてみると、その土地は第四インターの団結小屋と鉄塔のある九十坪の土地など合わせて百五十坪の土地だった。

空港公団は、反対派の障害物のある土地はこれを撤去してからではないと買収しない建前になっていた。残した土地は公団が買い取れなかった土地だった。「なぜ事前に相談してくれなかったのか」という戸村の問いに瀬利は「相談したら聞いてもらえたでしょうか」と逆に問うた。瀬利は町議を辞任し、八街町へ転出していった。

反対同盟、崩壊の危機

同4月27日夜、天神峰の石橋政次副委員長の自宅で同盟実行委員会が開かれた。各集落から四十八人もの代表が集まって座敷はいっぱいになった。その夜の議論は瀬利問題に集中、沸騰した。戸村委員長は激しい口調でこう述べた。

「瀬利の脱落をどう受け止めるかは、同盟の今後の闘いを左右する問題だと思う。瀬利の脱落は裏切りと受け止めるべきで、すでに昨年12月に公団に農地を売り渡しておきながら、今年の2月には町議選に立候補するというまったくもって悪質極まるものだ。瀬利に対する同盟の見解をはっきりさせておくべきだ」(『わが三里塚　風と炎の記録』)

これに対し行動隊長の内田寛一が立ち上がり「裏切り者だから除名にしろ、人民裁判にかけろ、では問題解決にはならないと思う。それではみんなを切り捨てることになってしまう」。この時期、空港公団の積極的な切り崩しによって「岩山大鉄塔」が立つ岩山地区で脱落者が相次いでいた。

戸村は「たしかに内田さんの言うことは重大だ。だから瀬利をどうみるかということが今の同盟にとって重大だと私は思う。どんな意味でも瀬利に対する同情は許されない。瀬利は裏切り者であり、そればかりか公団のスパイとして動いていたこともはっきりしている」。戸村の激しい言葉に内田はうなずいた。

かつて婦人行動隊副隊長の大竹ハナが故小川明治副委員長らが眠る天浪墓地を公団に売り渡したとき、戸村一作は「裏切者のユダ」と激しく罵倒した。「瀬利に対してもその思いは変わらなかった」。戸村はこう述べる。

「『狭き門より入れ、滅びにいたる門は大きく、その道は広い』というキリストの言葉が、実感として迫ってくる。今までなんでもなく読み過ごしていた聖書の言葉が、瀬利というひとりの背信行為者を通して、身をもって体験させられたのだった。瀬利の裏切りをもって『狭き門』の発見が迫られている。これは今後の闘いを左右する不可欠の課題だ。これを不問にして三里塚闘争はありえなかった（略）しかし、三里塚闘争の行手を考えれば考えるほど裏切者が目立ち、その反面、闘う者の思想と行為が厳しく求められてくるのだ」（『わが三里塚　風と炎の記録』）

そして自分自身にこう問いかけている。

「仮に目の前に二億、三億という札束が積まれたらどうする。ふらふらと手が延びていくのではないか。日ごろ、思想だとか革命だとか口走っていても、それ以上の欲望が人間を支配して、たちまちそれが人間を虜にしてしまうのではなかろうか。それを思うと、空恐ろしくなってくる。あの人が、と思う農民が、札束を積まれコロリと参っていくのも、何度かみてきた。それほど金の力は強く、人間の力は弱い。それを十二年のなかでどれだけみせつけられたかわからない。拝金宗はどんな人も信じる宗教でこれほど恐ろしいものはない」（同）

瀬利副委員長に続く〝裏切り者の続出〟を戸村委員長は恐れていた。副委員長除名という危機に見舞われた同盟は「公団と個別交渉はしない」「用地内外の結束強化のため交流を深める」などを決める。瀬利が残していった土地は二カ月後、近くに住む同盟行動隊長、熱田一に譲られ登記された。だが、公団は開港への障害となっている岩山大鉄塔の倒壊を狙って、着々と住民切り崩しを進めており、反対同盟自体が崩壊の危機にさらされる状態にあったのである。

引き倒された後、切断されて運ばれる岩山大鉄塔中間部にあった空中団結小屋（1977年5月6日）
（写真：毎日新聞社/アフロ）

第8章

撤去

火炎瓶対ガス銃

福田新首相「年内開港」を指示

反対同盟の瀬利誠副委員長の〝裏切り騒ぎ〟が一段落した昭和51（１９７６）年夏、自民党内では〝三木おろし〟が吹き荒れていた。前年8月に田中角栄前首相がロッキード事件で逮捕されたのをきっかけに、三木首相に対する反発が強まり、反主流派だった田中、福田、大平、椎名各派は8月19日に挙党体制確立協議会を結成、自民党は主流派の三木、中曽根両派と分裂状態に陥った。幹事長の中曽根康弘はその責任をとって辞任する。

三木首相は12月5日に行われた任期満了の総選挙で大敗する。自民党は結党以来、初めて公認候補の当選者が過半数を満たせず、保守系無所属の十二議員を入党させることで、かろうじて過半数に達する。年末の12月24日、三木首相は総選挙大敗の責任をとって辞任し、福田赳夫が総理大臣に就任した。

福田内閣が発足したといっても、ロッキード事件で国政は停滞し、財政危機は長引く気配を示し、昭和52（１９７７）年新春に明るい材料はなかった。福田内閣にとって成田空港の早期開港は、目玉政策になり得るものだった。1月17日、福田新首相も出席して一年五カ月ぶりに「成田空港関係閣僚協議会」が開かれる。

「事務レベルでは処理できる段階ではないので、政治問題としてよろしく」と運輸大臣となった田村元が口火を切ると、「東京湾岸道路の建設は開港に間に合うように完成させる」（長谷川四郎建設相)、「予算面では不自由はかけない」(坊秀男蔵相)など積極的な発言が続く。最後に福田首相が「財政は苦しいが各省庁が協力して問題を解決し、年内開港を目指す。有言実行を唱える福田内閣は言った以上は必ず実現しなければならない」と大号令を飛ばした。福田首相の成田空港にかける熱意の表れでもあった。

当時、旅客ターミナルビルはすでに最終仕上げにかかっており、3月末には竣工することは確実となっていた。しかし、年内開港を実現するためには、解決しなければならない問題が山積していた。まず岩山大鉄塔を撤去するには、その前段として足場を確保するための撤去用道路が必要となる。年内開港には、逆算して6月までに鉄塔を撤去する必要があった。千葉県内の暫定用輸送ルートが通る各市町村の了解も取り付けなければならない。また、飛行検査、パイロットの慣熟飛行、ジェット燃料の備蓄、空港内各種施設の整備も欠かせない。

最優先しなければならないのは、岩山大鉄塔の撤去である。昭和52(1977)年1月19日、まず鉄塔撤去用道路に着工する。反対派のゲリラ活動は散発的に起きたが、反対同盟は〝本番〟に備えて激突は避けたため、工事は順調に進み、4月20日には完成した。鉄塔周辺は分厚いコンクリートで固められ、丘にそびえ立つ鉄塔は丸裸同然となった。こうした政府、公団の動きが続くなかで反対同盟は4月17日、鉄塔防衛を図る「鉄塔決戦総決起集会」を三里塚第一公園で開いた。

行楽シーズンにもかかわらず、参加者は約二万三千人と過去最大を記録する。うち支援学生は一万五千五百人とこれまた過去最多。空港反対闘争史上、画期的な盛り上がりである。戸村委員長は「万余が大結集されて感激だ」と述べ、さらに「三里塚で内乱を起こす。それは暴動だ」と声を張り上げ、「異議なし」の大歓声に包まれた。会場から岩山大鉄塔まで約四キロがデモの波でうずまった。

この日、反対同盟は、第二鉄塔の地上十二メートルにある空中団結小屋までをコンクリートですっぽり覆ってしまう補強工事を始めた。一階から四階まで延べ百九十二平方メートル全部がこれによって要塞化される。空港公団がこの鉄塔撤去をいつ申請し、鉄塔撤去に乗り出すか、反対同盟もわれわれ報道陣も注目していた。

〝だまし討ち〟――岩山鉄塔撤去

ゴールデンウイーク明けの5月6日未明、私は会社からの電話でたたき起こされた。共同通信の〝速報〟が「千葉県警は早朝から機動隊を動員、二本の鉄塔を航空法違反物件として排除する予定」と流しているという。公団側は反対同盟だけでなく、私たち記者団にもこの動きを察知されないよう「厳秘」の姿勢を貫き通し、休日の合い間をぬってすべての法的手続きを終えていたのである。千葉県警機動隊は同日未明から密かに動き始め、鉄塔へ通じるすべての道路を封鎖したという。私は直ちに自宅からタクシーで三里塚の現場に駆けつけた。本社社会部からの応援も求めた。明け方にかけ休日を取っていた各社の記者も続々と集まってきた。反対派にとってみれば、公団側の〝だまし討ち〟だった。

「成田空港の妨害鉄塔撤去」「機動隊2500人で急襲」「公団、航空法違反で」「周辺では小ぜり合い」。この日の日経夕刊一面トップの見出しである。以下にこの記事を要約する。

成田市の新国際空港の最大の障害となっていた反対派の二本の妨害鉄塔について空港公団は六日午前八時十分、千葉県警の機動隊員ら約二千五百人の応援を求め、同鉄塔が、航空法四九条に違反する物件であるとして抜き打ち的に、強制代執行を開始した。同公団は二日千葉地裁に対し、密かに仮処分申請を提出、四日に同地裁は鉄塔撤去の決定を下していた。公団は警察当局と極秘裏に撤去着手の時期を検討、反対派の虚をついて連休明けの同朝、強行着手に踏み切ったもので、駆けつけた反対派も鉄塔周辺の機動隊の厚いカベに阻まれ、周辺道路で小ぜり合いが続いたが、正午までに二本の鉄塔は完全撤去され、成田空港は開港に向けて大きく前進する見通しとなった。

成田空港の滑走路（四千メートル）の南端に反対派が建てた二本の鉄塔は、空港反対運動のシンボルになっていた。滑走路南端から千四十メートル地点に四十六年五月に建てられた小鉄塔（第一鉄塔）は高さ三十一メートル、南端七百六十メートルの大鉄塔（第二鉄塔、四十七年三月建設）は高さ六十二メートル。反対派は両鉄塔に〝空中団結小屋〟をつくるなど常時監視態勢をとり、籠城の構えを見せていた。この大鉄塔は成田空港に発着する航空機の「制限表面」（滑走路先端に対する角度）上に三十九メートル、小鉄塔は九メートルそれぞれ突き出しており、空港公団では航空法四九条（物件の制限除去）に触れる違反物件であるとして、撤去時期の検討を続けていた。

今回の強制代執行は、反対派との衝突を最小限に抑えるため、仮処分の申請、千葉地裁の決定もすべて密かに行い、連休明けの六日を執行日に選んだ。千葉地裁民事一部が下した決定は「公団の申し立てにより物件（二基の鉄塔）について適当な方法で除去することができる」というもの。この日未明、千葉県警はまず鉄塔周辺に機動隊千五百人を出動させ、反対派の手薄な状況を調べたうえ同午前三時、航空法違反で現場検証を実施、機動隊を千人増やして、周辺道路に検問所を置き、反対派の〝襲撃〟を防ぎながら同午前八時四十分、代執行に着手した。

千葉県警などによると、第一鉄塔には反対派は誰もおらず、第二鉄塔には空中団結小屋に二十人の反対派が立てこもっていたが抵抗はほとんどなく、機動隊は反対派を排除しながら午前十一時、まず大鉄塔が、続いて同十一時四十分、小鉄塔が相次いで倒された。第二鉄塔の地下には深さ八・六メートル、長さ十九メートルの横穴が掘られていた。抜き打ち強制執行を聞いて鉄塔周辺には反対派が続々、集結し始めており、周辺道路では投石と放水による小ぜり合いが繰り返されている。

孫子の兵法

極秘にされたこの日の鉄塔撤去を知っていたのは政府、公団関係者のどの範囲だったのか。事後、調べたところでは、公団では大塚茂総裁、町田直副総裁、警察庁は浅沼清太郎長官、三井脩警備局長、千葉県警では中村安雄本部長、田口忠男警備部長と法務省首脳らだったと言われる。千葉県知事の川上紀一は朝のラジオニュースで知ったという。この日の日経社会面は解説記事で、浅沼警察庁長官のこんな趣旨の談話を掲載している。

「鉄塔はいつかかならず倒さなければならない。かといって、流血を防ぐためには、私自身も知らされなかったり、現場からウソの報告があるかもしれない。成功するか、しないか。そのためには、まず味方をあざむけという孫子の兵法をとることになった」

警備当局は「流血回避」のため〝孫子の兵法〟をとった、と言うのである。「兵は詭道なり」（戦争とは敵を欺く行為である）は「孫子の兵法」の常道である。これまでと同じように強制代執行を行おうとすれば、裁判所への仮処分申請の段階で実施時期が公開されてしまう。これを防ぐためにも、連休の合い間に、鉄塔を航空法上の危険物件とみなして捜査令状と差し押さえ令状を取り、警備当局が〝ドロをかぶる〟形で鉄塔を撤去する方針を固めた、というのが事後の説明だった。

社会面では「反対派のシンボルあっけなく」「暁の急襲、農民らぼう然」と紙面の三分の二を雑感記事で埋めている。記事は鉄塔が倒された瞬間をこう記している。

午前十一時、オレンジ色の大鉄塔が青空に弧を描くように横倒しになった。「ダーッ」という鈍い大音響が新空港の四千メートル滑走路上に鳴り響き、軽い地響きが周囲にこだました。まわりを取りまく厚い壁の機動隊員の間から思わず「ワーッ」と拍手と歓声がわき上がった。奇襲作戦大成功で笑顔の機動隊員らをよそに〝最後のとりで〟を失った反対同盟員らはあ然としてしばらくは息をのみ、なすすべもなく立ち尽くした。やがて「卑劣なやり方だ」「こんなことで飛行機は飛ばせないぞ」などと怒りの声が巻き起こったが、その声もジュラルミンの盾にむなしく跳ね返るだけ。反対派農民は「決戦日には千人以上が鈴なりとなり、鉄塔を人塔化する」と言っていただけに、このあっけない決着に呆然としていた。

作業はまったくの空港公団ベースで、反対派は機動隊員の壁にさえぎられ一歩も〝作業現場〟のなかには入れず、そのあと高さ三十一メートルの小鉄塔も午前十一時四十分、あっという間に倒された。倒された鉄塔は姿を一変し、赤さびの浮いた鉄パイプが大きくへしゃげ、空中団結小屋の窓ガラスや内部もメチャメチャにこわれた。前日の雨でぬかるんだ鉄塔下には反対派のヘルメットが埋まり、宿泊用のふとんが泥まみれになっていた。鉄塔内部には「三里塚共有の印」と書かれた一人ひとりの名前が散乱、十一年間の闘争の怨念を込めた「怨」と書かれた板切れが風に揺れていた。

飛行検査の開始

二本の妨害鉄塔の撤去で航空機の発着に障害がなくなった翌5月7日、運輸省はさっそく新東京国際空港でテストフライト機による飛行検査を開始した。日経一面の見出しは「飛行検査を開始」「開港へ7月まで総仕上げ」。飛行検査は開港準備の最終的な総仕上げに当たるもので、四千メートル滑走路など空港の基本施設や各種の航空保安施設などが計画通り性能が保証されているか、をチェックするためのものである。約一カ月半をかけて検査を続け、これに合格すると、パイロットの慣熟飛行、世界各国へ航空情報を発送、そして開港告示となる。

この朝、飛行検査に携わる運輸省航空局所属のＹＳ11機（名嘉元精二機長ほか乗員五人）は羽田空港を午前10時40分に離陸、二十分後、成田上空に到着する。一時間近くにわたって悪天候時の着陸に重要なＩＬＳ（計器着陸進入装置）の誘導電波に乗り、四千メートル滑走路の両側からの模擬進入飛行と超低空による飛行場通過を実施した。

空港周辺の鉄塔跡では反対派約四百人が古タイヤを燃やして抗議、その黒煙をかいくぐるようにテスト機は低空飛行を繰り返し、午後0時22分、四千メートル滑走路に着陸した。成田空港建設が決定してから十一年目。新空港に初めて航空機が飛来し、着陸したのである。社会面の見出しは「年内開港へ初日は『合格』」「施設、正常に機能」「7月上旬までに総点検完了」だった。

〝新兵器〟六連発ガス銃

二本の鉄塔が空港公団、千葉県警の〝だまし討ち〟によって撤去された6日夕刻、反対同盟の北原鉱治事務局長は成田署に「8日正午から三里塚第二公園で鉄塔抜き打ち撤去に対する緊急の抗議集会を開きたい」との集会届を出した。しかし、県警当局は「県公安条例では集会届は七十二時間前までとなっている」ことを理由に、この集会届を拒否した。記者会見でも県警は「第二公園や市街地の集会、デモは認められない」と明言した。集会届が受理されなかった反対同盟は急遽、開催場所を芝山町反対同盟の本部がある山武農協千代田事務所の前で開くことにし、各セクトにも連絡する。この場所は新空港の第五検問所（第五ゲート）に極めて近い場所である。県警側にしてみれば手続き的には完全な〝無届集会〟である。

「火炎びんとガス銃の応酬」「1人危篤33人検挙」「恐怖の住民、相次ぎ避難」——集会翌朝（9日）の日経朝刊の見出しである。以下、記事を要約する。

六日の鉄塔撤去、七日からのフライトチェック（飛行検査）の開始と、年内開港に備える空港公団の動きに、反対同盟は今月二十九日に予定していた反対集会を急遽繰り上げ、八日、無届のまま緊急集会を強行した。この朝、空港周辺に集合したのは中核派六百人、第四インター九百人、反帝学評三百人など過激派各セクトの学生計二千五百人を含め、昼過ぎには計三千七百人に達した。これに対し警備当局は千葉県警を中心に機動隊四千人を動員、公団分室に警備本部（本部長、中村安雄千葉県警本部長）を設置した。

反対派によるゲリラ活動は同日午前二時五十分、四千メートル滑走路南端の第五ゲート付近に火炎びん四本が投げ込まれたのを皮切りに、あちこちで続発。午前十一時四十分ごろ、芝山町大里の国道二九六号から集会場に向かおうとしていた第四インター系五百四十人は規制に当たっていた機動隊に火炎びん、劇物入りビニール袋などを投げつけるとともに、同二十分ごろには火炎びんを満載した乗用車二台に火をつけ、機動隊に突っ込ませた。うち一台は芝山町大里の笹山農機具商会に衝突、ガレージなど約九十平方メートルが焼け、付近の住民は一時避難した。

警備当局は千人の応援を現場に送り、〝新兵器〟の六連発ガス銃や放水で対応、約四十分後、学生たちは裏山に逃げ込んだ。この衝突で機動隊員二人が劇物を浴びて病院に運ばれるなど計二十人が負傷、反対派でも東山薫さん（28）＝大阪府出身＝が頭蓋骨陥没で意識不明となり、成田市内の日赤病院に担ぎ込まれ、危篤状態が続いているほか、多数のけが人がでた。

東山薫が意識不明となって成田日赤病院に担ぎ込まれた後も反対派と機動隊の激突はとどまることはなく、周辺各地で過激派のゲリラ活動が相次いだ。日経9日付夕刊の見出しは「反対派ゲリラ活動続く」「警官詰め所を襲う」「六人火だるま、一人重体」。以下はその要約。

九日午前三時半ごろ、成田市芝山町小池二〇七四の真行寺一朗・芝山町長（53）宅前の成東署竜ケ塚警察官詰め所を赤ヘルメットなどをかぶった過激派グループ約四十人が角材やこん棒を持って襲撃し、四、五十本の火炎びんを投げ込んで逃走、同詰め所はあっという間に全焼した。このため詰め所の内外にいた警察官六人が火だるまになり、立番中の岡田和則巡査部長（31）が顔面など全身に七〇％のヤケドを負い重体。西舘均巡査（28）、竹内芳男巡査（25）も重傷となったほか、三人が軽傷を負うなど現場は大混乱に陥った。岡田巡査部長ら警官三人はヘリコプターで東京・飯田橋の警察病院に運ばれた。

岡田巡査部長らは同詰め所で警戒していたが、芝山町長宅に向かう過激派グループを発見、近くの車両待機部隊に連絡しようと走り出したところ、過激派グループに見つかり、一斉に火炎びんを投げつけられた。過激派は赤、白ヘルメットをかぶっており、同詰め所の非常用電話線を切断したうえ、詰め所に火炎びんを投げ込み、空港方向に逃走したという。火だるまとなった警察官六人はいずれも千葉県警柏署勤務で応援警備中だった。後述するが重体となった岡田巡査部長は同21日午前、入院中の警察病院で死亡する。

水平撃ちと東山薫の死

8日の闘争で意識不明となり成田日赤病院に担ぎ込まれた東山薫は、二日後の10日午後10時14

分、死亡した。東山が反対同盟の中で受け持っていた任務は「救護班」で、ヘルメットもつけていなかった。十一年にわたる反対闘争のなかで、反対派では自殺した三ノ宮文男に次ぐ犠牲者である。日赤病院の死亡診断書には「開放性脳損傷および脳挫傷」と記されていた。反対同盟がこの日、発表した死因は「機動隊がガス銃で発射した催涙弾の頭頂部直撃によるもの」だった。

この日の激突を現場近くで取材していた私は、死亡した東山薫がデモ隊のどういう位置にいて、どんな方向を向いていたか、など詳しい状況は目撃できなかったが、「機動隊が使用したガス銃から発射されたガス弾の直撃」という反対同盟の説明には納得していた。

県警当局は新式ガス銃を初めて使用するに当たって、私たち記者団に「ガス銃は催涙ガスで相手の戦意を奪うもので、三十度以上の角度をつけて空中に発射し、放物線状にガス弾を撃ちあげる」と説明した。だがこの日の機動隊は、激しい勢いで突っ込んでくる反対派のデモに対して、真っ直ぐ水平に銃口を向け、立て続けに発射した。私はこの状況をすぐ近くで目撃したのである。

このガス銃は前年の11月、特殊事件用として警察庁が開発したもので、この時点でも数は少なく、警視庁機動隊でも十丁ほどしか配備されていなかった。銃身の下に弾倉がつけられ、六発のガス弾がピストルと同じ速さで発射できるといわれていた。弾丸は直径三センチ、長さ二十センチで、従来の単発の弾丸の三分の一の大きさ。警察庁では「連続して火炎瓶を投げつけられると、単発式では応戦できず後退せざるを得ず、連発銃が必要となった」などとその必要性を強調していた。

東山の死を見届けて日赤病院の霊安室を出て来た戸村委員長は「東山君は8日朝、設置された野戦病院でけが人の世話をしていた。至近距離からノーヘル（ヘルメット無着用）の左後頭部を狙うという残酷な殺人行為だ。徹底的に糾弾し、報復する」と涙を浮かべ、肩を震わせた。一方、千葉県警の中村本部長は「ガス弾を撃ったのは反対派が火炎瓶、投石、劇物を投げるなどの行為に出たためで、警察官職務執行法第七条による正当防衛だ。今後とも従来通りの警備方針は変えない」と語った。

東山薫は高知県生まれの大阪育ち。昭和43（1968）年3月、大阪府立高津高校を卒業後、東京都立大に入学。三年生の時、べ平連の一員として初めて成田闘争に参加する。それまで農業にはズブの素人だったが、三里塚で戦う農民に感動し、大学を中退、援農をしながら三里塚に住み着いた。彼が住み着いた団結小屋は、大鉄塔のあった場所から東へ約三キロ、「坂志岡団結小屋」と呼ばれる古い農家で、無党派（ノンセクト）の学生たちが集まって生活していた。

「三里塚闘争の許容量は無限で、どんな党派も、どんな小さなグループでも同等に扱われ、真剣に闘争に取り組む限り、それは保証される」

東山は集まった学生たちに口癖のようにこう言った。

大きなセクトは活動資金も豊富だったが、ノンセクトの東山薫は、援農と自分の生活を両立させなければならなかった。道路工事などのアルバイトを転々としながら、昭和48（1973）年には東京のタクシー会社の運転手となり、「第二市民の小屋」と名付けた三里塚の団結小屋から通勤し、毎月二十万円を稼いでいた。彼が定宿としていた「第二市民の小屋」には東京などからやってきたノンセクトの学生たち七、八人が常時、泊まり込み、その生活費はすべて東山薫が面倒をみていたという。

「特別公務員暴行陵虐致死罪」

東山薫の死因を特定するための司法解剖は、同12日午後3時過ぎから成田日赤病院で木村康千葉大医学部教授によって行われた。解剖後、木村教授と千葉地検が鑑定処分令状に記入した罪名は、「特別公務員暴行陵虐致死罪」だった。しかし、この事実は公表されず「極秘」扱いだった。検察当局が検視、司法解剖に同罪を適用したことは、「機動隊員によるガス弾の直撃」を事実上、認めたことを意味していた。

犯罪捜査のうえで死体解剖をする場合には、警察側の請求に対し裁判官が出す「鑑定処分許可令状」が必要で、その令状には解剖すべき死体、罪名などを記入しなければならない。千葉県警は当初、「被疑者不詳による傷害致死」の罪名で令状を請求しようと千葉地検と話し合いを進めたが、検視の際の状況なども踏まえて、同地検は「特別公務員暴行陵虐致死罪」での捜査令状を取った。

日経の警察庁担当記者は、こうした当局側の動きを逸速くつかんでおり、13日付朝刊で検察当局のこうした動きを報じた。「罪名は『特別公務員陵虐』、ガス銃直撃認めた格好」「当局極秘扱い、正当防衛論に弱味」がその見出し。〝特ダネ〟だった。その記事はこう結んでいる。

「検察当局によれば、千葉県警をはじめ警察当局は〝特別公務員暴行陵虐罪〟での令状取得には強く反対したと言われる。同罪が適用されるのは犯罪の被疑者が『当局側に行き過ぎた行為があった』として訴えるケースがほとんどで、今回の例のように、司法当局が、たとえ司法解剖のためとはいえ、同罪を適用して令状をとったということは異例のことである」。

刑法一九五条（特別公務員暴行陵虐罪）には、「裁判、検察、警察の職務を行いまたはこれを補助する者が、その職務を行うに当たり、刑事被告人その他の者に対し暴行または陵虐をなしたる時は七年以下の懲役または禁錮に処す」とある。東山薫の死因がガス弾による疑いがあるとすれば、特別公務員（機動隊）がその他の者（東山薫）に対し、暴行陵虐した行為となる。

東山薫の両親は同13日、千葉地検に警察庁長官・浅沼清太郎、千葉県警本部長・中村安雄ら四人と、ガス銃を発射した氏名不詳の警察官を「被疑者」とする告訴状を提出した。罪名は「特別公務員暴行陵虐致死、殺人」。告訴の理由として「氏名不詳の警察官は被害者東山薫に対し、催涙ガス銃を水平発射する殺人行為を犯し、同人を右頭蓋骨陥没骨折、脳挫傷および開放性脳損傷の障害により死亡させた」としている。反対同盟はこの訴訟を全面的に支援した。

しかし、昭和61（1986）年10月に出された千葉地裁の判決は「東山薫の死因は反対派の投石によるもの」との県警側の主張を全面的に採用し、反対同盟側の「機動隊のガス銃によるもの」とする告発を不起訴とした。遺族側はもちろん控訴した。平成2（1990）年12月、控訴審は「東山の死はガス銃による特別公務員暴行陵虐致死」との判断を下し、遺族側が逆転勝訴した。当局側は上告したが、最高裁も同8（1996）年に上告を棄却し、東山の死因は「ガス銃の水平撃ちによるもの」との最終判断が下された。事件発生から20年近い歳月が流れていた。

六人目の犠牲者

東山薫の死因をめぐって激しい論争が続いていた最中、9日未明に過激派ゲリラに襲われ、全身やけどで危篤状態となり、東京・飯田橋の警察病院で治療を続けていた千葉県柏署の岡田和則巡査部長が21日午前3時10分、死亡した。妨害鉄塔撤去をめぐる闘争では、機動隊のガス弾の直撃で死亡した東山薫に続く二人目の死者である。昭和46（1971）年9月の第二次代執行の際、支援部隊である神奈川県警の三警官が死亡しており、新空港をめぐる犠牲者は自殺した三ノ宮文男を含め六人となった。

前述したように岡田巡査部長は9日未明、新空港から約八キロ離れた真行寺一朗・芝山町長宅前の警察官詰め所で同僚五人と警備中、反対派ゲリラに襲われ火炎瓶を投げつけられて火だるまとなって意識不明の重体となり、東京警察病院にヘリで運び込まれたが、肺などに水がたまって危篤状態が続き、20日午後からは敗血症を併発、死亡した。

東京警察病院の大森清一院長は「岡田さんは入院時、意識もほとんどなく、生命をとりとめるのは不可能と思われた。肺をやられていたので気管を切開し、第一の難関は突破できたが、18日ごろから敗血症のため心臓が衰弱、20日夜八時ごろから容態が悪化した。体力があったとはいえ、よくここまでもった」と語った。

岡田巡査部長は昭和44（1969）年7月、千葉県警に入り、当時は我孫子幹部派出所交通主任。交通安全教室の指導で子供たちに人気があった。家庭には老父母と妻、三歳と一歳の二人の男の子を残して焼け死んだのである。

感想を問われた反対同盟の北原鉱治事務局長は「警官が死んだことは遺憾であり、願っていたことではない。しかし、このような事態になったのはすべて空港公団、警察、裁判所の三者が一体となって、鉄塔を抜き打ち的に違法撤去したことが原因だ。我々の側でも東山君がすでに殺されており、怒りに燃えている。今後もこのような事件が起きないとは保証できない」と語った。

暫定燃料輸送問題の決着

岡田巡査部長の死去四日後の5月24日午後6時半過ぎ、千葉市長の荒木和成が自宅近くの花見川沿いジョギングコースを夫人と一緒に散歩中、突然意識を失って倒れ、救急車で千葉市立病院に収容されたが、心筋梗塞で死去する。享年七十一。荒木は成田空港問題で心労が重なり、4月下旬には東京・帝京大附属病院に約一週間入院した。その際、異常はなかったが、19日から22日まで続いた臨時市議会で深夜審議が続き、かなり疲れていたと言われる。

荒木は千葉県出身。東大法学部を卒業後、旧内務省に入り、戦後は厚生省を経て昭和22（1947）年に和歌山県副知事。同37年、千葉市助役に就任し、47年に千葉市長に当選、二期目を務めていた。懸案の国鉄の貨車によるジェット燃料輸送の暫定措置は、「鹿島ルート」はすでに住民の了承を得て解決、「千葉ルート」も佐倉、酒々井など四市町村では同意を取り付け、残るは千葉市だけとなっていた。

千葉市は市内を通る輸送ルートに五年間にわたって反対の姿勢を貫いてきたが、荒木市長は5月15日に「新空港がいつ開港してもいいような状態にまで出来上がっている。それを潰すのは国全体のマイナスとなる。国や公団からの要請があれば、それに応じる用意がある。だが千葉市は住宅密集地を通るので、避難場所確保などの安全対策が必要だ」と発言し、暫定輸送の交渉に応じる姿勢を見せ始めていた。

荒木市長がパイプラインが敷設される予定の花見川沿いを散歩していたということは、その下見だったのではないか、とささやかれた。しかし、荒木市長の突然の死は、燃料輸送ルートの交渉が振り出しに戻ることを意味していた。

余談になるが荒木市長が倒れた花見川沿いのジョギングコースは、当時、私のジョギングコースでもあった。荒木市長が倒れた場所の脇にはその後、お地蔵様が安置され、「荒木市長終焉の地」の墓標が立てられた。

多くの犠牲を出しながら二本の鉄塔を撤去した空港公団の大塚総裁は、東山薫が死去した二日後の5月12日、「11月開港」を表明する。開港までに残された最大の問題は、ストップしていた「ジェット燃料の輸送問題」である。

前章で述べたように、千葉港からのパイプライン敷設が沿線住民の反対で挫折、パイプラインが完成するまでの暫定措置として「貨車とタンクローリー」によってジェット燃料を新空港に運び込むことになっていた。しかし、この方式にも沿線自治体などの抵抗は強く、粘り強い話し合いが五年間近くにわたって続けられてきた。

荒木市長の後任を選ぶ千葉市長選は7月10日、参院選とのダブル選挙で行われ、荒木市長の〝後継者〟であると訴えた松井旭が当選する。松井は荒木市長の下で助役を務め、パイプライン問題を担当し、従来のいきさつを熟知していた。政府、公団にとって、事態を好転させるには願ってもない新市長の登場であり、暫定ジェット燃料輸送問題は急速に解決に向かって進み始める。

千葉県・千葉市と運輸省・公団の間で暫定燃料輸送問題について、最終的な合意が成立したのは、荒木市長の死去から四カ月が過ぎた昭和52（1977）年9月14日のことである。問題が発生してから五年という歳月が流れていた。合意文書の調印式には田村運輸相、大塚公団総裁、川上千葉県知事、松井千葉市長らが出席、協定書に調印した。

暫定輸送の鹿島、千葉両ルートの沿線十二市町との合意はすでに取り付けてあった。千葉市との最終合意により、鹿島ルート（鹿島港―成田間約八十キロ）で運ぶ「一日五列車、約三千キロリットル」と、千葉ルート（市原港―成田間六十キロ）による「一日二列車、約一千キロリットル」の計四千キロリットルの燃料確保の道が開けたのである。

この日、公団と千葉市が交わした協定書によると、「千葉ルート」は市原市の石油基地から京葉臨海鉄道を通って内房線蘇我駅、千葉駅を通過、総武線幕張駅で折り返し、再び千葉駅を通って成田に運ぶ。貨車は特殊構造のタンク車を使用、期間は輸送開始から暫定三年間である。

松井市長はこの案を受け入れるに当たって、①千葉市内二カ所の踏切の立体交差化、②国鉄幕張駅の上り始発緩行電車の増発、③西千葉駅付近の国鉄跡地や市内の国鉄宿舎用地の払い下げ、④国道五十一号の成田市内一・三キロの拡幅――という「四項目の要求」を突き付けるが、田村運輸相らはこれをあっさりと受け入れた。

動き出した動労千葉地本

松井市長の積極的な協力姿勢や政府・公団の動きに強い反発を示したのが、燃料輸送に直接関与することになる国鉄動力車労組千葉地方本部（以下動労千葉地本・関川宰委員長、組合員千四百人）である。動労千葉地本は政府・公団の動きを察知して昭和52（1977）年1月の定期地本委員会で「三里塚開港粉砕、ジェット燃料貨車輸送阻止」を満場一致で採択。この闘いに決起する考え方として「四つの視点」を確立していた。

それは、①三里塚空港に反対する労農連帯、②「危険なものは運ばない」という運転保安の確立、③「労働強化は許さない」という反合理化、④組織破壊は許さないという組織防衛――という四点である。動労千葉地本はこの方針によって成田開港を前にした「ジェット燃料輸送阻止闘争」の〝中核〟となり、開港を目の前にした千葉県内の国鉄各線から総武線電車の通勤客を巻き込んだ激しい闘争に突入していく。

反対同盟は動労千葉地本と共催で7月24日、千葉市内で「ジェット燃料貨車輸送阻止総決起集会」を開いた。動労組合員のほか反対同盟や各地の市民団体約五千人が参加、「国鉄当局が燃料輸送を強行すればストライキで戦う」という方針を確認する。

この集会では、次のような「闘争宣言」（要約）が採択された。

「反対同盟は第一に、ジェット燃料貨車輸送に対して組織のいっさいをかけて闘っている動労千葉地本の労働者の闘いを断乎支持し、さらに広範かつ重層な支援と連帯を打ち固め、闘う労働者の戦闘性と主体性を共有しつつ、三里塚闘争の命運を決する最重要課題としてジェット燃料貨車輸送阻止の闘いに決起する」

「第二に空港予定地内の反対農民に対する攻撃を、絶対に許さない決意を明らかにする。三里塚闘争十二年の歴史は闘う農民魂の正義と道理をはっきりと示した。用地内農家に対する攻撃は、空港に反対するすべての人民に対する敵対行為として対決し、政府・公団の攻撃は絶対に許さず、一朝ことあれば、必ず反撃の闘いを行うことを決意する」

ジェット燃料輸送がパイプラインから貨車による暫定輸送に切り替えられた時、動労千葉地本の組合員の間では激しい議論が巻き起こった。千葉地本は新空港が三里塚に決まって以降、反対同盟の運動を支援し、様々な闘争に組合員を送り込んできた。その基本的な姿勢は「労農連帯」だった。しかし、組合員がジェット燃料輸送に従事するということになれば、まったく違った問題が発生する。自分たち自身が当事者になるということである。

「これまで通り空港建設に反対する農民の側に立つか、それとも農民を裏切って権力に加担し、燃料輸送のハンドルを握るのか」という選択を突き付けられた組合員は、迷わず「ジェット燃料輸送を拒否する」という道を選んだのだった。

かつて蒸気機関車時代には国鉄のエリート組合だった「機関車労組」は、電気機関車などの動力車時代となって「動力車労組」(動労)と名称を変更する。後に動労本部委員長となる革マル派の松崎明は、ジェット燃料輸送問題が起きた昭和52(1977)年当時は東京地本の委員長だった。

しかし、千葉地本の関川宰委員長、中野洋書記長らは革マル派と激しい〝内ゲバ〟を続けている中核派であり、東京地本委員長の松崎とは一線を画していた。千葉地本の組合員の大半は中核派支持であり、彼らの多くが反対同盟の結成時から「成田闘争」を支援し、闘争があるごとに多くの組合員が成田に押し掛け、機動隊と対峙してきたのである。

千葉地本の動きに、動労本部や東京地本の革マル派は、陰に陽に嫌がらせを続けていた。二年前の昭和50（1975）年3月、中核派の最高指導者・本多延嘉が川口市内の自宅で革マル派十数人の襲撃を受けて死亡して以来、中核派は革マル派に対する報復を宣言、内ゲバによる死者は双方合わせて五十人近くに達した。国鉄の組合内部でも中核派と革マル派の激しい〝内ゲバ〟が続き、死者が相次いでいた時期である。

60年安保闘争で主導権を握った「日本革命的共産主義者同盟」（ブント）は安保闘争が終わると、その後の闘争方針をめぐって中核派と革マル派に分裂したことは前述した。その背景にあったのは、革マル派の革命戦略が「企業の労働組合員を革命家に育て上げ、労働運動内部で陣取り合戦を進め、それを基盤として革命戦を開始する」ということにあったのに対し、中核派は「強固な革命家の集団が各地域の住民をまとめあげ、地域から革命戦を開始し全国に広げる」という戦略だった。

第3章でも述べたように、中核派は「日本革命の拠点を三里塚に置き、三里塚闘争を内乱に転化させる」という方針の下に闘争を進めてきた。成田空港開港が「53年3月30日」と決まると、動労千葉地本はジェット燃料輸送を拒否する「百日間闘争」に突入する。成田開港一年後の昭和54（1979）年3月31日、津山で開かれた全国大会で、関川委員長、中野洋書記長らの動労千葉地本は、動労本部から分離・独立して、新たに「千葉動力車労組」（千葉動労）を結成する。

三里塚に住み着いた〝前田のじいさん〟

話を千葉県、公団の〝だまし討ち〟によって岩山鉄塔撤去が始まった昭和52（1977）年5月の三里塚に戻したい。鉄塔撤去をめぐって機動隊と反対派の激しい衝突が繰り返されていた最中に「前田のじいさん」と呼ばれ、農民や過激派学生たちにも尊敬されていた一人の老人が、故郷の福岡から芝山町・横堀地区にやってきて、元反対派農民の跡地に粗末な小屋を建てて住み着いた。

前田の記憶によると、「岩山鉄塔が撤去される前の晩」（前田俊彦、高木仁三郎『森と里の思想』）というから同年5月6日のことだろう。老人はこの小屋に「労農合宿所」の看板を掲げ、そこに寝泊まりして、農民や支援の学生たちと生活を共にするようになった。

「前田のじいさん」とは「瓢鰻亭主人」と自称する社会運動家の前田俊彦である。当時、六十八歳。戸村一作と同い年だった。前田は二年前、「三里塚に連帯する会」を発足させその会長となった。「連帯する会」にはべ平連などを中心に多くの文化人が参加し、三里塚闘争を支援したが、横堀に定住することになった前田は同7月10日、「三里塚『廃港』要求宣言の会」を再発足させ、彼はその会長となったのである。「連帯する会」と同様に事務局長となったのが、ルポライターの鎌田慧である。

前田は明治42（1909）年9月17日、福岡県鞍手郡宮田村（現・宮若市）で生まれた。八歳のとき、父が亡くなり、祖父が初代村長だった同県京都郡延永村（現・行橋市延永）に移り住む。昭和元（1926）年、県立豊津中学を卒業すると、東京に出て労働運動に関わり、昭和6年に日本共産党に入党する。しかし、戦後の昭和22年には共産党の方針に失望し、離党した。その翌年、福岡県延永村の村長選に立候補、当選して村長となった。

村長を一期で退任すると、農業に従事しながら、様々な仕事に携わったが、昭和37（1962）年から「瓢鰻亭通信」という謄写版刷りの個人通信を創刊する。この個人通信は数千部の発行部数を持ち、全国的に評判となった。

前田が労農合宿所をつくった場所は、横風用滑走路予定地のど真ん中にあった。かつての所有者は反対同盟を裏切った元副委員長、瀬利誠と同じように反対派の一員だったが、土地を手放し反対同盟から去っていった。合宿所に集まった青年たちは、元所有者が捨てた五右衛門風呂を修理して、立派な浴室をつくった。合宿所での彼の身なりは素足で薄着だった。合宿所には前田を囲んでいつも十数人の青年たちがいた。そして入りかわり立ちかわり全国から訪れる者が絶えなかった。「労農合宿所」はいわば〝セクト連合体〟であり、三里塚一帯の各セクトの団結小屋は四十一戸となった。

前田がこの地に定住を決意した理由は「三里塚闘争をボランティアとして支援するという考え方では駄目。三里塚闘争の当事者であり、解決者でなければ役に立たないということだった」と戸村一作は言う。「それはわかりきった言葉ではあるが、いざ自らが実際の当事者になることは容易なことではない。しかし、前田は言葉通りにそれを実現した」（戸村一作『わが三里塚』）のである。前田は三里塚に定住した理由を自らの言葉でこう語っている。

「三里塚では、国家権力というものと百姓とが本当に対決しておる。これは、長期的なものになるに違いない、という予想があったし、典型的な農村に対する――当時、私が言うたことは、『国家権力が国外侵略というのではなくて、国内に対する侵略を開始した』ということです。開発ということは国内に対する侵略であると。侵略にも経済的なものなどさまざまあるけれど、土地の収奪ということでは、まったく不意打ちに侵略を開始したわけで、これは許しがたいと思った」（同）

三里塚に定住するようになった前田俊彦を、戸村一作委員長は「同志」として歓迎した。前田が三里塚に定住するようになったのは、強引な岩山鉄塔撤去によって東山薫がガス銃の直撃を受け死亡した直後のことである。戸村と前田は次のような会話を交わした、と戸村は『わが三里塚風と炎の記録』に書き残している。原文は読みづらいので以下、会話形式にリライトする。

戸村「三里塚闘争はもう農民運動ではなくなっていますね」

前田「戦争ですよ」

戸村「米国はベトナムを侵略したが、日本は三里塚で国内侵略をしている。戦争とは実にピッタリした実感のある言葉ですね」

前田「だから、この戦争で我々が何をやらねばならんかが問題ですよ」

戸村「敵は短期決戦でケリをつけようと、やっきになっている。それに応えて我々は、ベトナム人民の戦争のように、持久戦で戦う以外ないでしょう」

前田「それが重大です。その持久戦を百姓がどうやってつくるかが問題だ。そこでわしは、ここを根城にまずその根拠地づくりをやらねばならん、と決意したのです」

前田と交わした会話についての感想を、戸村はこう記している。

「前田はもはや遠くで三里塚を眺めて考える人ではなくなっていた。あくまでも生きる場を三里塚に求めて入ってきた彼の全貌を、ここで見ることができた。彼は山羊を飼い、乳を搾り、その乳からチーズをつくる。そして畑を耕して食料を自給するという。彼は九州の郷里でその体験をもつ。まず百姓の原点から闘いを出直そうとするのだ」

「じっくり腰を据え、農地を再びわがものとするには、前田の言うように山羊を飼い、乳を搾るところから始めなければならないというのは必須の条件だ。これは戦う者一人一人が体得すべき事柄である。彼が目指し求めるものは旧約聖書の『乳と蜜の流れるカナンの地』であろう」(同)

開港日は「昭和53年3月30日」に決定

話を「開港問題」に戻す。岩山地区にあった二本の妨害鉄塔を撤去し、テスト飛行も順調に進み始めると、運輸省・空港公団の間では「開港日」が最大の焦点となってくる。福田首相は年初に「年内開港」を指示し、その線に沿って、「だまし討ち」とも言える方法で妨害鉄塔を撤去し、その過程で反対派にも警察側にも犠牲者が生まれた。当局側にとっては「年内開港」は至上命令だった。

だが、改めて開港への問題点を〝総点検〟すると、まだ解決していない問題が一つ残っていた。それは田村運輸相が千葉県側と約束した四条件のうち、最後の「国道五十一号線の成田市内一・三キロを二車線から四車線にする」という拡幅工事である。二車線のまま開港すれば、成田市内の交通が大混乱することは必至である。千葉県は「国道五十一号線対策本部」を設置し、「地縁、血縁を生かし早期に用地を買収し、工期を短縮する」と用地買収に全力を挙げてきたが、どう計算しても「年内開港」には間に合わない。

川上県知事は8月末、福田首相に直訴し、「年内に県側が用地を買収するのを条件に、国側はたとえ完全でなくても、四台の自動車が支障なく並んで走れる道路を年度内に完成させる」との合意が成立した。福田首相は9月5日、都内で開かれた会合で「成田空港は大方の施設は整ったが、あとは交通上の問題が残っている。年内開港で準備しているが、来年春になるかもしれない」と初めて年内開港を否定した。

国道五十一号の拡幅問題の見通しが立たず、開港日をめぐる田村運輸相と川上千葉県知事のトップ会談は延び延びとなり、二人の会談が開かれたのは10月1日。田村運輸相は席上「年内開港はあきらめた。残る国道五十一号の拡幅工事は年内に用地買収を済ませ、年度内開港に努力する」と述べた。川上知事はこれを県議会に報告、県議会も二日後、「年度内開港」に同意した。

田村運輸相は通常国会が閉会する11月25日深夜、記者会見し、「成田空港の開港は53年3月30日」と正式に発表した。「開港」といっても、四千メートル滑走路一本だけの〝未完の空港〟である。本来、開港日は関係閣僚協議会を経て政府が決定するのだが、会期末と内閣改造問題も重なり、閣僚協は省略され、その発表も福田首相に代わって田村運輸相自身が行った。翌26日、福田改造内閣が発足、田村運輸相は大臣の座を去った。

新空港が三里塚に決定してから十二年目を迎えていた。開港日決定に千葉県の川上知事は「緊急最小限の条件だけで開港するのだから、残された問題を一つひとつ解決して条件整備することが大切だ。開港によるマイナスをプラスに持っていくことが大切だ」と極めて慎重な発言に終始する。反対同盟の北原事務局長は「開港宣言は向こう側の方針で、反対同盟には何の関わりもない。年度内開港をさせず、廃港に追い込む我々の闘いは、何らかの動きとなって表れるだろう」と改めて闘争宣言をした。

「開港日」が決まったといっても、そう簡単にその日を迎えることはできないだろう、と私（筆者）は思った。十二年間の反対闘争の歴史を振り返れば、開港日に向けて、闘争はますます過激さを増すことは容易に想像できた。「私だけではもう対応できない。複数の常駐記者が必要だ」。私は会社に「取材陣の増強」を願い出た。その結果、私を〝キャップ〟として、社会部から二人の記者を常駐させる、ということが決まった。新たに送り込まれたのが土田芳樹、鈴木純一という二人の精鋭である。

開港を前に新空港のターミナルビルはすでに完成しており、その一角に各社の記者室が用意された。日経もその一室を借り、取材・送稿体制を整えた。私たち三人は、新空港近くに完成したホテルの一室に寝泊まりしながら、この記者室に〝通勤〟するのである。「新たに完成したホテル」といっても、まだ宿泊客はおらず、レストランなどもオープンしていない。私たちは炊飯器を購入して記者室に備え、自炊態勢をつくった。しかし、男の〝三人所帯〟にとって、炊飯器でご飯を炊く以外、他の料理をつくる能力はなく、副食は交代で買い出しをすることにした。

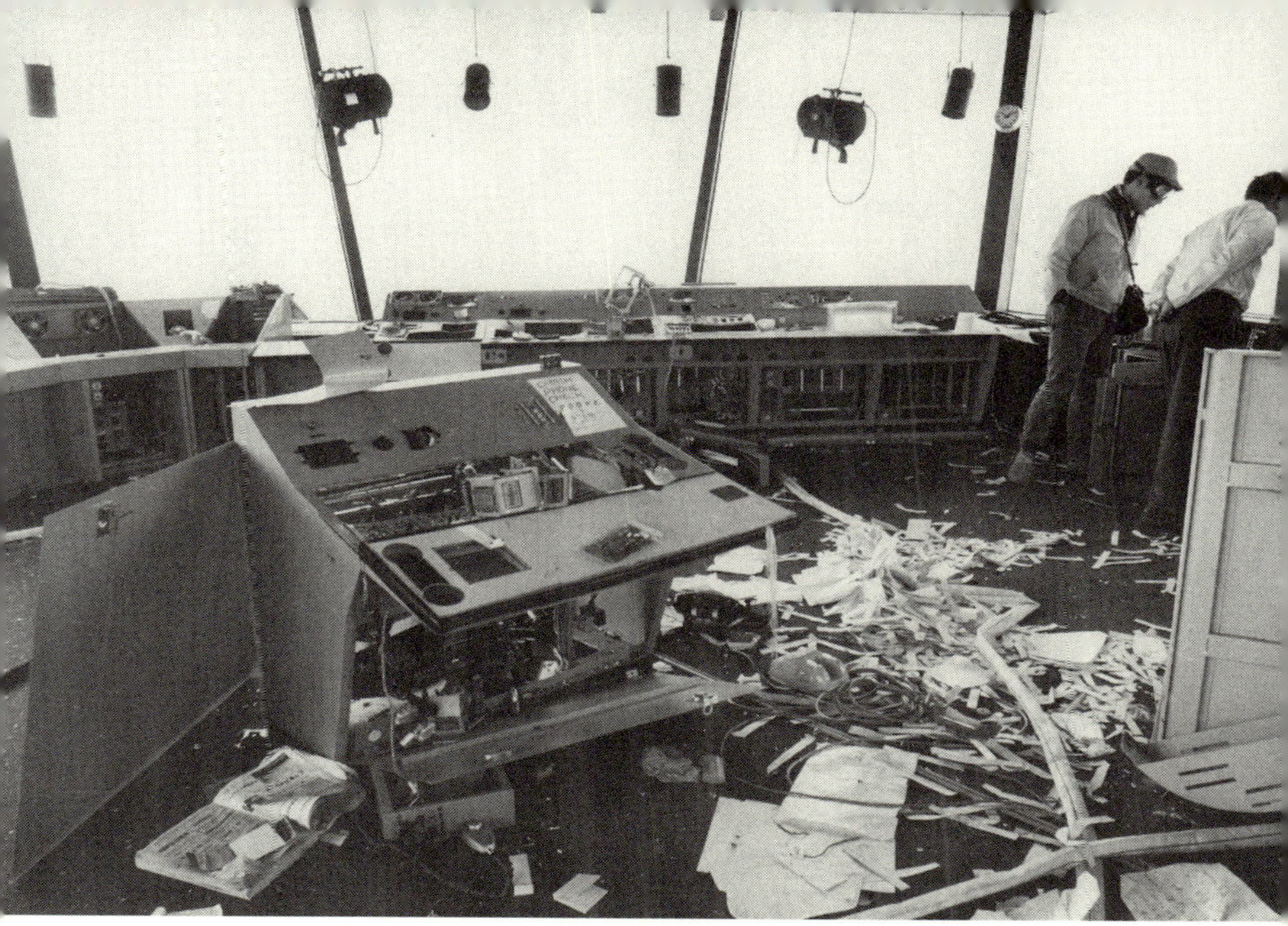

過激派により占拠・破壊された成田空港管制室（1978年3月27日）
（写真：毎日新聞社/アフロ）

第9章

奇襲

狙われた“心臓”

鉄塔建設と強制撤去のいたちごっこ

開港日が「昭和53年3月30日」と決まってから二週間が過ぎた昭和52（1977）年12月6日、反対同盟と支援学生たちは撤去された岩山大鉄塔跡にコンクリート製の〝新要塞〟建設を始めた。同日朝から反対派農民、学生ら約二百人が集まり、トラックで鉄骨などの建設機材を運び込む。

反対同盟の説明によると、三階建ての建物の上に鉄骨塔を乗せ、その高さは合わせて二十一・二メートルに抑えた。高さが二十一・三六メートルを超えると航空法に違反し、再び撤去の対象となるためぎりぎりの高さにした、という。空港公団は運輸省と対応を協議したが、結論は「打つ手なし」だった。

さらに反対同盟は同26日からB滑走路（二千五百メートル）の南約三百メートルの場所に、二つ目の要塞の建設を始めた。岩山大鉄塔跡に建設を進めている新要塞に対応する場所で二階建て。「第二要塞」と言ってもよい。

滑走路先は進入灯などのある航空保安区域だが、この場所は土地を強制収用できる事業認定がされていなかった。このため高さが航空機の進入表面に出ない限り、航空法違反にはならないという。反対同盟は航空法上、ギリギリの枠内で二つの要塞建設を始めたのである。空港公団にとっては新法でもつくらない限り撤去もできず、頭の痛い問題を抱え込むことになった。

反対同盟が第二要塞の建設を始めた26日、開港を間近に控えた空港敷地内に最後まで残っていた〝よねばあさん〟の畑の強制撤去が行われた。この畑は反対同盟の名物ばあさん・小泉よねが開墾した土地で、よねの死後、養子の小泉英政、美代夫婦が相続し、耕作していた。

空港心臓部に通じる高速道路のど真ん中にあったが、昭和46年の二度にわたる代執行の際に、空港公団はこの土地の存在を見落とし〝執行漏れ〟となっていた。空港公団はその後、小泉英政に明け渡しを求める訴訟を行ってきたが、この日、千葉地裁は公団側の主張を受け入れ、小泉に明け渡しを命じた。

仮処分が実施された26日、小泉夫妻は朝から長女、長男の二人と一緒に、よねの遺影を抱いて畑わきの藁小屋に座り込んだ。午後五時前、仮処分執行が宣言され、作業員が四人をくるんでいた毛布をはぎとった。長女が泣き出したこともあって夫婦は抵抗をあきらめ、小屋を出た。ブルドーザーが藁小屋を畑に植えられた野菜などと一緒に踏み潰した。反対派約五百人が押し掛けたが、千五百人の機動隊に押し戻され、ただ見守るだけだった。

「開港予定」の年を迎えた昭和53（1978）年2月初め、反対同盟は二階建てにとどまっていた「第二要塞」を建て増しする突貫工事を始めた。数日間で第二要塞は四階建てとなり、その上に鉄塔が立った。鉄塔の高さは三十二・五メートル。航空機の進入表面を二十メートル以上も突き出ていた。突然、出現した〝違法鉄塔〟に驚いた千葉県警は2月6日未明、警視庁、埼玉県警の応援を得て、八百人の機動隊を出動させ航空法違反の疑いで強制撤去に乗り出した。

第二要塞にはすでに反対同盟の内田寛一行動隊長、熱田一副行動隊長らをはじめ第四インターの学生ら四十五人が立てこもっていた。機動隊は放水車やクレーン車を使い、新型の放水銃やガス銃で、立てこもる反対派の制圧を始めた。反対派はこの要塞に大量の火炎瓶を持ち込んでおり、激しく応戦する。

機動隊側の新兵器は空中放水車である。輸送用の車からアームが伸びて空中に舞い上がり、その先にゴンドラがついている。ゴンドラには機動隊員が乗っており、そこから塔上に筒先を向け、筒先から水流がほとばしり出る。塔上の反対派は吹き飛ばされないよう、必死に近くのポールなどにしがみつく。夕暮れになっても要塞は落ちない。

攻防は夜に入り、機動隊のクレーン車のアームが要塞三階の壁を突き破り、梯子を伸ばして機動隊員が要塞の中になだれ込んだ。中にいた反対同盟員や支援学生ら四十一人は、二階に避難していたが、ガス弾を打ち込まれ、催涙ガスが充満し、窒息状態となった。そこへ機動隊が突入し全員が逮捕される。要塞が制圧されたのは同日の深夜だった。

しかし、要塞の鉄塔最上部には四人の学生が必死に張り付き、抵抗を続けていた。攻防戦は翌7日に持ち越される。四人は放水を浴びてずぶぬれだった。真冬の寒風の中、彼らは鉄塔を降りようとはせず、機動隊員が近づくと火炎瓶を投げ落とす。翌日も終日、抵抗は続いた。機動隊もマイクで四人の説得を試みるが「帰れ、ぐずぐずしていると火炎瓶を食らわせるぞ」と取りつく島もない。これ以上続けると、彼らの生死にかかわると、反対同盟の幹部の一人が大声で「君たちは勝利した。降りてきてください」と呼び掛けた。この呼び掛けで四人はやっと鉄塔を降り、四十時間に及ぶ抵抗は終わった。

8日未明、鉄塔は切断され、大型クレーン車で吊り降ろされた。要塞の中には鉄パイプ約四百本、火炎瓶約二千本分のガソリンと空き瓶があった。反対同盟は11日からすぐさま破壊された要塞の復元工事に取り掛かった。

「百日間闘争」

「ジェット燃料輸送阻止」闘争を続けてきた動労千葉地本は、「3月30日開港」が決まった直後の昭和52（1977）年12月初め、「輸送阻止百日間闘争」を開始する。国鉄千葉鉄道管理局はジェット燃料輸送計画を同地本に提示したが、同地本はこの提示を拒否し、3日午前零時から七十二時間の「一割減速闘争」に入った。

千葉管理局の提示内容は、一日平均四千キロリットルを運ぶことにし、千葉ルート（市原市―成田）は一日二本（十二両編成）、鹿島ルート（茨城県鹿島―成田）は一日五本（十八両編成と十四両編成をそれぞれ二本と十三両編成一本）となっており、いずれも四十トン積みのタンク車を使用する、という計画だった。

動労千葉地本は、直ちに全組合員に対して闘争突入指令を出した。同地本は3日午前零時から6日午前零時まで七十二時間の減速行動（列車は一割の減速）に入る。さらに6日午前零時からは国電区間を除く千葉以東の全列車を対象に、より強力な減速行動（危険個所を指定して時速三十五キロの減速運転）を実施する。この減速行動には、乗務員だけでなく、地上勤務者約五百人も列車検査の〝減速〟行動に入ることになっていた。

国鉄の労働者は昭和27（1952）年に制定された「公労法」（公共企業体等労働関係法）によって、団体交渉権はあるが「スト行為」は禁止されており、ストに突入すれば解雇などの厳しい処分が待っていた。このため動労千葉地本の闘争はいずれも「順法闘争」という名の下での〝減速闘争〟である。といっても過密な路線で減速闘争が始まると、遅れが積み重なり、運休する電車が続出することになる。

闘争が始まると、その影響は特に総武線で大きかった。当時、千葉方面から東京方面への通勤路線は総武線に集中しており、電車はベタ遅れとなり、超満員の電車で通勤する乗客のイライラは一日ごとに強まった。

乗客の怒りが頂点に達したのは5日の帰宅時だった。ベタ遅れとなったうえ運休も相次ぎ、しびれを切らした乗客が線路上を歩き出し、一時は電車が完全にストップした。沿線各駅では乗客が駅長室に押し掛けるなど険悪な状態となり、船橋、西船橋、津田沼、錦糸町などの駅には機動隊が出動する騒ぎとなった。

千葉県警は午後9時半、「順法闘争緊急警備本部」を設置、都内の沿線各署も警察官を各駅に派遣する。騒ぎの発端は午後9時ごろ、津田沼駅付近で電車がダンゴ状態となり、超ノロノロ運転となったことだった。これをきっかけに後続の電車が次々とストップ、乗客約三百人が線路に降り、船橋方向に歩き始めた。怒った乗客は止まった電車に向けて投石を繰り返した。その投石で運転士が負傷する。電車がダンゴ状態になった原因は、津田沼駅に到着した下り電車の運転士が「超過勤務拒否。勤務時間が過ぎた」と電車をホームに置き去りにして帰宅してしまったことだった。

総武線は5日だけで快速電車上下十六本、普通電車百四十四本が運休したのをはじめ、運行した電車も軒並み三十分から二時間の遅れを出し、乗客百二十万人が影響を受けた。動労千葉の順法闘争によるダイヤの混乱はこの日だけでなく三日間続き、沿線各駅の駅長室には連日、乗客が押し掛ける騒ぎが続いた。

「百日間闘争」で動労千葉地本が打ち出した新しい方針は、「輸送拒否」から「輸送阻止」への切り替えだった。千葉地本は「ジェット燃料輸送の機関車のハンドルは握らない」という闘いを展開してきた。これに対して当局側は、千葉地本の組合員を乗務から外して、機関士を経験したことのある非組合員の助役を全国からかき集めて、燃料輸送車を運転させるという対策をとった。

動労千葉地本は「ジェット燃料輸送のハンドルを握らなくてよかった、とこれを傍観していてもよいのか」という深刻な問題に直面する。

燃料輸送を阻止しない限り、成田空港は開港するのである。開港を阻止するには「ハンドルを握って燃料輸送に携わりながらも、それを阻止する」という〝新戦術〟が必要になる。

同地本の中野洋書記長によると、その解決方法は「ハンドルを握って、ストや順法闘争など様々な戦術を駆使し、輸送を阻止するしかなかった」のである。

中野書記長の〝言い分〟

動労千葉地本は新年（昭和53年）に入ると「一割減速闘争」「危険地域の徐行運転闘争」などを繰り返し実施した。2月4日から7日正午までは全組合員が一割減速闘争に入った。さらに燃料輸送に伴う総武線幕張駅のポイント工事が始まる7日には、成田運転区、佐倉運転区で十二時間の半日ストに突入。総武線千葉─銚子間、成田線成田─佐倉間、鹿島線全線が全面ストップする。このあおりで総武全線、常磐快速線のダイヤも大混乱が始まった。「千葉地本は何を考えているのか」。乗客の反発も日に日に強まった。

私は中野洋書記長に千葉地本の考えを直接、問い質したいと考え、単独会見を申し入れた。彼はその申し入れを了承したが、会見は4日夕、場所は千葉地本本部の集会場だという。記者会見といえば「対面」であり、その場所は会議室あたりが普通である。「集会場での会見」に違和感を覚えた私は、「筆記係」という名目で成田常駐となった土田芳樹記者に同行してもらうことにした。

中野洋は昭和15（1940）年生まれ。私より一歳年上である。高校を卒業すると国鉄千葉鉄道管理局に入って機関士となり、組合活動を始めた。東京地本委員長（当時）、松崎明の四年後輩だったが、若い時代には松崎との交流も深かった。しかし、中核派の中野はその後、革マル派の松崎と袂を分かち、千葉地本青年部長、千葉県反戦委員会議長、動労千葉地本千葉支部長などを務め、昭和48（1973）年9月、千葉地本書記長に就任した。後に千葉地本が動労本部から独立し、「千葉動労」を結成すると、委員長となった。

千葉地本本部を訪れると、会見場所となった集会場の中央には、ボクシングのリングに似た狭い〝舞台〟がつくられており、二百人近い組合員がびっしりと取り巻いていた。その舞台の上で、私の質問に中野書記長が答えるのだという。二人にはマイクが渡された。記者会見というよりは、彼の考えを集まった組合員に聞かせる絶好の場と考えたのだろう。私が質問するたびに「ナンセンス」との声が一斉に上がり、中野書記長の答弁には拍手が巻き起こる。中野書記長は意外と率直に〝本音〟を語った。

以下、翌4日付の社会面に掲載された「一問一答」を引用する。

――燃料輸送問題は新空港開港の死命を制する。公共輸送機関に働く者として、その輸送を拒否する理由は何か。

中野書記長「燃料輸送を実際にやるのは、我々動労千葉地本の機関士だ。かつてパイプライン問題が出てきた時、当時の千葉市長は貨車やタンクローリーで運ぶより安全だ、という理由で強行しようとしたし、空港公団もそう説明した。我々の運動は運転保安闘争だ。危険なものは運べない。総評、社会党などの革新勢力が空港建設反対闘争から撤退した後も、私たちは初期の姿勢を貫いてきた。いま、ここで燃料を運べば、連帯してきた農民たちへの裏切りとなる。それに、かつて空港建設のための資材輸送を拒否できなかったという自責の念もある」

――総評は開港への協力姿勢を示し、国労も幕張駅の工事に同意するなど柔軟な姿勢を見せており、「動労千葉地本だけがなぜ……」といった声も強い。〝孤立した鬼っ子〟といった見方もあるが。

書記長「既成の概念から言えば、確かに我々は孤立し、四面楚歌の状況に置かれているように見える。しかし、全国の市民運動グループからの連帯は日ごとに増え、相当なカンパも集まっている。総評の末端組織からの支援も広がっており、目玉のない今春闘の中で燃料輸送阻止闘争に寄せる期待も大きい。いま社会党や総評が日本の労働運動を統率する力を持っているだろうか」

――成田空港には六千三百億円の国費がつぎ込まれている。ここまできたら開港以外ない、というムードが広がっている。国鉄当局も歩み寄りを模索しているようだが、妥協の余地はないのか。

書記長「もし、ヘタに収拾を図れば『貨車は組合執行部が動かせ』と下部は納得しないだろうし、現場の組織は吹っ飛んでしまう。もちろん、このまま突っ張っても当局側の圧力で組織の危機は避けられないだろう。退いても進んでも危機に見舞われるのなら、労働組合として突進する以外ない。多くの矛盾を抱えた新空港だけに、そこから突破口が開ける可能性もある。この時期に生半可な闘争はできない」

──動労本部が革マル派中心なのに対し、千葉地本は中核派が支配しているという見方もある。「労働運動にはおのずから制約がある」と（動労）本部からの牽制もある、と聞くが？

書記長「燃料輸送を実際に行うのは千葉地本の組合員であり、動労本部との間に認識の差が出るのはある意味で仕方のないことだ。ただ、公安筋が私たちの闘争をセクト問題としてとらえているとしたら大間違いだ。セクトの闘争では大衆運動は行えない」

──福永運輸相と国労、動労のトップ交渉で開港への協力体制づくりが進んでいるようだが。

書記長「まったくふざけた話だ。闘わない者には収拾する権利はない。裏取引するのは許せない。お上《かみ》のやることなら、どんなことでも最後には『イエス』と言ってきたのが、これまでの労働運動だ。これだけは譲れないと思うことに全精力を投入、阻止することが一度くらいあってもいいはずだ。この闘争を通じて、沈滞しきった日本の労働運動に活力を与える突破口にしたい」

動き始めたジェット燃料輸送

動労千葉地本は3月1日始発から翌2日にかけて、鹿島ルート（鹿島港—成田間）の燃料輸送に反対する半日ストに入った。拠点となった国鉄佐倉機関区横の広場には、中核派、第四インターなどの反対派各セクト、動労組合員などが集結、昼前には一万二千人に膨れ上がった。一方、成田市の三里塚第一公園でも正午過ぎから輸送阻止現地集会を開き、労組員や各セクトの学生が続々と集まり気勢を上げた。警備当局は六千人の機動隊を輸送ルート沿線や三里塚周辺に配備し、厳戒態勢をとった。

三里塚で開かれた反対集会では反対同盟の北原鉱治事務局長が「3月26日から4月2日にかけ成田の現地には膨大な人数を集め、連日、創意工夫に満ちた闘いを展開する」と〝戦闘宣言〟。さらに戸村一作委員長は「もはや集会やデモの段階ではない。我々は戦争をしているのだ。隠れた武器と知恵を使え。ジェット燃料を運ぶ機関車を転覆させる。我々の戦いはそこまで行っている」と激しい口調で演説をした。二人の演説は「燃料輸送阻止」から「開港阻止」に闘争の狙いを定めていることを物語っていた。

「燃料輸送　きょう一番列車」「施設完成から六年」「警官六千人で沿線厳戒」——3月2日付日経朝刊の見出しである。

ジェット燃料輸送の鹿島ルート一番列車は2日午前9時32分、鹿島コンビナート・鹿島石油構内の積み出し基地を出発、鹿島臨海鉄道を通って国鉄鹿島線北鹿島駅へ。ここで国鉄の〝助役機関士〟が引き継いで、鹿島、成田線を経て成田市内の土屋燃料基地まで運ばれる。国鉄当局は輸送に携わる動労千葉地本が輸送を拒否したため、急ぎ〝助役機関士〟を呼び出し、運転させた。警備当局は輸送ルート沿線に機動隊六千人を張り付けて厳戒態勢を敷いた。

一番列車（タンク車十八両編成）が積み込んだジェット燃料は九百キロリットル。輸送を請け負った日本石油は、この暫定輸送のためにタンク車を特注していた。胴板の厚さが八ミリという普通のタンク車より二ミリも厚い〝装甲車両〟である。「ライフルの銃撃や火炎瓶にもびくともしない」と日本石油はこの特殊車両を自慢した。

一番列車は同日午後1時50分、定刻通り終着の成田市・土屋燃料基地に到着した。広い基地内に見られるのは空港公団、国鉄の関係者の姿だけ。作業員約百五十人が素早くタンク車に駆け寄り、約五時間でジェット燃料をタンクに詰め替える作業を終える。

同基地では、搬入されたジェット燃料をいったん基地内の三基のタンク（合計三千キロリットル）に備蓄、三、四日後からパイプラインを使って七・八キロ離れた空港内の給油センターに送油する。同センターにある十四基の備蓄用タンク（一基四千キロリットル）や駐機場の地下に張りめぐらされた給油パイプの洗浄もすでに完了していた。

鹿島基地からの燃料輸送では、反対派はデモ行進中の大規模な衝突もハネ上がり的なゲリラ活動もほとんどなく、輸送はほぼ予定通り進んだ。千葉県警など警備当局は、首をかしげながらこう言った。「開港阻止の戦力ダウンを恐れて、逮捕者を出さぬよう戦術を低下させているのではないか」（田口千葉県警警備部長）。警備当局の警備方針も「開港予定の3月30日前後」に向けられていた。

「千葉ルート」（千葉港―成田）のジェット燃料輸送が始まったのは、同17日からである。この日午後1時半、千葉県市原市の京葉コンビナートの出光興産、丸善石油の千葉製油所でタンク車二十四両に千二百キロリットルのジェット燃料を積み込み、同日夕、京葉臨海鉄道の村田操車場で十二両編成の二列車に仕立て直し、午後7時前、〝一番列車〟が出発、幕張駅から総武、成田線を経て午後10時20分、土屋基地に着いた。

沿線でのゲリラ活動に備えて、千葉県警は警視庁などの応援を得て、機動隊四千人を動員、鉄橋、踏切など沿線百五十カ所の〝危険地帯〟に機動隊員を張り付ける一方、空からはヘリコプターが投光器を使って燃料列車の前方を監視した。また、千葉海上保安部、千葉県警水上署は巡視船三隻を繰り出し、海からのゲリラ活動を警戒、燃料列車の最後部に連結した緩急車には制服警官五人が添乗した。

反対同盟は千葉ルートの一番列車を阻止しようと、午後6時過ぎから千葉市内の中央公園で学生ら約六百人が集会を開き、千葉鉄道管理局までデモ行進したが混乱はなかった。厳戒態勢のなか、千葉ルートでの燃料輸送は妨害もなく順調に進んだが、この夜10時50分、鹿島ルートの成田線成田—久住駅の架線に松の木が倒れかかってくるのを、鹿島港から土屋燃料基地に向かっていた燃料列車の機関士が見つけ、急ブレーキをかけた。輸送列車は松の木をくぐり抜けて止まり、被害はなかった。

成田署の調べでは、松の木は線路南側の松林に生えていたもので、根本から七十—八十センチのところを、オノのようなもので切り倒されていた。松の木は高さ約二十メートルの大木。輸送列車が近づくのを待ち構え、線路上へ押し倒そうとしたとみて、成田署は列車往来危険罪の疑いで捜査を始めた。

このようにジェット燃料輸送は鹿島ルート、千葉ルートとも順調に進んだが問題がないわけではなかった。タンク車から土屋基地内のタンクに燃料を移し替える作業中、いくどかにわたって油漏れが起きた。空港公団は「送油管の中に空気が残っており、油がこの空気と共に噴出した。作業員が不慣れでバルブ操作を誤ったのが原因だ」と釈明したが、成田市や消防当局からは「なぜ事前にタンク車の点検や作業員の習熟訓練をやらなかったのか」と不手際を追及する声が高まった。

開港前の燃料輸送は、警備当局の要請で開港予定五日前の3月25日には打ち切られる。警備当局にすれば、開港を控え新空港周辺に警備を集中する必要があり、燃料輸送の沿線警備の余力はなかった。空港公団は当初、開港日当日の燃料備蓄量は二週間分（五万六千キロリットル）をメドに燃料輸送計画を立てたが、当初計画を一割以上下回る「五万キロリットル（十日分）を割り込むことになる」と町田副総裁は語った。「開港時の運航には支障はない」（町田副総裁）と言うものの、反対派の動向などを考えると〝不測の事態〟も予想され、「成田空港燃料切れ」を心配する声も高まった。

戸村委員長のパレスチナ訪問

開港予定が間近に迫った昭和53（1978）年3月12日朝、反対同盟委員長の戸村一作はPLO（パレスチナ解放機構）の招きでレバノンの首都ベイルートに出発した。「第二回パレスチナ国際造形展」への出席と説明されたが、そう信じる者は少なく、ベイルートに滞在する重信房子ら日本赤軍と接触するためではないか、との噂が飛び交っていた。それはどんな旅だったのか。同行した作家・松井道男が『回想の戸村一作』に記した「『三里塚闘争』海外を行く」から要約する。

ベイルートに到着すると、空港にはPLO統一情報部から数名が出迎え、そのなかの一人が通訳として行動を共にすることになった。彼は「ファタハ」（PLO傘下の最大解放組織）のコマンドとして1970年に始まった「ヨルダン内戦」を闘い、ヨルダン軍の銃弾で瀕死の重傷を負ってコマンドの任務が全うできなくなり、統一情報部に配属されたという。

最初の夜は戸村の長旅を気遣ったのか公式行事は一切なかった。夕食の席で戸村はこの通訳に興味を示し、さまざまな質問をした。

「銃弾が飛んでくると怖くないですか」という戸村の質問に彼はこう答えた。

「いやいや、飛んでくる銃弾の音は音楽みたいなものです。この音を聞くと、逆に、恐怖が消え去り、この音のリズムが身体に乗り、銃を引く手が軽やかになります」。戸村は「三里塚はまだまだだね。これが闇に乗じて出るようにならなくては」と松井に言いながら、銃を構えるマネをした。

静かな夜はこの日だけだった。翌日からは毎夜、静寂を破る銃声、イスラエル空軍爆撃機の空を引き裂くような爆音、郊外に投下される爆弾の音で、身体の震えは止まらなかった。数日後、イスラエル機から爆弾が投下されたばかりのベイルート郊外の村に案内された。瓦礫と化した住宅街の一角に一人の老人が放心状態で立ち尽くしていた。前の晩の攻撃で家屋と幼い孫二人を失ったという。戸村たちが近づくと「レバニーズ（レバノン人）、レバニーズ」と自分を指して叫んだ。

通訳は悲しみで顔を曇らせながらこう説明した。

「彼は『自分はレバノン人であって、パレスチナ人ではない。パレスチナ人であればイスラエル人に攻撃されても仕方がないが……』と訴えているのです。私たちパレスチナ人がレバノンにいるので、家屋と孫を失ってしまったという意味でしょう。闘いはいろいろな矛盾を生み出します。それを克服して進むものなのでしょうが……」

説明を聞きながら、戸村にも思うところがあった。

「三里塚の闘いも同じです。長い間、平和であった〝村落共同体〟を賛成派と反対派に二分し、父と息子を仲たがいさせました。私にとってこれ以上の苦しみはありません。しかし、素朴であった農民を素裸にし、本音をむき出しにさせたこの闘いは重く尊いものです」

戸村は「国際造形展」の出品用に日本から持ってきた一枚の絵をその老人に手渡した。身体を鎖で木立に縛り付け、涙をぽろぽろ流しながら機動隊に抗議している少女の絵だった。

帰国が迫った日、戸村はベイルート市内の「サメッド」を見学した。「サメッド」とはパレスチナ革命のため経済的自立が必要であるという見地から1969年に設立されたもので、衣料、家具、農産物などの生産部門から販売部門に至る経済的自立厚生施設とその制度のことである。

戸村は「サメッド」の衣料工場で、コマンドの制服を譲ってほしいと交渉したが、軍の規律上譲れないと断られた。同行した松井道雄は「(帰国直後に予定されている)3・26集会に戸村委員長はパレスチナ・ゲリラの制服、頭巾姿で登場したかったのかもしれない」と記している。

戸村委員長は3・26集会に間に合うよう帰国したため、訪問目的の「パレスチナ国際造形展」には前夜祭にしか出席できなかった。

帰国と同時に始まった〝前哨戦〟

戸村委員長は反対同盟が実施する開港直前の「一週間連続開港阻止闘争」が始まる前日の3月25日朝、帰国する。反対同盟はこの一週間にどんな闘争を展開するのか、またベイルート訪問の成果は何だったのか――私はそれを戸村一作の口から直接、聞きたかった。インタビューを申し込むと彼は意外にあっさりとそれを受けた。彼も反対派に訴えたいことがあったのだろう。「いまや〝内戦化〟　歯どめきかぬ」（26日付日経朝刊）との見出しで掲載された戸村委員長との一問一答である。

問　成田闘争はこの十三年間に、農民の土地を守る闘いから、過激派を中心にした反権力闘争に〝変質〟したとの見方もある。

答　その指摘は一面当たっているが、闘いの基盤はあくまでも農民の生活だ。そこに動労千葉に代表される労働運動、学生、市民運動が結集した。農民もこれまでの闘いを通じて土地エゴといった古い思想から解放され、かつての農民運動ではなくなってきている。

問　二十六日以降の反対闘争をどう展開していくのか。

答　私にもどういう手が出てくるのかはっきりわからないほど不気味な状況がある。これまで反対同盟が各セクトのブレーキ役になってきたが、いまや歯止めはきかない。もはや市民運動という合法的な闘争ではなく〝内戦化〟しており、非合法とか合法とかの境目はなくなった。

問　空港突入、占拠を目指す、と言っているセクトもある。

答　機動隊バリケードを爆破して血を流すよりも、夜陰に乗じたゲリラ戦術で、犠牲を出さずに敵権力に打撃を与える方が効果的だ。空港内には（開港後の）四月二日になれば、公然と入れるようになる。戦術もゲバ棒、火炎瓶から、近代的、科学的な兵器が開発されつつあり、飛行妨害用に使われるだろう。

問　空港公団では開港直後、第二期工事に本格着手するが……。

答　第二期工事区域にはまだ十七戸の農家ががんばっている。今後の目標は農村コンミューンづくりで、そこを拠点として持久戦に持ち込めば、欠陥だらけの空港をやがて廃港に追い込むことができる。今日、明日というのではなく、ベトナム並みにあと十七、八年闘えれば三里塚闘争は勝利できる。

問　日本赤軍は国内の新左翼系機関紙で、成田空港反対闘争を支援する声明を発表しているが、ベイルート滞在中、日本赤軍と接触したのか。

答　赤軍と接触したかどうかは、時期が時期だけに答えを避けたい。ある時期になれば公表できるかもしれない。伝聞だが日本赤軍は三里塚農民の十三年間の闘いを高く評価しているようだ。

戸村は赤軍派との接触には口を濁した。多分、接触はしなかった、と私は感じた。反対同盟と三里塚に集結した各セクトは、戸村委員長の帰国を待ち構えていたかのように、活発な動きを始めた。戸村が帰国した日、成田では反対派と機動隊の激しい衝突が再開される。それは26日から予定されている「一週間連続開港阻止闘争」の前哨戦でもあった。

反対派各セクトは25日午後、空港B滑走路（未着工）脇の第二要塞屋上に高さ十六メートルの鉄塔を建てた。要塞と鉄塔の高さを合わせると、航空法上の制限を超えていた。第二要塞にはこの年の2月初め、航空法の制限を超える鉄塔が建てられたため、警備当局は四十時間に及ぶ攻防の末、撤去したばかりだった。

反対派はその後この要塞を再構築し、高さは十・五メートルと制限高度ギリギリとなっていた。その要塞の屋上に十六メートルの鉄塔を建て、要塞部分を合わせるとその高さは二十六・五メートルに達したのである。反対派は出入り口をコンクリートで固め、梯子をかけて屋上の小さな穴から出入りするなど、要塞を完全な「コンクリートの箱」とし、中には支援学生たちを中心に約三十人が立てこもった。

警備当局は航空法四九条（物件の制限）違反の現行犯として同日深夜、機動隊約千人を動員して鉄塔撤去に取り掛かるとともに、凶器準備集合罪、火炎瓶処罰法違反容疑で要塞の捜索を始めた。警備当局は同日午後、二千人の機動隊員で同要塞を遠巻きにし、撤去作業のための足場づくりを始めた。夕刻には放水車、装甲車などがぎっしりと要塞を包囲する。午後11時半すぎ、機動隊員千人が取り巻くなか、警備当局は鉄塔撤去と要塞内の捜索に着手した。

まず、装甲車を先頭に、要塞周囲にめぐらされた竹フェンスを撤去した。しかし、立てこもった反対派は要塞屋上に据えつけた大型パチンコを使って、先をとがらせた鉄棒（長さ約七十センチ、直径五ミリ）やブロックを砕いたこぶし大の石を次々と投げつけた。このほかにもスリングショット（手持ちパチンコ）など様々な〝新兵器〟で抵抗を続けた。これに対し機動隊は、要塞内にガス銃を撃ち込むなど、応戦を続けた。

要塞上の鉄塔が撤去されたのは、後述する「管制塔占拠事件」（3月26日）二日後の同28日深夜だった、反対派は六十時間にわたってこの要塞に立てこもっていたのである。機動隊は28日午後6時前から放水、ガス銃を発射して撤去作業に取り掛かった。これに対し、二日間にわたって籠城を続けていた反対派は火炎瓶、投石、放水を繰り返すなど激しく抵抗する。大部分が要塞の一―三階部分に立てこもったため、機動隊側は午後9時ごろ、要塞二階部分の壁に大型削岩機を使って直径一・五メートル近い大穴を開け、機動隊員が突入した。

しかし、堅固な要塞内にいたのは反対同盟の北原鉱治事務局長ら二人だけで、内部は〝もぬけのカラ〟だった。北原ら二人は逮捕したものの、要塞の地下には直径八十センチのトンネルが、延々二百メートルにわたって迷路のように掘られており、他の同盟員はそのトンネルを使ってとっくに姿を消し、要塞の一階部分は掘り出した土で埋まっていた。警備陣の眼をこの要塞に引き付けるための反対派の〝陽動作戦〟だったのである。

管制塔破壊

戸村委員長がパレスチナから帰国し、反対派の一部が第二要塞に立てこもった翌日の3月26日から反対同盟は「一週間連続開港阻止闘争」を計画していた。開港が間近に迫った成田新空港周辺では、これまで予想もしなかった事態が発生するかもしれない、と私は思った。その理由は、戸村委員長やその周辺の雰囲気に、今までとは〝異質な何か〟を感じとっていたからである。

私はこの一週間の取材に、三人の常駐記者に加えて、新たに四人の記者派遣を要請した。本社もこれに応え、26日からの「開港阻止闘争」は、計七人の社会部記者と三人のカメラマンで取材することになった。「日経社会部」としては異例の取材態勢である。

三里塚第二公園で開かれる反対同盟の集会には、帰国早々の戸村委員長が出席して挨拶することになっていた。彼の帰国後初の〝アジ演説〟に注目していた私はこの集会の取材をすることにし、他の六人も反対派の襲撃が予想されるゲートなどに分散し、それぞれ取材に当たることにした。各記者はハンディトーキーを肩から担ぎ、お互いの連絡はそれでとり合う態勢をつくった。

昼過ぎから始まった三里塚第二公園の集会には、約八千人の反対派が集結していた。しかし、意外に感じたのは、参加したのは市民団体千七百人をはじめ革労協約千人など労働団体が中心で、支援学生の〝中核〟を担っていた中核派や第四インターなど過激派の姿は見られない。彼らは空港の周囲に分散しているのではないか——その時、私はふとそう思った。戸村委員長は、ベイルートで入手したパレスチナ・ゲリラの頭巾をかぶって壇上に上がり、「今や成田は戦争状態にある。私たちは銃を持って戦うのだ」と銃を空中に向けて発射する構えをしながら、激しい口調で演説を始めた。

そんな時だった。「キャップ、大変です。管制塔が過激派に襲われています」。ハンディトーキーからけたたましい声が漏れてきた。誰が叫んでいるのかは分からない。私は車に飛び乗ると、三里塚に最も近い空港ゲートに向かい、厳戒態勢に入っている警備陣に頼み込み、空港内に入れてもらった。出来上がった無人の四千メートル滑走路を横切って車を走らせれば、管制塔までは最も近い。

管制塔周辺は機動隊の発射したガス銃のガスが充満、その中で襲ってきたヘルメット姿の学生たちと機動隊の乱闘が続いていた。彼らは機動隊の厳戒態勢の中をどうやって空港内に突入し、管制塔を襲うことができたのか。すぐには理解できなかった。機動隊は腰の拳銃を引き抜き、空に向かって威嚇射撃を繰り返した。そこはまさに「戦場」だった。周辺で取材していた日経取材陣も全員が管制塔周辺に集まってきた。私たちは手分けして事件の全貌をつかもうと取材にかかった。

翌27日付日経朝刊の一面トップの見出しは「『成田』管制室を破壊」「開港に重大な支障」「六人乱入。一時占拠」である。社会面の見出しは「成田の心臓メッタ打ち」「炎とガスの〝戦場〟二時間」「武装トラック突入」「マンホールからも突如」である。一面と社会面の記述を合わせながら、この日、開港前の成田空港で起きた〝戦闘〟を再現してみたい。

一週間連続闘争が始まった26日午後0時50分ごろ、空港構内にある京成空港駅そばのマンホールから過激派学生六人が突如姿を現し、火炎瓶を投げつけながら管理棟ビルを駆け上り、十六階の中央管制室に乱入した。六人は二時間にわたり管制室を占拠し、空港の頭脳とも言うべき管制レーダーや通信機を鉄パイプで次々と破壊する。

六人の管制室占拠までの経過はこうだ。

空港東側の京成空港駅近くのマンホールから、赤ヘル姿の男二十人が次々と姿を現すのをパトロール中の空港署員が発見した。職務質問をしようとしたところ、一人が突然、火炎瓶を投げつけ、約十五人が管理棟ビル方向に駆け出した。このうち五人は路上で警戒中の機動隊員に捕まったが、残り十人はビル内に乱入、エレベーターに飛び乗って十三階に上り、うち六人が同階屋上から非常階段を駆け上がり、十六階にある管制室の窓ガラスを叩き破って侵入、占拠した。

六人は窓際から「戦旗」「先鋒隊」と書いた垂れ幕を下げるとともに、内側からカギをかけて管制室に立てこもり、管制室内の重要書類を破り捨てたほか、レーダー機器、東京航空管制センターと結ぶ通信網など空港の〝頭脳〟に当たる機器類を手当たり次第に鉄パイプなどで破壊した。十四階のバルコニーに残ったグループも投石などを繰り返し、機動隊に激しく抵抗した。

管制室にいた五人の管制官は非常階段を使って屋上に避難し、ヘリコプターで救助されたが、そのすぐ下では赤ヘルがハンマーを振り回し、機器を破壊している異様な姿が、地上から見上げる私たち取材陣にもはっきりと見えた。午後3時過ぎ、管制室の窓際までよじ登った機動隊員が管制室のドアを電気カッターで切断、催涙ガス弾を撃ち込み、白煙がもうもうと立ち込める中で、立てこもっていた六人全員を凶器準備集合罪などで現行犯逮捕した。

マンホールから空港施設内に侵入したセクトは第四インターと戦旗派が中心だったが、彼らはなぜマンホール伝いに空港内に侵入できたのか。現場検証を行った千葉県警によると、マンホールは地下約十二メートルで、縦、横いずれも三・五メートルの下水道につながっており、下水道は約一キロ先の新取香橋付近で取香川に通じていた。この下水道は管理棟、旅客ターミナルビルなど空港内のビルから出る排水を枝管で集め、それを川に排出するための幹線である。

県警の調べでは、マンホールから取香川方向へ四、五十メートルの下水道の中に歯ブラシ、アノラック、ズボン、懐中電灯などが残されていた。このため県警は、マンホールから出てきた赤ヘル集団は、反対集会に備えた警備が厳しくなる前に、新取香橋下からこの下水道に入り、しばらく下水道の中で待機し、あらかじめ打ち合わせしていた陽動ゲリラの時間に合わせて地上に出てきた、と断定した。

六人が管制室内を破壊していた同1時半ごろ、今度は管理棟ビル東側にある機動隊宿舎に別の第四インター、戦旗派のメンバー約四百人が火炎瓶を投げながら襲いかかり、管理棟裏側の第八、第九ゲートを突破して空港内になだれ込んだ。

これに対し、機動隊数百人が同ゲート脇の駐車場付近で大盾を構えて阻止しようとしたが、鉄板、金網で補強した改造トラック二台を先頭に全員が鉄パイプ、火炎瓶で武装した集団にまったく手を出せない状態。学生らは駐車場のガードマン詰め所や乗用車に火炎瓶を投げつけながら、空港内に突入した。

機動隊は拳銃を抜き、「ダーン」「ダーン」と威嚇射撃を繰り返す。トラックを降りた学生たちは隊列を組んで、管理棟に向けて火炎瓶を投げ続ける。それから約三十分間、管理棟前は火炎瓶と催涙ガスが飛び交う〝戦場〟となった。駆けつけた機動隊の大盾と学生たちの鉄パイプがぶつかり合い、火炎瓶の炎が付近一帯に広がる。付近に止まっていた警察車両が次々と燃え上がった。機動隊の方が押され気味で、逮捕された学生には機動隊員の腕を振り切って逃げる学生もいる。

機動隊はその後、管理棟横で阻止線を張ったが、学生らの大量の火炎瓶や鉄パイプ攻勢に防戦一方となり、制服の空港署員のほとんどが実弾入りのピストルを抜いて威嚇射撃を繰り返した。警備当局は応援部隊の到着を待って規制に乗り出し、学生らを第八ゲートから空港敷地外へ押し戻した。この日、逮捕された過激派は百十五人、警官三十四人が重軽傷を負った。

山形大生、新山幸男の死

第八ゲートを突破して空港内に突っ込んだ第四インターの改造トラックに乗っていた一人が、山形大人文学部四年生の新山幸男（24）だった。戸村の書いた『わが三里塚　風と炎の記録』によると、新山が乗ったトラックの荷台でカチンという音がして、白煙が上がった。荷台に積んであった火炎瓶用のガソリン入りドラム缶を警官隊の撃ったピストルの弾丸が打ち抜いたのである。一瞬にして荷台は燃え上がり、積んでいた火炎瓶にも引火した。火は新山の上着の背中に燃え移った。新山は車から飛び降り、上着を脱ごうとしたが、思うようにならない。地上を転げまわったが、火は消えず、全身を包んだ。私たち取材班は、管制塔事件に目を奪われ、この瞬間を見ていない。

戸村によると、炎に包まれた新山を機動隊員が取り囲み、消火器で火を消し止めると、身動きもできない彼の手に手錠をかけた。新山は空港の倉庫内に引きずられていき、そのまま四時間放置された。空港警察が新山を成田市内の病院に運んだのは、事件発生から六時間後だったという。団結小屋の友人たちがその病院に駆けつけ成田日赤病院に運び込んだ。新山は意識は取り戻したが、皮膚呼吸が困難なうえリンゲル注射液が焼け爛れた傷口から体外に漏れてしまうため、「絶望的な状態」と医師は判断した。

新山はこの春、山形大学を卒業することになっていた。郷里の秋田から三里塚にやってきたのは二カ月前のことだった。見舞いにやってきた母親に新山は「おふくろ、おれがよくなったら一緒に三里塚にいこう」とうわ言のように言った。

戸村が新山を病床に見舞ったのは開港直後の5月末のことだった。戸村自身も糖尿病が悪化し、入退院を繰り返すようになっていた。新山は包帯でグルグル巻きにされ、ベッドの上に仰向けに横たわっていた。顔は火傷していなかったが、髪の毛から脚まで燃えた跡が残っていた。戸村は病室の片隅にいた彼の母親にこう言葉をかけた。

「息子さんは私たちにとって、かけがえのない一人の同志でした。新山君の行動は三里塚ばかりではなく、日本中で闘っている多くの人々をどんなに勇気づけたかわかりません」(『わが三里塚風と炎の記録』)

母親は黙ってうなずくばかりだった。

新山幸男は6月13日午前8時50分、死去した。享年二十四。この間、母親は八十日間、不眠の看護を続けたという。反対同盟にとっては、前年(昭和52年)5月10日、岩山大鉄塔撤去の際、機動隊によるガス銃の水平撃ちで死亡した東山薫に次ぐ死者だった。

閣僚会議「開港延期」を決定

空港の〝心臓〟とも言える管制室をメチャメチャに破壊された政府、公団はすぐに被害状況の調査にかかった。同日夜、福永運輸相は「管制室が受けたダメージは外見を上回る」と悲観的な見方を公表、「開港延期はやむなし」との見方を示唆した。

福永健司運輸相によると、一見して被害が確認されるのは、①航空機の発着誘導、地上走行管制に欠かせないパイロットへの直接対空通話装置（超短波、極超短波使用）、②夜間、悪天候時にパイロットが空港位置を確認するのに欠かせない各種灯火（滑走路灯、進入灯、進入角指示灯、誘導路灯、飛行場灯台）、③航空管制の指示を取り交わす東京航空管制部、羽田・百里両管制所間のホットライン、④空港面をくまなく映し出す特殊レーダー、などで、空港運用に不可欠な設備の多くが破壊されていた。

政府は28日午前、新東京国際空港関係閣僚会議を開き、「30日開港、4月2日運航開始」という当初予定を一時延期することを決定した。新たな開港期日については改めて関係閣僚会議を開いて決めるが、最終的には5月の連休明けにズレ込む公算も大きくなった。政府部内には、国際的威信低下を恐れる政治的配慮から開港式典は予定通り3月30日に行い、運航だけを遅らせる案も検討されが、安全確保を第一に考え、延期に踏み切ったのである。

この日、政府は「極左暴力に断固たる措置をとる」と次のような政府声明を発表した。

「新東京国際空港の開港が極左暴力集団の破壊行為により、一時延期のやむなきに至ったことは、極めて遺憾である。このような暴挙は、単なる地元一部農民による反対運動とはまったく異質のもので、法と秩序の破壊であり、民主主義体制そのものに対する重大な挑戦であって、断じて許すことはできない。

政府はこの際、極左暴力集団の徹底的検挙・取り締まりのため断固たる措置をとることとし、開港後を含めた長期警備体制の一層の強化を図るとともに、管制塔をはじめ空港を不法な暴力から完全に防護するため、空港施設の警備を図る等、各般にわたる抜本的対策を強力に推し進める決意である。国民各位をはじめ広く内外関係者のご理解とご協力をお願いする」

日本政府の過激各派に対する〝闘争宣言〟であり、「成田新法」(成田空港の安全確保に関する緊急措置法)の制定に向けて政府は急速に動き始めた。


一方、反対同盟は4月2日、三里塚第一公園で〝勝利集会〟を開き、「集会宣言」として福田政権に対し「三つの要求」を突き付けた。
一、正当防衛の闘いに決起した北原鉱治事務局長ら同盟幹部三人をはじめ逮捕者二百余名を直ちに釈放すること
二、開港日決定を含めいっさいの既成事実を全面的に凍結し、第二期工事区域には踏み込まな

いこと

三、治安弾圧を直ちに中止し、機動隊を現地より即時撤退させること

福田政権としてはいずれも受け入れることのできない要求だった。開港に向けて政府、公団と反対同盟の対決は最後の局面を迎えることになる。

石棺には戸村が生前に制作した鉄製のオブジェが飾られ、「真理はあなたに自由を与える」という座右の銘が刻まれた（筆者撮影）

第10章

開港

戸村一作の死

出直し開港は「5月20日」

福田首相は昭和53（1978）年4月3日夜、国会内で福永運輸相、加藤武徳国家公安委員長、安倍晋太郎官房長官との四者会談を開き、過激派の管制室乱入で延期されていた成田空港の開港日を「5月20日」、運航開始日を翌日の「21日」とすることを決める。4日午前に開かれる新東京国際空港閣僚会議に報告され、正式決定した。この決定は直ちに世界各国に通知された。

また政府はこの日、新たに新空港の「安全確保対策要綱」をまとめた。それによると、「空港の安全強化策」として、①空港内の警備は空港当局と共に警察力を配備し、連携して行う、②一般公衆の出入りする地区は警察官、ガードマンを増強し、徹底した巡回を行う。航空管制施設などは部外者の侵入防止のために施設を増強し、厳重な警備体制をとる、③空港外の諸施設や燃料輸送鉄道などについても防護施設、警備体制を強化する――などだった。

さらに「極左暴力集団対策」として、①空港内外の警備のため「空港警察隊」を設置する、②極左暴力集団の不法行為を徹底的に検挙し、取り締まる、③現行法により、可能な限りの極左暴力集団対策を講じる、④必要と認められる特別法「国際空港周辺の安全確保に関する特別措置法」（仮称）の制定について、各党の協力を得て速やかに成立させる――などとなっていた。

この安全強化策を検討するなかで最大の議論となったのが、反対派の団結小屋の撤去だったという。撤去のための「根拠法」として建築基準法、土地収用法、破防法、代執行法、騒擾罪などの関係法令について検討したが、「いずれも立法の趣旨や実効性の面から問題がある」との結論に達し、その結果出てきたのが「安全確保に関する緊急措置法」(成田新法)の制定だった。関係省庁はこの特別立法の制定に向けて本格的な検討に入った。

空港警備隊の発足と第二要塞の差し押さえ

政府の決定を受けて警察庁は同日、新空港の長期警備体制のため新たな特例措置として、国庫負担による「千葉県警察空港警備隊」を早急に発足させることを決める。同時に史上空前の一万五千人の機動隊員を全国から成田に集結させ、開港日前後の厳重警戒を実施することになった。新たに結成される「空港警備隊」は千五百人で部隊を編成、常時、拳銃を携帯し空港施設内外の重要防護対象の警戒に当たる。管制室のように電子ロックの防護装置が施され、ガードマンが警戒している心臓部にも常時、警備隊員を配置することになった。警察庁はこの警備隊について「千葉県警に所属するが、千葉県には負担をかけない」として、都道府県で全額負担している人件費も国費で負担することにした。

新たに編成する千五百人の隊員については、①全国の警察官に千葉県勤務を希望する者を募る、②千葉県出身で他県に勤務している警察官に戻れる者はいないか募る、③千葉県内に住んでいる警視庁など他の警察本部に勤務している者の中から希望者を募る――などによって発足することになった。

新たな開港予定日を前に警備当局が最も頭を悩ませていたのが、過激派の出撃拠点となっていた第二要塞と空港内外に三十五カ所もある団結小屋の撤去だった。政府・自民党が検討している〝成田新法〟の成立を待っていたのでは、過激派が先手を打ってこの要塞に立てこもる事態も予想される。第二要塞は2月初め、航空法四九条（物件の制限）違反の鉄塔が建設されたため、警備当局は激しい抵抗に遭いながら鉄塔部分を撤去したことは前述した。しかし、要塞部分は同法に違反しないため、そのまま放置されていた。

空港警備隊の発足を前に千葉県警は「拠点潰し第一弾」として4月7日午後、懸案だった第二要塞を、過激派の凶器準備集合、殺人未遂容疑などの証拠物件として千葉簡易裁判所に令状を請求、差し押さえた。同要塞は建て面積百四十・六平方メートル、高さ十・五メートルで地上三階、地下一階。第四インターの拠点となっていた。この差し押さえによって、同要塞への出入り口はすべて〝封印〟され、反対派の出入りは完全にシャットアウトされた。

差し押さえ作業は、鉄塔撤去作業の際、機動隊が要塞の壁に開けた三つの大きな穴を鉄板でふさぐとともに、反対派が秘密ルートとして活用した地下トンネルの出入り口を土嚢で封鎖、さらに要塞の周囲には有刺鉄線を巻き付けた高さ二メートルのバリケードを張りめぐらし、その周囲に「差し押さえ物件につき立ち入り禁止　成東警察署長」と書いた十数枚の立看板を立てた。

第二要塞は反対派二十六人が所有する一坪運動用地内にあり、現行法内で強制撤去するには無理があった。このため警備当局は同要塞が一連の過激派の犯罪行為と不可分一体のものと判断、犯罪を立証するため、刑事訴訟法二一八条（検察、警察は犯罪捜査に必要があるときは、裁判官の令状により差し押さえができる）の適用によって差し押さえたのだという。だが、証拠物件としての不動産の差し押さえはこれまで前例がなかった。いずれにしても警備当局は、「不動産の差し押さえ」という〝苦肉の策〟で、この要塞を〝無力化〟したのである。

新空港を要塞化

過激派の拠点潰しと同時に、安全な開港にこぎつけるには、「二度と過激派の空港突入は許さない」ことが不可欠である。運輸省・空港公団は「金に糸目はつけない」と三十億円の巨費を投じて〝ゲリラ対策〟を実施する。〝待ったなし〟の緊急作業が続けられ、新空港は日に日に〝要塞空港〟へと変貌を遂げていった。

例えば管制塔占拠事件当日、過激派が正面突破作戦に出た空港東南側の第五ゲートから第七、八ゲート付近。過激派の出撃拠点と言われる〝解放区〟と、空港心臓部の管理棟、ターミナルビルなどが背中合わせになっているこの最重要地域には、空港周囲をぐるりと囲む二重、三重の金網フェンス、鉄条網だけでなく、人の背丈の三倍もある鋼鉄製フェンスが姿を現した。

鋼鉄フェンスは三・五ミリの鋼鉄板をコの字型に加工したもので厚さは四センチ。高さ五メートルの鋼鉄フェンスの鉄壁が約三百メートルにわたって張りめぐらされた。それはあたかも〝城壁〟のようでもあり、「まるで戦場の軍事基地並みだ」という報道陣に、空港公団は「防風壁ですよ。過激派の目隠しと思ってください」と言葉を濁した。しかし、その真の狙いは「過激派の銃撃に備えるもの」と言われた。

全部で九カ所あるゲートは、第一ゲートと作業車が頻繁に出入りする第八ゲートを除いてすべて閉鎖された。第八ゲートに通じる資材道路沿いも両側にびっしりと金網フェンスが張りめぐらされる。作業車も途中、検問所を三、四カ所通らなければならない。検問所にはドラム缶に砂を詰めたバリケードや、長さ三メートル以上の木製バリケードに二十センチ近い釘を針の山のように打ち込んだ「車返し」といった新兵器も登場した。

滑走路西側の給油センター（ジェット燃料タンク群）付近も重点警備地区である。ここにも空港公団は二重フェンスの内側に第三のフェンスを建設、過激派ゲリラの〝モグラ作戦〟に備え、地中に鋼鉄パイルをびっしり打ち込んだ。また内側に掘った深さ約三メートル、幅四メートルの堀には、鉄条網をぐるぐる巻きにして堀いっぱいに埋めた。さらに、滑走路の最南端では三重フェンスすべてに警報機をつけ、これまで地上に露出していたＩＬＳ（計器着陸用施設）のケーブルも、過激派の切断作戦を警戒、地中に埋め込んだ。

管制室や無線、灯火監視室などが集中する管理ビルの正面玄関には、電動式高速鋼鉄シャッターを取り付ける予定だが、工事に半年近くかかるため、急場しのぎに強化ガラスの内側に鉄板を張り付けた。各階の廊下には特注の鉄板が張られ、重要な機器の多い五―七階の各室は、すべて電子ロックで施錠、管制室に通じる十六階の通路には鋼鉄電動シャッターが完成、各室のドアも二重扉に改造した。また、五階以上は管制官や一部限られた人以外はすべてシャットアウトされた。

話し合い解決の模索

「鼠一匹入れない」と言われるように警備体制が強化されていくなかで、「成田問題」を抜本的に解決するため、政府・公団と地元反対農民が直接、話し合えるチャンネルづくりへの模索も始まった。運輸省は非公式ではあったが4月16日、話し合いの舞台づくりへの有力な手段として「第二期工事の着工を一定期間見合わせてもよい」との意向を明らかにする。この期間を言わば〝休戦期間〟として、5月20日のスムーズな開港や、その後の安全運航確保へ反対派農民の協力を取り付けたい、ということだった。

12日の衆院交通安全特別委員会で高橋寿夫運輸省航空局長は「千葉県当局などのパイプを通じ、反対派との話し合いを詰めているところだ。反対派内部も微妙に揺らいでいる」と発言、同席した加藤国家公安委員長も「反対派農民の大部分は過激派と縁を切りたがっている」との公安情報を披露した。こうした発言がいかに希望的観測にすぎなかったかはすぐに明らかになる。

私たちが反対同盟から得た情報では、運輸省筋の意向として現地に伝えられたのは、反対派が政府に求めている三項目（①開港日の撤回と第二期工事の中止、②北原事務局長ら逮捕者の釈放、③機動隊の即時撤退）のうち、少なくとも「第二期工事の延期」は政府の〝高度の政治的判断〟で対応できそうだ、ということだけだった。反対同盟の要求はあくまでも「開港日の撤回と第二期工事の中止」である。

政府筋の「話し合い路線」の狙いは「反対派農民と過激派セクトとの切り離し」であると判断した反対同盟は、すぐさま福田首相、福永運輸相、大平正芳自民党幹事長宛てに「話し合いに応じる前提」として次の三項目を記した文書を郵送で提示した。その内容は、①5月20日開港の撤回と第二期工事の中止、②団結小屋撤去のための新立法の取り止めと機動隊による弾圧の中止、③逮捕、拘留中の北原鉱治・反対同盟事務局長らの釈放——だった。「話し合い」に対する政府当局と反対同盟の考え方の差はあまりにも大きく、「話し合い」は最初から絶望的だったのである。千葉地裁は5月1日、反対同盟が要求していた北原事務局長ら三人の保釈申請を却下した。

福永運輸相と戸村委員長の「初対話」

「話し合い開港」が微妙な段階に差しかかっていた5月10日正午から福永運輸相と戸村反対同盟委員長が、千葉市内の「千葉日報本社」で約二時間半にわたり座談会形式で対話を交わした。戸村はこの会談を反対同盟の幹部たちにも相談せず、独断で行ったのである。福永運輸相が同日夕、運輸省内で記者会見し、その内容を明らかにしたことによって報道陣もその事実を知った。

日経を含む各紙は11日付朝刊で福永大臣の説明によって「初対話は平行線」（日経）などと会談内容を報じたが、対談を主催した千葉日報は一面トップで報じた。

見出しは「運輸大臣、戸村委員長と会う」「〝一時休戦〟などを提唱」「意見は食い違いのまま」である。以下、要約する。

初めて話し合いの席についた福永健司運輸相（右から2人目）と戸村一作委員長（左端）（1978年5月10日）（写真：毎日新聞社/アフロ）

「千葉日報社では10日正午、福永運輸相と戸村一作反対同盟委員長を招き、土屋（秀雄）本社社長の仲立ちで当面する空港問題について座談会を行った。

　このなかで福永運輸相は『国家的立場から開港に協力してほしい』と述べ、戸村委員長も『空港そのものは必要である』との認識では一致したものの、先の反対同盟の政府に対する三原則（20日の開港延期、北原鉱治同盟事務局長ら三幹部の釈放など）に対する明確な回答が得られない限り『開港には同意できない』と答えた。

　しかし、同相はこれまで対立関係にあった政府、反対同盟の委員長との話し合いの場が持てたことを高く評価し、場合によっては開港を前提とした『一時休戦』的な措置を考慮してもよいとの意向を示した」

さらに千葉日報は12、13両日にわたって三人の座談会での発言を一問一答形式で詳報している。12日付〈上〉の見出しは「『大臣として決意を』戸村氏」「『三条件即答は無理』福永氏」、13日付〈下〉の見出しは「『要望実現に全精魂』福永氏」「『抑圧には徹底抗戦』戸村氏」である。二日間にわたって掲載された二人の発言内容を要約しておく。

福永運輸相「全国民、世界中が注目しているので実りある対談にしたい。言い訳がましいが、戸村さんは終始一貫、反対運動をやってきたが、私の方は大臣が何人も入れ替わった。現在の責任者である私がまとめて責任を負っていかねばならない。反省すべきは反省し、今後に対処したい。戸村さんから見れば『5月20日の開港は延期せよ』ということだろうが、私の方は『延期する』とは言えない。現在、逮捕されている人を即時、釈放せよ、という点についても私の立場では答えにくい。また検討されている成田新法の中止という要望も国会の問題であり、私にはどうしようもない。

私はひたすら人間、戸村さんに接しつつ、その人柄に期待している。あなたに会って話し合えば、何か先（将来）が開けてくると信じている。私もドロをかぶって問題解決に努力したい。過去のことを戸村さんに言ってもしょうがないが、反対運動を機動隊の力で圧殺しよう、などという考えは一切ない。成田新空港には世界中の要請も強い。現在の羽田空港だと離発着回数は年間十七万回だが、ニューヨークは四十二万回、パリは二十八万回、シカゴは二十六万回と日本とはケタ違いだ。世界の航空機事情からいっても成田の開港は必要だ」

戸村反対同盟委員長「私がこの席に出て来たのは土屋社長の人柄による。土屋社長は空港賛成論者だが、反対同盟の三幹部が逮捕された時、『よし、俺が身柄引受人になろう』と言ってくれた。だから私は反対同盟には一言も言わず、この席にやってきた。あなたは運輸大臣として当事者だ。あなたの勇気に期待している。あなたにはドロをかぶってもらいたい。私の方は空港そのものに反対していない。成田空港に反対せざるを得なかった原因を考えるべきだ。これまでの責任はすべて運輸省と公団にある。

反対運動を力で抑え込んでも、たとえ成田新法ができようが、三里塚の反対運動は絶対になくならない。抑圧する者にはあくまで闘う。それをよく知ってもらいたい。自民党の某代議士が『反対派をピストルでぶっ殺せ』と言っているそうだ。対立の原因をつくったのは誰か。反対派農民の多くはかつて自民党支持だったが、政府・公団は機動隊を持ってきて我々を圧殺しようとした。はっきり言うなら今、我々は階級闘争をしている。私はもともと流血を好まない。農民は農民としてこの地で生きたいのだ。そうした願いを圧殺する、そこに問題があるのだ」

二人の対話は、それぞれがその立場を一方的に強調したもので、互いに譲り合う兆しはまったくなかった。だが、運輸省関係者はその日夕の記者会見で「話し合いの糸口はつかめた。戸村委員長は話し合いを求めており、脈はある」と強調した。三里塚でも「戸村委員長が話し合い路線に乗ろうとしている」との情報が飛び交った。

その背景には、戸村が自ら会談場所を「千葉日報社長室と指定した」ということにあった。戸村の方が密かに運輸大臣との会談を希望した、との情報が飛び交い、そこから「戸村の話し合い路線への転換説」が生まれたのである。千葉日報の土屋社長の生地は三里塚の隣村。戸村とは子供の頃からの顔見知りで、二人の付き合いは長く、戸村は土屋社長の「千葉日報」は、二人の対談を正確に報じてくれる、と確信していたのだろう。

「戸村が話し合い路線に乗った」という情報が飛び交った同日夜、三里塚に戻った戸村委員長は岩山第一要塞内で記者会見し「委員長としてではなく私個人の立場で会ったもので、事前に反対同盟幹部には相談しなかった。私のやったトップ交渉は高度な政治的な闘いで、直接会って話をし、〝敵〟の正体を見極めようという狙いからだ」と釈明した。反対同盟幹部会でも戸村の行動が問題となり、「反対同盟として会ったものではない」ことを確認した。

過激派各セクトも山武農協千代田支所で記者会見し「開港実力阻止共闘宣言」を発表する。それは「戸村の柔軟路線転向説」を強く否定するものだった。この共闘宣言には中核派、革労協、戦旗派、第四インターなど過激派各セクトをはじめ旧べ平連系、ノンセクトグループなど計十七団体が名を連ねた。共闘宣言は「反対同盟は話し合いの策動を拒否し、開港を実力で阻止する。反対同盟の要求する三条件こそ、政府に対する非妥協的な闘争宣言であり、我々はこの宣言の下に固く団結し、出直し開港阻止決戦を総力を挙げて闘う」と述べている。

「成田新法」の成立

空港周辺にある過激派の拠点、団結小屋などの撤去、封じ込めを狙った成田新法（新東京国際空港の安全確保に関する緊急措置法）は同5月12日午後、参院本会議で成立、運輸省は翌13日に公布、施行に踏み切った。

この法律は、成田空港を過激派ゲリラ活動から守るため、彼らの〝出撃拠点〟となっている空港周辺の団結小屋を規制しようという法律で、〝施行即適用〟という異例の法律だった。運輸省は15日朝からこの新法を発動して、第一要塞などを使用禁止処分にする態勢づくりに入る。

成田新法の第一条ではその「目的」を「当分の間、航空の安全に資する」として恒久法ではなく、緊急法であることを明確にしている。法律の適用対象は空港施設内と周辺三キロ以内。これを「規制区域」とし、この区域内での建築物が、①多数の暴力主義的破壊活動者の集合、②爆発物、火炎瓶の製造、保管、③空港、航空機の運航の妨害――という目的に使用される恐れがある、と運輸大臣が認めたときには、直ちに「禁止命令」「封鎖」「除去」ができることになっている。また同法に違反した場合、六カ月以下の懲役または十万円以下の罰金、さらに同法適用調査

団結小屋の位置（洋数字）

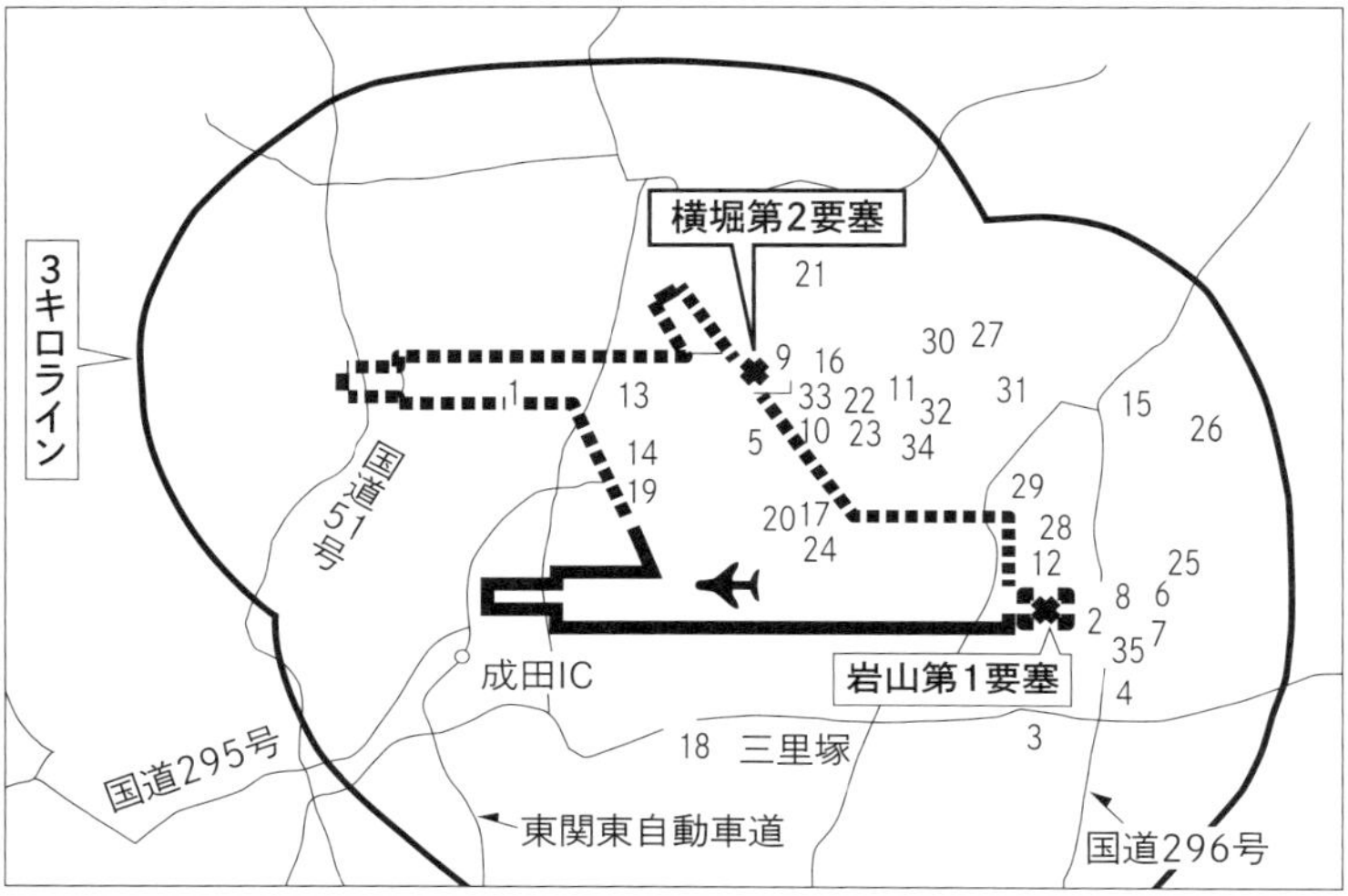

（出所）『日本経済新聞』昭和53年5月15日付朝刊

のための質問を拒んだ場合は五万円以下の罰金、という罰則もあった。

政府は間近に迫った開港という国家目標のため、現行法ではカバーできない実情を踏まえて、〝即時強制的〟な措置をこの新法に盛り込んだのである。成田新法の成立で「成田闘争」は新たな局面を迎えた。

警備当局によると、空港敷地内外には昭和53（1978）年4月時点で、過激各セクトが常駐する団結小屋が三十五カ所、それに岩山第一要塞、横堀第二要塞という二つの要塞がある。しかし、開港までには限られた時間しかないため、すべての団結小屋の撤去は不可能であり、運輸省はこのうち航空機の安全確保に不

団結小屋一覧（警備当局調べ、昭和53年4月現在）

名称（セクト）	建設年月
①天神峰現闘本部（中核派）	43.2
②旧野戦病院脇小屋（〃）	48.9
③南三里塚公民館（〃）	46.3
④革共同現闘本部（〃）	52.5
⑤横堀団結小屋（第4インター）	47.10
⑥朝倉団結小屋（〃）	45.8
⑦朝倉第一テント村（〃）	52.4
⑧朝倉テント村現地本部（〃）	52.3
⑨荒派団結小屋（戦旗荒派）	51.7
⑩横堀公民館（〃）	52.2
⑪菱田団結小屋（〃）	53.4
⑫岩山団結小屋（戦旗両川派）	51.4
⑬游撃派団結小屋（游撃派）	52.6
⑭全京連団結小屋（赤軍プロ革派）	53.1
⑮白桝団結小屋（全国委員会派）	46.9
⑯宇大団結小屋（統一共産同）	46.8
⑰木の根団結砦（反帝学評）	52.7
⑱大清水団結小屋（〃）	43.7
⑲取省反帝団結小屋（〃）	46.9
⑳木の根団結小屋（フロント）	46.12
㉑中谷津団結小屋（赤色戦線）	46.9
㉒プロ青団結小屋（プロ青同）	47.12
㉓プロ青新団結小屋（〃）	52.10
㉔木の根団結小屋（労学連）	48.5
㉕谷団結小屋（〃）	47.9
㉖浅川団結小屋（〃）	46.3
㉗しだれ梅の庵（〃）	46.5
㉘岩山団結小屋（〃）	46.9
㉙坂志岡団結小屋（旧べ平連）	46.9
㉚三闘共団結小屋（人民連帯）	47.9
㉛住母家団結小屋（青年闘争委）	52.9
㉜大槻きみ方空家（プロレタリア派）	52.2
㉝共同団結小屋（連帯する会など）	52.4
㉞共同団結小屋（〃）	53.3
㉟官並台団結小屋（一）	53.4

（出所）『日本経済新聞』昭和53年5月15日付朝刊

可欠なものに絞って早急に撤去に乗り出す方針を固めた。

警備当局が「できるだけ早期に」と狙いを定めていたのが、A滑走路（四千メートル）の延長線上にある岩山第一要塞、朝倉団結小屋の二カ所と、滑走路に最も近い木の根団結小屋の計三カ所だった。

特に「適用第一号」と狙いを定めていたのが岩山第一要塞である。前述したようにこの要塞は、大鉄塔が撤去された跡地に建設（昭和52年12月）されたもので、地上三階、地下一階の鉄筋コンクリート建て。中核派、戦旗派などの各セクトが交代で常駐しており、反対運動の最大のシンボルになっていた。警備当局はこれらの団結小屋と要塞に対し「使用禁止命令」を出し、命令が無視されれば直ちに「封鎖」「撤去」などの実力行使に乗り出す方針を決めた。

こうした動きに対し、反対同盟の戸村委員長はすぐさま記者会見し、「成田新法は憲法違反であり、住民を無視した破防法以上の治安立法だ。団結小屋潰しを強行されてもジタバタしない。反撃態勢をとり、北総台地に火の手を上げる」と力による全面対決の方針を明らかにし、各団結小屋の補強作業のピッチを上げた。

同盟では幹部による作戦会議を開き、具体的な闘争方針を検討した。席上、戸村委員長は「農民たちは団結小屋が撤去されたら俺の家に住め、と（各セクトに）言っており、闘争が周辺地域に広がるだけだ。さらに新しい闘いが湧き起こるだろう」と言い切った。

新法初適用

運輸省は成田新法が施行された二日後の5月15日夜、成田新法に基づく〝強権発動〟を翌16日朝から実施すると発表した。その対象となったのは「木の根団結小屋」と「岩山団結小屋」の二カ所だった。15日午前の成田空港関係閣僚会議の幹事会で最終的に詰めて決定されたものだったが、警備当局が最大の問題としていたA滑走路南端の「岩山第一要塞」は新法適用から外されたたのである。

この二カ所を選んだ理由を運輸省は、「警察庁などの資料で、緊急性や暴力主義的破壊活動の〝濃淡〟の度合いを調べて決定した」と説明した。「岩山要塞」を新法適用から除外した理由について同省は「反対同盟が、今後は反対闘争のシンボルとして記念館の形で永久保存すると宣言し、事実上〝非武装化〟することになったため、福永運輸相の話し合い路線の意思もあって取りやめた」という。

運輸省が新法の適用箇所を二カ所に限ったことについて、警備に当たる警察庁は強い不満を表明する。浅沼清太郎警察庁長官は運輸省に対し、①適用漏れの岩山第一要塞など六カ所については、少しでも危険な動きが出たら直ちに使用禁止命令を発動すべきである、②岩山第一要塞は、反対同盟が言うように「闘争記念館」になるとしても、屋上のやぐらは撤去させるべきだ――との異例の要望を出した。警察庁は新法の施行に関連して、撤去すべき団結小屋として八カ所九棟を具体的に挙げ、その資料を運輸省に提出していたが、運輸省の決定はそれを無視した形となった。

成田新法の適用対象となった「木の根団結小屋」は、第二期工事区内の横風用滑走路（未着工）用地のすぐ横に位置するかつての一坪運動用地（四十三人共有）にあり、空港敷地から約二百メートルと三十五ある団結小屋の中でも一番空港に近い。そこには丸太、板、トタン板で囲った四十メートル四方ほどの土地に、プレハブ二階建ての宿舎、丸太を組んだ高さ約十二メートルの物見やぐらが立っていた。ここを拠点としていたのは、過激派セクトのなかでも第三の動員力を持つ革労協。常駐するのは十数人だが、闘争の前になると百人以上が寝泊まりしていた。「岩山団結小屋」は戦旗派の活動拠点で、四千メートル滑走路南端の岩山第一要塞から百メートルほどの東の丘にへばりつくように建っていた。三部屋のうち二部屋を反対同盟が使い、別棟状の他の一部屋に戦旗派が起居していた。戦旗派はメンバー約二百人のうち、十数人が常駐しているという。

この夜、記者会見した戦旗派は「団結小屋の封鎖、破壊によって安全に開港できると考えるのは大きな誤りだ」と非難したが、強権が発動された場合は「地の利などを考え、徹底抗戦するつもりはない。どう抵抗するかは、その場の状況で判断する」と柔軟な姿勢も見せた。

成田新法が発動された16日、対象となった木の根団結小屋、岩山団結小屋周辺は騒然とした雰囲気に包まれた。以下、同日付日経夕刊記事の要約である。

木の根団結小屋前に戸村委員長が現れたのは午前8時前。左手に銀色のヘルメットをぶら下げ中に入った。間もなく戦旗派、先鋒隊、連帯する会などと書かれたヘルメットをかぶった集団が集まった。菅笠の農民を先頭にした農民たちや赤ヘルを中心とした学生たちが続々と小屋に入り、中庭に座り込んで運輸省の係官の到着を待った。戸村委員長は「十三年間、闘い抜いてきた農民魂で強権発動に立ち向かおう」とアジり、対決ムードが高まった。

岩山団結小屋にはこの朝、赤地に「戦旗派」と書かれた大きな横断幕が張られ、学生ら十数人が抗議の緊急集会。近くの岩山、千代田地区から農民十数人が支援に駆けつけ、狭い小屋の中はいっぱい。午前10時過ぎ、ヘルメット姿の運輸省、公団職員が現れ、鉄条網のバリケード越しにハンドマイクで「使用を禁止する」との命令書を読み上げ、二カ所に立看板を立てた。この間、わずか数分。大きな混乱もなく逃げるように立ち去った。

対話路線、最後の模索

16日夜になっても二つの団結小屋に立てこもる過激派はあくまでも抵抗する姿勢を示した。これに対し、運輸省は「命令違反はまだ確認されていない」と同日中の強権発動を見送り、監視を続けた。「強権発動　微妙な情勢」「両者、柔軟作戦に」——17日付日経朝刊の見出しである。運輸省側の動きは微妙に変化し始めており、反対派も当局側の出方を見ながら、徹底抗戦を避けて柔軟作戦に出る動きを強めてきた。「運輸省、警察当局とも反対派の動きを見守ったうえで、〃次の手〃を考える和戦両様の構えで、成田新法発動以後の新しい事態に備えようとしていた」（同日経）のである。

運輸当局は管制塔襲撃事件後、様々なパイプを通じて反対派幹部と接触、部分的とはいえ譲歩する姿勢を見せ続け、「安全開港」への糸口を探っていた。その結果、成田新法の適用を〝最小限〟とも思われる「木の根団結小屋」と「岩山団結小屋」の二カ所に絞ったうえ、強権発動もギリギリまで引き延ばすなどの柔軟作戦となったのである。

さらに17日夕には反対同盟が要求していた「三幹部釈放」のうち、北原鉱治事務局長と石井武・実行委員の二人を保釈、二人は五十一日ぶりに千葉刑務所を出所、木の根団結小屋に戻った。しかし、もう一人の幹部、秋葉哲・救援対策部長は「証拠隠滅の恐れがある」と保釈は認められなかった。

反対同盟が強く求めていた北原事務局長の保釈は、当局側にとっては最大の譲歩でもあった。しかし、反対同盟の反応は冷ややかであり、当局の思惑とは裏腹にこれを「反対運動の勝利」と受け止めていた。「効果は疑問　二幹部釈放」（18日付日経朝刊）だった。反対同盟は「幹部の釈放は双方が対等の立場に立とうということであり、だからといって話し合いができるということではない。一方で当局は成田新法で団結小屋潰しを図っており、とても対等の立場に立ったとは言えない」と反発した。

戸村委員長は同日夜、記者会見し、「政府が5月20日開港の方針を変えない限り、誰の仲介も受けない」との方針を改めて明らかにし、「開港延期」が話し合いの前提条件であることを強調した。この発言は、反対同盟の実行委員会が機関決定したものだった。戸村委員長はさらに「我々の示した開港延期を最重要項目とした三条件を、政府がまじめに検討し、成田問題閣僚協議会など責任ある機関の見解を示さない限り、話し合いの申し出は受けない」と言い切った。

話し合いが実を結ばないまま開港を迎えることに対し、反対同盟の内田寛一行動隊長は「万事休すだ。20日の開港を一方的に決めてぎりぎり押してきたのでは、同盟側としては接点を見出すことはできなかった。それにしても時間があまりにも少なかった」と振り返る。また運輸省でも福永大臣が会見し「開港で一連の問題が終わったとは思っていない。これまでの反対派とのパイプを絶やさぬよう粘り強く話し合いの糸口を探っていきたい」と語った。運輸省が開港間際に目論んだ「話し合い路線」はこうして潰え去り、成田空港は20日の開港に向けて一気に進むことになる。

水も漏らさぬ厳重検問

話し合い路線が潰え去り、開港を三日後に控えた18日、反対同盟は「開港日を挟んだ一週間の闘争に入る」と宣言した。開港日の20日には全国から二十五団体、二万人を成田に集め「五・二〇出直し開港阻止全国総決起集会」を開く。過激派各セクトは「いっさいの制約を取り払った闘いで開港を実力阻止する」との闘争宣言を出した。「制約なき闘争宣言」はこれまでの闘争を振り返ってみると、何が起こっても不思議ではない、不気味なものを感じさせた。

これに対し、警備当局は一万三千人を超える機動隊を動員、厳戒態勢をとることにした。動員した機動隊のうち空港内警備には三千人を投入、特に中枢のターミナルビルには一千人を動員するほか、無線機室、給油センターなど十四施設の警備に当たる。警官には全員にピストルを持たせる。開港以降は空港へのアクセスとなる東関東自動車道の各インターや京成線の各駅に警備陣を配置、空港入り口ではトランクや荷物を開けるなど厳戒態勢をとることを決めた。

余談になるが「成田開港」に向け、私は三人の常駐者に加えて四人の応援記者の派遣を本社社会部に願い出た。本社もすぐにこれに応じ、社会部員七人態勢で開港取材に当たることになった。さらに写真部からは三人のカメラマンの派遣も決まる。問題は社会部、写真部合わせて十人の毎日の食事をどう確保するか、だった。それまでの三人態勢では炊飯器で間に合ったが、十人ともなればそれでは間に合わない。

本社はすぐに編集管理部から二人の兵站要員を送り込んでくれることになった。この二人が毎食、買い出しに行き、十人の取材陣の兵站を担ってくれることになったのである。空港ターミナルビルの一角にある日経記者室の〝住民〟は、十二人に膨れ上がった。

警備当局の厳戒態勢と同時に空港公団はこの日、開港前後の「検問体制」を発表した。それによると、当分の間、見学者はもとより送迎客も「特別な事情がない限り」完全にシャットアウト。空港入り口に設置した五カ所の検問所では機動隊、公団職員が検問に当たり、旅客にはパスポートと航空券、送迎者には身分証明書の提示を求める。「身分を証明するものがない限り、原則として追い返す」という。その後、カバンを開けて荷物検査とボディーチェックを行い、車は車内や後部トランクを開けて検査する。この検問を無事パスしても次はターミナル入り口で同様の検査を行うという二重チェック体制である。

国鉄成田駅―空港間を結ぶ路線バスが運行される第三検問所では、成田駅から来た路線バスの乗客全員をいったん降ろし、テント内に入れて荷物検査やボディーチェック、質問を行ったうえバス内も調べて、再び乗客をバスに乗せるという。こうした検査をくぐり抜け、空港内に入れても、次はターミナルビル入り口で二回目の検査が待っている。入り口付近に検査場と荷物預かり場を設け、男性の荷物は全部預かり、女性はハンドバッグ一つだけにするというまさに厳重を極めた検問体制を敷くことにしたのである。

火に染まった開港の夜

開港前夜、19日夜の成田空港周辺の雰囲気を私たちはこう記した。

「開港前夜の成田空港一帯は、開港を進めてきた関係者の期待と不安が交錯する中、騒然とした空気に包まれた。『今夜が十二年間の総決算』と管制塔、ターミナルビルなど空港中枢部では最後の総点検が続き『開港式典』の準備が進む。空港周辺には『開港粉砕』を叫ぶ過激派各セクトが20日の二万人集会に向けて続々集結、深夜までに約二千人に達し、団結小屋にヘルメットや竹ざおを黙々と運び込む。『今度は空港施設に指一本触れさせない』と一万三千人を空港内外にびっしり配置した警備陣は、あり一匹入るすきもないほどで、さながら〝戒厳令下〟である」（20日付朝刊）

警備当局は一万三千四百人という史上最大の機動隊を配置、ターミナルビル内にはこのうちから私服警官二百人以上を含む千人の警備陣を配置、水も漏らさぬ態勢に入った。反対同盟から申請されていたデモコースについても、この日、空港周辺から離れるよう大幅な変更を要請。従わない場合は県公安条例を適用して厳しく規制する、と通告した。デモ警備には最強と言われる警視庁機動隊二千人が当たる。警備本部は「警備には絶対の自信を持っており、〝完勝〟を期す」と〝戦闘宣言〟を発した。

一方、内閣の威信復活をかける福田首相はこの日の閣議で「一致協力して開港に万全を期せ」と閣僚に〝檄〟を飛ばし、秘書官らを通じて刻々入る成田の現地情報に耳を傾けた。安倍官房長官は、開港前夜から一番機が飛来する21日まで公邸に泊まり込むことになった。

官房長官が有事に備えて私邸から公邸に身を移すというのは、60年安保騒動以来のことだと言われ、安倍官房長官は、官邸と現地警備本部や空港公団との間に三本のホットラインを設けて有事即応の体制をとった。これほど首相周辺が神経をとがらせるのは、過激派のゲリラ活動で万一、出直し開港に失敗すれば、福田内閣の政治責任が追及され、首相の進退問題にまで発展するとみられていたからである。

開港式は20日午前10時半から旅客ターミナル北ウイング四階の有料待合室で行われた。式典に出席したのは、福永運輸相ら運輸省関係者、大塚公団総裁、町田副総裁ら約五十人。「警備上の都合」で福田首相や外国要人の姿はなく、国際空港の開港式としては、ごく内輪の寂しいセレモニーである。香取神宮の神官による安全運航祈願のお祓いの後、福永運輸相、大塚空港公団総裁が玉ぐしを捧げるという簡単な儀式だった。

一方、反対同盟は開港式典と同時刻に空港第三ゲート近くの三里塚第一公園で「開港阻止総決起集会」を開いた。集会には部落解放同盟など全国各地の団体をはじめ、過激派各セクトが続々と集結した。警備当局の調べでは、その数は中核派の約千人を筆頭に革労協四百五十人、第四インター三百五十人など計四千百七十人。時間とともにその人数は増え、最終的には約六千人となった。

厳戒態勢を敷く警備陣に過激派の「空港内突入」という事態は避けられたが、この日早朝、日本列島の大半と北西太平洋一帯の空の交通整理を取り仕切る運輸省東京航空管制部（埼玉県所沢市）の対空通信、レーダー映像、関係航空管制機関との連絡回線がすべてストップするという事態が発生。航空管制業務は事実上マヒ状態となり、国内線は始発便からストップ、この日の国際、国内線のダイヤは大混乱に陥った。

運輸省航空局の調べでは、地上の管制官が計器飛行の航空機を交通整理し、空中衝突などを防ぐ通信回線を通している同軸ケーブルが、何者かによって三カ所切断されていた。このケーブル内には同部と福岡、那覇、札幌の航空管制部、グアム、ホノルル、アンカレッジなどの外国航空管制部などとを結ぶホットラインも入っていた。

同航空局は急ぎ、迂回回線などを使用し、復旧作業を行った結果、事故発生から四時間半経ってほぼ回復したが、この間、航空管制業務は事実上マヒ状態となった。埼玉県警と警視庁は航空危険罪、器物破壊罪、有線電気通信法違反などで捜査に乗り出した。

中核派はこの日夕、三里塚第一公園での反対同盟の集会で「我々が所沢市旭町のマンホール内に架線している四本の同軸ケーブルのうち一本を切断した」との〝犯行声明〟を出すと「やった、やった」と大拍手が起こる。戸村委員長は「空港の泣き所は管制塔ばかりではない。英知を結集して水道、電気、交通手段などにゲリラ戦線を強化、拡大していけば、成田空港を廃港に追い込める」と誇らしげにアジった。

「開港式」が行われた日中は鳴りを静めていた過激各派は、夜陰にまぎれて行動を開始した。同21日付日経朝刊の見出しは「火に染まった開港の夜」「火炎びんの猛襲」「〝鉄壁〟機動隊員タジタジ」である。以下、要約する。

午後7時半ごろ、赤ヘル部隊七百人が第五ゲートに突撃してきた。空港内のサーチライトが真昼のように照らし出す同ゲート前に、赤ヘル部隊が二台の小型トラックを先頭に整然と隊列を組んで不気味なほどゆっくりと前進。ゲート前の信号まで来ると急にスピードを上げトラックを空港のフェンスに激突させた。五、六百人の機動隊に火炎瓶、農薬入りの小瓶を一斉に投げつける。火炎瓶は道路一杯に燃え広がり、機動隊も一瞬ひるむ。火炎瓶の直撃を受け、火だるまになる機動隊員も。放水車が燃え盛る火炎瓶を消しにかかるが、数が多く消しきれない。

赤ヘル部隊は鉄パイプをふるい、タテを構える機動隊に襲いかかる。一進一退が続いたが、火炎瓶が底をつくにつれ、機動隊側が優勢になり二人、三人と逮捕者が相次いだ。火炎瓶攻撃は断続的に続き、付近の民家の庭にある大木に燃え移り、電柱も炎上。その炎は民家にも燃え移りそうな勢いで、周辺の農家から数十人が消火器を持って駆けつけ、懸命に消火活動。

赤ヘル集団は衝突後、一時路上を占拠、機動隊に代わって通行人や車を次々と検問し始めた。報道陣の車も止められ、「ここから先は歩いていけ」と命令する。第五ゲートまでの一キロほどの間には学生らがずらりと道路に座り込み、空港南側一帯はさながら〝解放区〟となり、開港初日の夜は過激派ゲリラで夜明けまで揺れ続けた。

黒煙ついて一番機

一番機が成田に飛来する同21日早朝、厳戒態勢によって空港に近づけない過激派の一部が、空港南東脇の航空保安センターから南に入った畑で数十本のタイヤを燃やし始めた。付近一帯は真っ黒な猛煙に包まれ、黒煙はA滑走路の南側を真っ黒に包んだ。その上空を突っ切るようにサンフランシスコ発アンカレッジ経由の日航貨物1047便（DC8型機）が午前8時3分、四千メートル滑走路に着陸した。正午過ぎには乗客八十二人を乗せたフランクフルト発モスクワ経由の日航446便が到着する。

新空港が三里塚に決定してから十二年。反対派と機動隊の度重なる激突で多くの血が流れた「新東京国際空港」が、ようやく日本の新しい空の玄関として動き始めたのである。と言ってもそれは、四千メートル滑走路（A滑走路）一本であり、B、C滑走路の建設工事は依然、手つかずのまま残された。この日の開港はあくまでも部分開港であり、〝不完全空港〟だった。

しかし「乗客は十二年にわたる『成田騒動』を知っているだけに、無事着陸して一様にほっとした表情。午前中、断続的に起きたゲリラ活動も、夜になって鳴りをしずめた」（22日付日経朝刊）のである。以下、この日の朝刊からのいくつかの場面を引用する。

「ウエルカム・ツー・ナリタ——貨物一番機がアンカレッジを出発、千葉県銚子沖上空に入ったとき、航空管制塔はこのような言葉で交信を始めた。普通、管制官は〝ムダ話〟は交信の妨げとなるためしないというが、若林機長によると、管制官は『ウイ・アー・ウエイティング・フォー・ユー』（私たちはあなた方を待っている）と交信した。一番機を紆余曲折の末にやっと迎えた管制官の正直な気持ちだったのだろう」
「貨物一番機に続いて午後0時4分、旅客一番機が到着。このころにはすっかり晴れ、初夏の陽光がまぶしいほど。貨物機と同様に南から滑走路に進入、二十二番スポットに入った。機体の窓には初めての成田空港を物珍しそうに見ている乗客の顔。一番機のとびらが開いた。この時、成田空港は初めての『お客』を迎えた。乗客はどの顔も旅の疲れを忘れたような晴れ晴れした表情だ」
「出迎えた日航職員も大変な気の使いよう。大きなカバンをいくつも持ってサテライトから税関に向かう家族連れの荷物運びを買って出るスチュワーデスも。『この空港はよく研究されているようですね。税関までの距離が短く、重い荷物を運ばずにすむのは有難い』と旅行慣れしたある会社員。だが、窓越しに広がる空港エプロン付近やターミナルビルのあちこちに私服、制服警官が立ち並ぶ異様な雰囲気に多くの乗客は改めて表情を引き締めていた」

出発一番機が離陸したのは翌日の22日午前8時16分発の大韓航空802便（貨物便）で、ソウルに向けて飛び立った。旅客便の第一便は午後9時発のグアム行き日航947便。この便には新婚三十一組を含む百三十八人が搭乗した。到着便の乗客と違い、搭乗客たちにとっては、離陸するまで多くの検問をくぐり抜けなければならなかった。

出発客にとって各検問所でのチェック体制は〝厳戒空港〟を象徴していた。京成成田空港駅では、改札口を出てターミナルへのバスに乗り込むところに完全武装の機動隊員がずらり。乗客のスーツケース、紙バッグ……何から何まで中身を調べる。次いでボディーチェックとビザ、パスポートの点検。女性客は婦人警官が担当し、頭のてっぺんからつま先まで、といった感じである。バスでやってきた乗客も全員いったん降ろされて同じ検査を受ける。

車両専門の第二検問所では、約二百メートルの間に車がぎっしり詰まるほどの検問渋滞。空港職員であれ関連施設の作業員であれ容赦はしない。通行証と身分証明書類が揃っていなければ、ハンドマイクで「この車、退場」との声が掛かる。ターミナルビルに入る際の検問は〝戦時下並み〟の厳しさ。十人ほどのガードマンが入り口の両側にズラリと立ち、乗客のスーツケースはもちろん女性のハンドバッグまで開き、係員が念入りに調べる。入り口でのチェックを終えても今度は航空会社のカウンター前でまたチェックされる。

一番機の離発着の感想を記者団に問われた反対同盟の戸村委員長は淡々とこう語った。「別に敗北感はありませんよ。率直なところ、今までの我々の闘いは守りの闘いでした。今日を限りに一斉攻撃に転じられるわけです。航空関係には、数万カ所の急所があると聞いています。守り通せますかね。闘いはこれからです」。しかし、その声はいつもより弱々しい、と私は感じた。その頃、戸村は持病の糖尿病が悪化して成田日赤病院に入退院を繰り返していることを、反対同盟への取材で知っていたからである。

新空港が三里塚に決定してから十二年余。〝不完全空港〟とはいえ、混乱のなかでようやく開港にこぎつけたのである。この会見を最後に、日経取材班は記者一人を成田に残し、他の全員が本社へ引き揚げることになった。私の六カ月の常駐生活も終わった。しかし、十二年間余の「成田取材」はこれで終わったわけではなかった。成田空港は今後、どんな〝成長〟を遂げるのか、動きがあるたびに、長い間取材を続けた反対同盟や空港公団の幹部に電話取材を続けた。

第二期工事凍結への秘密裡の話し合い

成田新空港が滑走路一本で開港した昭和53（１９７８）年の秋、福田内閣は発足後一年半が過ぎ、福田首相が続投するかどうかが、政界の焦点となっていた。福田政権が発足した時、自民党幹事長となった大平正芳との間で、二年後には政権を大平に禅譲するという〝大福密約〟があった、と言われる。だが、二人の政権禅譲をめぐる話し合いは決裂し、11月27日に自民党初の総裁予備選挙が行われた。予備選挙には福田、大平のほかに中曽根康弘、河本敏夫が立候補する。選挙結果は大平が福田に大差をつけて一位となった。福田は「天の声にも、たまには変な声もある」との〝名言〟を残して本選挙を辞退し、同年12月7日、大平内閣が発足した。

大平内閣は「成田問題」の解決と開港した新空港の整備に全力を挙げて取り組む方針を決めた。その役割を担うことになったのが、官房副長官に就任した加藤紘一（のちの官房長官）である。加藤は密かに対話路線に向けて動き出す。反対同盟の中にも滑走路一本での〝部分開港〟によって挫折感を深め、十三年間の闘争路線を捨て「話し合い」に活路を見出そうという動きも生まれていた。青年行動隊の幹部として闘ってきた島寛征たちである。島は反対同盟の事務局次長でもあった。加藤紘一は、ある政治ブローカーを通じてこの島寛征たちのグループと接触を始めた、という。

「『成田』一転、話し合いへ」「闘争休戦を条件」「二期工事〝一時凍結〟も」——読売新聞朝刊一面トップにこんな見出しが躍ったのは、開港後一年が過ぎた昭和54（1979）年7月16日のことである。読売の〝特ダネ〟だったが、一般読者にとってはその内容は極めて唐突に思えたのではないか。その「前文」を引用する。

「関係筋によると、開港後もこう着状態が続いている成田空港問題を打開するため、森山欽司運輸相はきょう十六日、成田空港に反対する三里塚・芝山連合反対同盟に対して異例の大臣声明を発表、直接文面には出さないが、二期工事の〝一時凍結〟や成田闘争の休戦宣言などを含みとした話し合いを呼びかける。この大臣声明は加藤紘一内閣官房副長官、林大幹運輸政務次官の二人を軸とする政府側と、反対派の〝和平グループ〟との間で極秘に進められていた予備会談の成果を踏まえたもので、よほどの妨害がない限り、今後、対話路線が実現するのは確実と見られている。しかも、この新路線による成田空港の整備に、大平内閣あげて取り組む意気込みを見せているため、過激派と機動隊が衝突、流血の惨事を繰り返した成田闘争も急転、事態収拾に向けて動き始めた」

記事によると、この予備会談は反対派にルートを持つ加藤副長官の働きかけで実現。はじめのうちは運輸省もこの動きをまったく知らなかったという。記事中の「和平グループ」とは、反対同盟事務局次長で青年行動隊員の島寛征たちである。しかし、直接成田問題を担当する運輸省抜きでは事務的な〝詰め〟も難しいため、途中から同省にも声を掛け、同省からはこの動きとは別の独自ルートで反対派農民らに接近していた〝成田通〟の林政務次官が、事務方代表として会談に加わったという。

この「話し合い」で双方が大筋で合意に達したのは、①第二期工事の凍結については、凍結期間には触れないで、ともかく「凍結する」ことに同意する、②当局は土地収用法を発動しないことを約束する、③〝闘争終結宣言〟は、反対派の要望に従って〝闘争休戦宣言〟と言い換える、④今後、反対派はゲリラ活動などの過激な行動に出ない、⑤個人の財産を守る問題については地権者当人を通じて話し合う——などだった。双方ともこうした方向付けを踏まえながら、本番での話し合いに臨むことになった、という。

この朝刊の記事を受けた形で森山欽司運輸相は同日午前、記者会見し、成田問題解決のため反対同盟の農民に話し合いを呼び掛ける異例の声明文を発表する。

声明文は「私は本年三月、成田空港の二期工事について言及したが、その後の推移を見てみると、政府、空港公団と千葉県および関係市町村との間にも、まだまだ解決しなければならない問題があり、関係農民の皆さんに対しても必ずしも十分な意思疎通が図られているとは申せない実情である。県および市町村との連携を、さらに一段と緊密にするとともに、農民の皆さんとも胸襟を開いて話し合い、意思の疎通を図りたい」となっていた。

運輸省は取りあえず第二期工事を凍結し、話し合いによって反対派の闘争の幕引きを図り、開港したばかりの成田空港の安定化を図ることに、全力を挙げることになった、というのである。反対派にとっては「これまでの三里塚闘争を清算し、今後、同様の闘争は繰り返さない」という〝宣言〟でもあった。

しかし、成田日赤病院に入院中だった戸村一作にも、反対同盟幹部にも、こうした動きはまったく知らされてはいなかった。あわてた反対同盟は急遽拡大幹部会を開き、二日後には「読売新聞の記事については一切関知しておらず、反対同盟と政府との間に伝えられているような秘密交渉はなかった」との声明を出した。

こうした動きを病床で知った戸村は「三里塚闘争への遺稿」としてこう記している（要旨）。

「敵の出してきた陰謀としての話し合いは、何のためのものであるか。情勢を分析してみれば、切り崩し以外の何物でもないことが分かる。『地権者』という立場から、何らかの形で敵と談合すれば、既に条件闘争が始まったと見てよい。三里塚での脅威はこれなのだ。ここから脱却して、敵に対する憎悪の念をもう一度新しくどう燃やすかが問題だ。これを知り尽くした敵は、なんとしても農民の心を和らげ、怒りを取り去るために先手を打ち、搦め手作戦で切り込んでくる。農民から何らかの形によって怒りが取り去られた時、闘いはすぐに止む」（日本キリスト教団三里塚教会・戸村一作没後20年記念行事実行委員会編『実存の戸村一作』）

三里塚の土に

成田空港が開港した前後から戸村委員長は持病の糖尿病が悪化、成田日赤病院に入退院を繰り返していた。戸村委員長抜きで運輸省と一部反対派との話し合いが進んでいることを知った頃から、戸村の病状は急速に悪化する。成田日赤病院では治療困難となり、一カ月後の8月27日には東京・築地のがんセンターに運び込まれた。診断の結果、「悪性リンパ腺腫瘍」とわかった。当時としては治療方法の少ない難病だった。

治療に当たった医師は「苦悶の相貌凄まじく、うめき声をあげて病苦と闘い、酸素テントの中で過ごした」という。戸村は11月2日午前11時31分に死去した。七十歳だった。人生最後の十三年間は常に成田空港反対運動の先頭に立ち、闘争の象徴的存在だった。

死の前日に見舞った牧師・阿蘇敏文（百人町教会）は、病床に横たわる戸村に「一緒に祈りましょう」と声をかけた。「神よ、戸村さんの歩みのすべてをあなたは祝福して受け入れてください」。この祈りに戸村は「アーメン」とはっきりと唱和したという。阿蘇牧師は「私はその時、戸村さんの信仰の告白を聞いた。キリスト者として戸村さんは死への準備をされていたのだと思った」(『回想の戸村一作』)。

戸村一作の遺体は、空港から二キロほど離れた三里塚街道沿いにある共同墓地「夕日ヶ岡霊園」の一角にある戸村家の墓地に埋葬された。戸村の石棺の上には彼が生前に制作した鉄製のオブジェが飾られ、石棺には「真理はあなたに自由を与える」という座右の銘が刻まれた。

反対同盟主催の「追悼集会」は、11日正午から三里塚第一公園で遺族、反対同盟幹部、支援学生、地域住民団体の代表ら約千五百人が参加して開かれ、戸村委員長の冥福を祈った。同盟を代表して石橋政次副委員長、内田寛一行動隊長、長谷川たけ婦人行動隊長らが次々と挨拶。「偉大な指導者を失ったが、故人の遺志を引き継いで三里塚空港を廃港に追い込むことこそが、故戸村委員長への餞《はなむけ》である」と訴えた。会場には「勝利の道照らす戸村思想を学び、三里塚二期決戦に総決起せよ」との横断幕が掲げられていた。

しかし、戸村委員長の死によって、その後の反対運動は大きな転機を迎えることになる。十三年間にわたる反対同盟の闘争は、委員長・戸村一作という人物への〝求心力〟によって保たれてきたと言ってもよい。その求心力が失われた時、反対運動はどこに向かうのか。その懸念はすぐに現実となり、反対同盟内では闘争の方針をめぐって対立が深まっていく。

分裂後の空港反対同盟

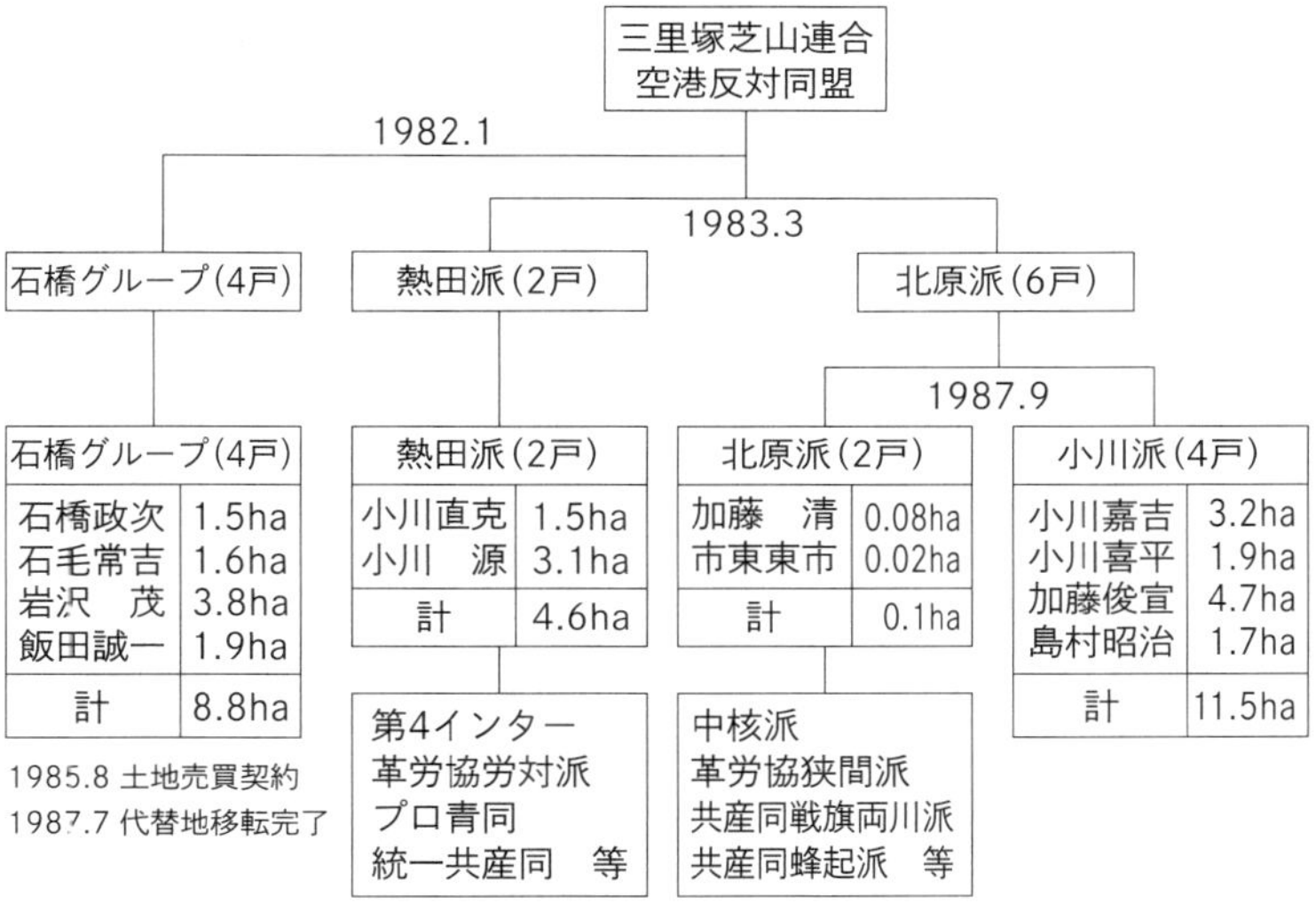

（出所）隈谷三喜男『成田の空と大地』岩波書店

反対同盟の分裂

開港から四年後の昭和57（1982）年5月、国際線旅客数が年間三千万人を突破した頃から「第二期工事促進」の声が高まり、成田市など空港周辺の自治体が次々と「第二期工事促進決議」を行った。そうした動きのなかで、副委員長だった石橋政次のグループが、所有する土地の売り渡しをめぐって公団側と水面下で交渉したことが発覚、石橋は副委員長を辞任し、反対同盟を去った。

さらに昭和58（1983）年に入ると、反対同盟は熱田一（行動隊副隊長）を支持するグループ「熱田派」と、北原鉱治（事務局長）を支持するグループ「北原派」に分裂する。

その発端となったのが、第二期工事区域内に残る反対派の土地所有をめぐる意見の対立だった。反対同盟は「一坪再共有化運動」を推進する方針を打ち出したが、この方針を推進しようとした熱田派グループと、これに反対する北原派グループとの対立が激化する。

「一坪再共有化運動」とは、第二期工事区域内に反対派農民が所有する土地を、多くの支援者で「共有」することによって、空港公団の土地取得を困難にさせようという運動である。かつての「一坪運動」や沖縄の米軍基地反対闘争の「一坪反戦地主運動」からヒントを得た戦術だった。

熱田派には空港用地外の農家が多かったが、北原派には空港用地内の農家が多かった。北原派は、この運動を「土地の売り渡し」であり「金儲け運動だ」と激しく批判した。過激派セクトも第四インター、革労協労対派、プロ青同などが熱田派を支持し、北原派は中核派、革労協狭間派、共産同蜂起派が支持するなど二つのグループに分裂する。

同年3月8日には、熱田派は芝山町千代田公民館で「反対同盟総会」を開催。反対派農民百六十人が出席し、北原鉱治事務局長の解任を決める。同じ日に北原派は成田市天神峰の「現地闘争会館」で反対派農民五十八人が参加して「反対同盟実行役員会」を開き、「一坪再共有化運動」を推進する熱田派の青年行動隊員、石井新二を反対同盟から除名し、二十二人を役職から解任した。

北原派を支援する中核派は、熱田派を支援する第四インターなどを「公団に土地を売り渡そうとする新しい型の「反革命」と規定し、戸村の生前にはまったく見られなかった激しい内ゲバが始まった。

さらに昭和62（1987）年9月には、第二期工事区域内に農地を所有する小川嘉吉らが、中核派への反発から北原派を離脱、新たに「小川派」を名乗る。反対同盟は三つのグループに分かれ、それぞれが「反対同盟」の名の下に、独自に第二期工事阻止の闘争を展開するようになった。戸村一作亡き後、反対派にかつての結束力はなく、それぞれの思想的立場と利害関係によって独自の闘争を続けるようになったのである。

隅谷三喜男・運営委員長ら学識経験者グループをはさみ、反対同盟（右奥）と運輸省、空港公団（手前）が同じ壇上に上がって行われた第3回「成田空港問題シンポジウム」（1992年1月17日）（写真：毎日新聞社/アフロ）

終章

未着

共生への途を求めて

第二期工事への着工

滑走路一本だけで暫定開港した成田新空港だったが、その後、旅客数は順調に伸び、一年半後の昭和54（1979）年10月14日には旅客数は一千万人を突破する。しかし、最大の課題はジェット燃料の安定的供給だった。

前述したように、成田空港への燃料輸送は、本格パイプライン建設に反対する沿線の住民運動によって、貨車での暫定輸送に切り替えられたが、機関車を運転する動労千葉地本の反対運動によって、燃料供給には大きな制約が生まれ、定期便乗り入れの二十カ国三十四社（開港時）の増便要求にも応じられない状況が続いた。空港公団にとって、本格パイプラインの完成とその稼働は、空港機能の根源に関わる問題だった。

開港後、空港公団が真っ先に取り組んだのが、パイプライン沿線自治体との交渉再開だった。昭和53年12月には千葉県と成田市、54年4月には富里村、8月酒々井町、9月には佐倉市など次々とパイプライン敷設用地買収の協定書を取り交わした。本格パイプライン工事は昭和54年5月、千葉県稲毛・検見川工区での地盤改良工事から始まった。公団はパイプライン建設実施本部を発足させ、工事推進に全力を投入する。

開港後、暫定貨車輸送に全面的に頼る燃料輸送能力は、一日当たり平均四千五百キロリットルと限られていた。この状況を打開するため暫定輸送の増強を図ろうと、タンク貨車を増両しようとしたが、千葉ルートは列車本数を増やすことは物理的にも不可能であり、鹿島ルートも十三両編成二列車をそれぞれ十八両編成として一日五百キロリットル増やすことが限界だった。運輸省は各航空会社に対し、燃料消費量を五％節減するよう協力要請する深刻な事態となった。

こうした事態に日本政府は昭和55年12月、「航空燃料の鉄道による暫定輸送の期限は、燃料輸送パイプラインの供用開始まで延期する」と決定する。完成予定日を先送りした本格パイプライン全区間四十七キロの敷設工事が完了したのは、開港後三年が経過した昭和57（1982）年5月のことだった。成田空港は滑走路一本の〝暫定空港〟とはいえ、その全機能がようやく動き始めたのである。

それから三年。昭和60（1985）年になると、乗り入れ航空会社数は三十九社。発着便数は年間七万九千回、一日平均二百十六回に膨らみ、旅客数は一千百七十一万人、貨物量は開港時の倍近い七十七万トンに達した。開港以来四千メートル滑走路一本で運用してきた成田空港の処理能力は限界を迎えつつあり、当初計画のB滑走路（二千五百メートル）、横風用のC滑走路（三千二百メートル）の早期着工、早期完成への期待が高まった。

この頃から過激派のゲリラ活動は再び激化する。4月以降、数回にわたり空港の外側から爆発物を発射、7月、9月には公団職員宅に対する放火が相次ぐ。10月20日には北原派は集会後、三里塚交差点付近で火炎瓶、鉄パイプ、投石などによる武装闘争を展開し、付近住民に大きな被害を与えた。警備当局は空港周辺の警備体制を強化し、公団も空港周辺の立木などを伐採して不審者の発見を容易にするなどの対策を実施した。

昭和61（1986）年7月、空港公団設立二十周年を迎えた。8月5日には橋本龍太郎運輸大臣をはじめ運輸省幹部などを招いて小規模な記念式典を実施する。11月28日には「第五次空港整備計画」が閣議決定された。この計画には「成田空港の完全空港化」という項目が含まれていた。「完全空港化」とは、未着工のB滑走路と横風用のC滑走路に早期に着工し、当初の計画通りの「新東京国際空港を完成させる」ということである。この政府方針に従って空港公団は11月30日、第二期工事に着工した。成田空港は完全空港化に向け、本格的に動き出した。

翌昭和62年11月には、開港直前には本格的な適用を見送った成田新法を発動し、木の根団結小屋を強制撤去、さらに翌63年12月には同法適用によって東峰団結会館を撤去する。平成2（1990）年1月には天神峰現地闘争本部を封鎖した。成田新法はこの段階になって初めて、本来の目的だった反対派用地の強制収用の役割を果たすことになったのである。

話し合い解決へ――地域振興協議会の結成

「昭和」という時代が終わりを告げ、「平成」時代となった頃から、再び話し合い解決の途の模索が始まった。その先駆けとなったのが、成田開港から十二年が過ぎた平成2（1990）年11月に発足した「地域振興連絡協議会」（地連協）である。地連協は反対同盟熱田派の青年行動隊員、石井新二たちが、地域経済の発展に関心を持つ千葉大学教授・村山元英に働きかけて発足した。石井たちは空港関連農村が活力を取り戻す共同作業の場として「椎の木むら」という名の組織をつくり、それを母体として地域振興運動を展開していた。

地連協が発足直前の10月末に発表した「趣意書」にはこう記されている（要約）。

「成田空港の建設が決まって以来、空港をめぐって地域は分裂し、深刻な対立と混乱を重ね、多大な犠牲を強いられてきた。成田空港はA滑走路が供用されたが、残る二本の滑走路などは未だ完成せず、確たる見通しもないまま現在に至っている。北総台地の振興を図るうえで、成田空港問題は避けて通れないとの認識に立ち、地元関係者による協議会を設立して、空港問題に関して広く意見を出し合い、その解決を図るよう努めたい」

これに対し千葉県知事は「提案は時宜を得たものであり、できるだけの協力をしたい」との意向を示し、運輸相も「成田空港問題の歴史のなかで、地元有志の方々が発起人となって空港問題解決の労をとられることに敬意を表したい」と積極的協力の意向を示した。

地連協の設立総会は同年11月1日、芝山公民館で開かれた。出席したのは村山教授、千葉県副知事、成田市長、富里、大栄、下総、横芝、芝山などの各町長らだった。「地元が中心になって成田空港問題に関するシンポジウムを実施し、早期に空港問題の解決を図る」ことを目的に掲げた。会長には村山千葉大教授、事務局長に選ばれたのが石井新二（熱田派）だった。

平成3（1991）年2月、地連協が発表した「シンポジウム趣意書」には「空港問題に高い立場から見識と理解を示していただける学識経験者に参加していただきたい」としており、人選には若干曲折があったが、最終的に決まったのは、隅谷三喜男（東大名誉教授）、宇沢弘文（東大名誉教授）、高橋寿夫（元運輸省航空局長）、山本雄二郎（高千穂商科大教授）、河宮信郎（中京大教授）の五人だった。

しかし、こうして熱田派が中心になって進めようとした地連協主催のシンポジウムに北原派、小川派は猛反発する。小川派は4月20日、「地連協は利権に絡んだ政府、公団と結託した組織であり、三里塚闘争の大義を曖昧に葬り去ろうとするものである、我々はシンポジウムには絶対反対だし、小川派は全員が参加しないことを決定した」との声明を発表する。北原派も5月19日に集会を開き「強制収用に道を開くシンポジウム粉砕」を呼び掛け「強制収用の風潮を社会的につくり出すためのセレモニー」と決めつけ、激しく攻撃した。

「隅谷調査団」の発足

6月15日、成田国際文化会館で地連協正副会長と隅谷三喜男ら学識経験者との合同会議が開かれた。この席で学識経験者側から「シンポジウムに反対同盟側から批判があることを踏まえて、シンポジウムに関与するならば学識経験者の責任で行う体制をとるべきだ」との声が上がり、協議の結果、「学識経験者らが主催する形でシンポジウムを開催するのが適切」との結論に達し、次のような声明を発表した（要旨）。
「私たちは地連協からその主催する公開シンポジウムに学識経験者として参加するように依頼を受けた。しかし、その後、反対同盟を始めとして地元関係者との接触を通じて、むしろ中立的な立場に立って、反対同盟すべての派の方々と接触し、それぞれの立場と主張を積極的に開陳していただき、成田問題の原因を究明し、その現状を明らかにした上で、解決の途を探ることが可能となる、という確信を持ち、調査団を結成することになった」（隅谷三喜男『成田の空と大地』）
この「声明」には団長、隅谷三喜男、団員として宇沢弘文など四人の署名が添えられた。隅谷たちはこの声明で「調査団」との名称を初めて使った。「調査団」という名称を用いたことについて隅谷は「満州事変の際、国際連盟が事態を詳細に調査し、解決に向けての結論を取りまとめた機関を、リットン調査団と名付けた故事に学んだものであり、また『成田空港問題の原因を究明し、その現状を明らかにし、社会正義に適った解決の途を探る調査団』では名称としては長すぎるので『隅谷調査団』と通称することにした」（同）と述べている。
因みに「リットン調査団」とは、昭和6年、日本軍が満州事変を起こした時、中国政府は「日本の武力侵略である」と国際連盟に訴えた。国際連盟は実情を調査するため、イギリスのリットン卿を団長とする英、米、仏、独、伊五カ国で構成する調査団を日本や満州に派遣し、その実態を詳しく調査した。隅谷は成田空港問題の解決を探るため、自ら〝リットン調査団長〟となろうと決意したのだろう。隅谷を背後から支えたのが後輩で東大名誉教授の宇沢弘文だった。宇沢は後に成田闘争の全貌を調べた『「成田」とは何か――戦後日本の悲劇』を出版する。

隅谷三喜男という人物について簡単に述べておこう。大正5（1916）年8月、東京・麻布生まれ。両親とも熱心なキリスト教徒で、幼い時から信仰的な薫陶を受けて育った。旧制一高時代には基督教青年会に入会し、信仰を深める。昭和12年、東京帝大経済学部に入学。卒業の前年に治安維持法により逮捕され、八十余日、拘留された。卒業すると旧満州の鞍山にある昭和製鋼所に就職、そこで出会ったのが五味川純平（本名・栗田茂）だった。ベストセラーとなった五味川の『人間の条件』の主人公、梶のモデルが、若き日の隅谷だったと言われている。

終戦後、帰国した隅谷は、東大経済学部で大河内一男教授の下で労働問題の理論的、実証的研究に努め、戦後の労働経済研究の道を切り開き、昭和30年には教授となる。東大紛争（昭和43年）直後から三年間は東大総長特別補佐を務めた。定年退官後は、信州大学教授、東京女子大学長、日本労働協会会長、社会保障制度審議会会長などの要職を歴任した。隅谷は「信仰と学問」「信仰と理性」などキリスト教の歴史にも正面から取り組んだ。

成田シンポジウムと「隅谷調査団所見」

話を「隅谷調査団」主催で開かれることになった「成田空港問題シンポジウム」に戻す。第一回のシンポジウムが開かれる直前の平成3（1991）年11月5日、宮沢喜一内閣が発足し、運輸大臣に奥田敬和が就任したが、就任直後の記者会見での奥田発言が、シンポジウム開催に水を差す大問題に発展する。

「成田空港の反対派に対してどう対処するか」と記者団に問われた奥田運輸相は「東京における世界的な空港として〝完全空港化〟は急がなければならない。反対派にも時間と情熱をこめて理解を得ていきたい」と述べた後、「前大臣は強制収用はしないという方針を打ち出したが、新大臣はいかがですか」との質問に「いつまでも待っているわけにはいかんでしょう」と答えたのである。その発言は「できるだけ早い時期に強制収用を行う」と記者団に理解された。

この発言を熱田派は強く批判、翌6日には「大臣が代わったことで、前大臣の発言が否定されるようでは、農民は何を信じて政府との対話に応じればよいのか。強制収用と『話し合い』は断じて両立しない。大臣発言とその姿勢を黙認して我々がシンポジウムに参加することはあり得ない」との「声明」を出した。

混乱する事態の収拾に動いたのは隅谷だった。隅谷は直接、奥田運輸相にも接触する。奥田は15日に記者会見し、前言を撤回して陳謝し、「私もシンポジウムへ参加し、直接農民の声を謙虚に伺い、長い歴史に思いをいたしながら、私どもの考えを説明したい」と述べ、シンポジウムはようやく第一回の開催にこぎつけた。

第一回シンポジウムは平成3年11月21日、成田市内の成田国際文化会館で開かれた。会場のステージの中央には会議を主催する運営委員長の隅谷調査団長をはじめ五人の学識経験者が、左側に運輸省、空港公団の政府側、右側に熱田派事務局長の石毛博道ら発言者が着席、両者が対峙する形で討論が始まった。傍聴席には熱田派の農民や公団職員、周辺市町村関係者約四百人が座り、討論に耳を傾けた。

第一回の冒頭の「基調報告」で、運営委員長の隅谷はこう述べた（要旨）。

「成田空港問題の出発点にあるのは、政治権力側の民主主義、人権の軽視であった。空港地区の決定過程において民主主義の手続きが軽視され、労苦して耕作してきた農民との協議を欠いて決定がなされた。話し合いが不可能な状況の中で、さらに行政的な必要から強硬手段も次々取られ、血が流されることにもなり、〝ボタンの掛け違い〟などと言われたりする側面を持ちながら、長い紛糾の歴史を持つことになった。このシンポジウムでは成田空港問題の原点に立ち返り、問題の本質がどこにあるのかを明らかにしたい」（『成田の空と大地』）

この後、意見発表した熱田派の石毛博道事務局長は「農民の気持ちの象徴としての言葉」として「徳政をもって一新を発《おこ》せ」と呼び掛け、シンポジウム参加者だけでなく、傍聴者の感動を呼んだ。そのなかで彼はこう述べた。

「土地には本来の持ち主の魂が入り込んでいるという意識は、現在もムラの中に生き続けている。中世の人々にとってなんらかの契機で農民の手を離れた土地は、本来の持ち主である農民の手に戻るのが正しい姿、と認識されていた。徳政一揆や徳政令という意味で知られる〝徳政〟の本質も、単に借金の棒引きというような行為ではなく、本来の正しい姿に戻すこと、土地を本来の持ち主である百姓の手に戻すことが、その本質的な意味だと思う。空港用地の土地は今、仮死状態にある。そのような土地に再び声明を吹き込むために〝徳政をもって一新を起こす〟決意を表明する」（同）

こうして始まったシンポジウムは、平成5（1993）年5月まで一年半の間に十五回にわたって開かれた。第三回から六回までは激しい対立を生んだ事業認定の過程と反対闘争について、第七回から十四回までは航空行政の在り方について、それぞれの関係者が出席、成田空港問題の対立構造の究明とその解消を目指して、熱い議論が交わされた。5月24日に開かれた最終回（十五回）は多くの報道陣や関心を持つ農民、市民が見守るなかで開催され「隅谷調査団所見」が発表された。この「所見」によると、第十四回の終わりに反対同盟（熱田派）から以下の三項目の提案があった。

①運輸省、空港公団による収用裁決申請を取り下げる
②第二期工事のB、C滑走路の建設計画を白紙に戻す
③今後の成田空港問題の解決にあたっては「空港をめぐる地域のコンセンサスをつくり上げる新しい場」を設け、そこに委ねる

隅谷調査団はこの提案に、こう答えた。

①成田空港問題をめぐる長期の力による対決に終止符を打つため、国側は土地収用裁決申請を取り下げる
②過去における成田空港建設の経緯のなかに、民主主義社会ではあってはならないいくつかの行為が国側にあった。第二期工事のB、C滑走路については今までの行き掛かりにとらわれず白紙の状態に戻す
③「新しい協議の場」の具体策は調査団に一任されたい

隅谷調査団がこの回答で示した「国側の土地裁決申請取り下げ」は、反対運動にとって極めて重い意味を持っていた。これまでの成田空港建設では土地収用法による事業認定がなされ、認定された土地を代執行によって取得できることになっていた。空港公団はこれに基づいて土地の強制収用を行ってきた。

新たに打ち出された「土地収用裁決申請の取り下げ」は「この土地収用法による強制収用を取り下げる」ということである。新たに進める第二期工事は、地権者が一人でも反対すると工事を進めることはできなくなる、ということを意味していた。

隅谷調査団は最終回のシンポジウムを前に北原派の北原鉱治宛てに「コンセンスをつくり上げる新しい場」に参加してほしいとの書簡を出した。しかし、返事はなく、北原は記者を集めてこの書簡を焼き捨て、シンポジウムに対して激しい批判を行った。これに対し隅谷は最終回の会合

でこう述べた。

「残念なことが一つある。それは熱田派以外の農民についに参加してもらえなかったことだ。われわれは熱田派との関わりのみでシンポジウムを行ってきたのではない。この地に空港建設が決定された時点にさかのぼって、地域の人々が置かれた立場を、あますところなく視野に入れ、議論を進め結論に導いたつもりである。熱田派以外の農民たちもこのような趣旨を理解され、その意見を表明されるよう期待する」（同）

「新しい協議の場」円卓会議

シンポジウムで合意された「新しい協議の場」について隅谷調査団は新たに「成田空港問題円卓会議」（以下、円卓会議）の発足を決める。8月24日に開かれた最終運営委員会で新しいメンバーが決まった。隅谷三喜男を座長に、座長代理に高橋寿夫が就任。反対同盟（熱田派）からは三名が委員となり、さらに運輸省から審議官ら二名、空港公団からも一名（理事）、地元から千葉県、成田市、芝山町、多古町の代表ら七名が委員となった。

「円卓会議」は平成5（1993）年9月20日に成田国際文化会館で第一回の会合が開かれたのを皮切りに、翌6年10月まで十二回にわたって開かれる。第一回会議の冒頭、隅谷座長は円卓会議の任務をこう述べた（要旨）。

「B・C滑走路の問題はここで白紙に戻し、空港をめぐる地域のコンセンサスをつくり上げる新しい場としたい。円卓会議の第一の特質は地域の問題を全体的に話し合うという点で、メンバーも周辺市町村の代表、さらに地域の市民代表が加わった。第二は空港と地域との共生関係を話し合う場とすることだ。簡単ではないが、成田地域の全体的な〝共生の道〟を求めて話し合うのがこの共生会議である」（同）

第一回から三回までは伊藤茂（運輸相）、山本長（空港公団総裁）、長谷川録太郎（成田市長）ら関係者が「成田闘争の長い歴史」について詳細に説明し、第四回から六回までは成田空港開港後の地域の現状把握、空港と地域の関係、第七回から九回までは共生を目指した空港づくり、第十、十一回は地域をいかに再建するかについて、それぞれ激しい議論を繰り広げた。

最終回の円卓会議は平成6（1994）年10月11日、成田国際文化会館の大ホールで開かれた。最終回ということで、亀井静香運輸大臣、松尾道彦事務次官、千葉県から沼田武知事、空港公団の中村徹総裁、周辺市町村からは長谷川録太郎成田市長、内田裕雄芝山町長、菅沢重矩多古町長、それに調査団の全員、反対同盟や地域代表も顔をそろえた。「円卓会議の最終所見」は委員長代理の高橋寿夫が発表した。

容認された「平行滑走路」建設

「最終所見」は「共生懇談会」（共生懇、仮称）の設置と「滑走路計画」の二点に集約される。

第一の「共生懇」は「空港によりデメリットを受ける住民に対し、血の通った対策を講じるために、第三者機関として共生懇談会を設け、デメリットにも耳を傾け、それを解決する場とする。その結論については国や公団が誠意をもって受け止め、その実現を図る」ということである。

問題は「滑走路計画」だった。シンポジウムでは「白紙に戻す」とされた二千五百メートルの平行滑走路（B滑走路）について、円卓会議は運輸省が主張する「首都を控えた空港の能力不足の解決策として、平行滑走路は必要である」との見解を全面的に支持したうえで、「その用地取得には強制的手段が用いられてはならず、あくまでも話し合い解決という基本的姿勢を貫くよう」注文をつけた。

さらに、横風用の三千メートル級滑走路についても「パイロットや離着陸機直下の住民の立場を考えると、横風などの際の機体の安全確保のためにその必要性を否定できない」としたうえで「横風用滑走路用地を、現滑走路（四千メートル）と平行滑走路間の航空機の地上通路として建設したいという国の方針を理解する」と述べた。

「あくまでも話し合い解決で」という〝注文〟がついたとはいえ、円卓会議の結論は、B滑走路の建設を容認し、横風用滑走路も「航空機の地上通路」という名目でその建設を認めたのである。空港公団も千葉県も、この「最終所見」を歓迎した。熱田派の石毛事務局長も「円卓会議の結論を全面的に受け入れる」との態度を表明し、「シンポジウム、円卓会議は、反対運動にとって『戦争状態の終結』という画期的な転換点をもたらした」と〝闘争終結〟を宣言した。熱田派はこの時点で完全に〝闘争の矛〟を収めたのである。

昭和62年に北原派から離脱した小川派も、円卓会議終了後に政府に求めていた謝罪文が運輸大臣から届いたことから、反対運動の終結を表明、用地を売り渡し移転していった。

激怒する北原派

円卓会議の結論と熱田派の「闘争終結宣言」に激怒したのが、戸村一作亡き後「北原派」を率いてきた北原鉱治（反対同盟事務局長）である。北原派を支えていたのは第二期工事のB滑走路周辺に住む農民たちだった。前述したように、反対同盟の分裂後、北原派の農民たちは過激派セクトの中核派、革労協狭間派、共産同蜂起派などと〝一心同体〟となって闘争を継続してきた。農民たちは彼らを受け入れ、学生たちは、狭いトタン張りの物置などに寝泊まりして闘争を続け、なかには農民の子女と結婚して現地に定住し、農業生活を始める者も出始めていた。

北原はシンポジウムや円卓会議を推進した隅谷三喜男や宇沢弘文について「立派な人たちかも知れないが、そういう人たちが『民主主義』を語るから最もたちが悪い。彼等は農民の利益ということを盛んに強調したが、しょせんそれは空港完成を前提としたもので、官僚の手のうちで踊るピエロだった」（『大地の乱　成田闘争』）と憤る。

さらに「B滑走路は空港敷地内の同盟員が生活している土地です。反対同盟の一坪共有地もたくさんあります。『中立』を宣言した隅谷三喜男の正体はわかりきっていましたが、脱落派（熱田派）までがこれを認めてしまうとは非常識の極みというものでしょう」と指摘し、シンポジウムの事務局長を務めた石井新二らに対し「彼等がやろうとしたことはまぎれもない裏切りであったという事実は、決して歴史から消え去ることはない」（同）と強調した。

北原鉱治はそれから約二十年にわたって北原派の先頭に立って闘い続ける。しかし、平成28（2016）年秋以降、体調不良で集会には出席できないようになり、集会では彼のメッセージが代読されるようになる。翌29年8月9日、老衰のため千葉県富里市の病院で死去した。九十五歳だった。

第1章で述べたように、三里塚の戸村一作の自宅近くで呉服屋を営んでいた北原は、戸村委員長の下で反対同盟の事務局長に就任する。当時の成田警察署長までが「いずれ脱落するだろう」とみていたが、最後まで委員長の戸村一作を背後から支え、長く激しく闘い続けた。北原の後継者たちもその後、闘いを中断することはなかった。

「北伸」によるB滑走路の完成

円卓会議で容認されたB滑走路（二千五百メートル）の整備は「話し合い解決」を前提としていたため、空港公団は以後、地権者たちと数百回に及ぶ話し合いを続け、五年後の平成11（1999）年12月3日にようやく着工にこぎつける。と言っても同滑走路予定地の南側三百メートルには、まだ北原派を中心とする反対派五戸が生活を続けており、その地域を除いた北側約二千百八十メートルの「暫定B滑走路」としての着工である。
この暫定B滑走路は二年後の平成13年10月に完成、完成検査を終えた平成14（2002）年4月18日から供用を開始する。〝第二の開港〟と言ってもよい。開港から二十四年の歳月が流れていた。

昭和時代の終わりから平成時代にかけ、政府の行財政改革の流れを受けて、国鉄や郵政などの「民営化」が急ピッチで進められていた。空港公団もその例外ではなかった。平成16（2004）年4月1日、「新東京国際空港公団」は民営化され、「成田国際空港株式会社」（NAA）が発足する。同時に空港の正式名称も「新東京国際空港」から「成田国際空港」に改称された。

発足したNAAがまず取り組んだのが、逼迫する航空需給に対応するため二千百八十メートルという〝中途半端〟なB滑走路を、当初計画の二千五百メートルに延伸することだった。二千百八十メートルの滑走路ではB747などの大型機や長距離便の運航ができない。NAAはB滑走路の南側地域に居を構える北原派の地権者と交渉を繰り返したが、反発は強く、解決の見通しはまったく立たない。

国土交通省とNAAは、平成17（2005）年10月、B滑走路の南側への延長をあきらめ、北側へ延伸する方針に変更し、関係自治体、住民団体などとの交渉を百回以上繰り返した。関係する自治体や住民団体などの了承を得て、平成18年9月、北側への延伸工事に着工した。二千五百メートルのＢ滑走路が完成、供用を開始したのは平成21（２００９）年10月22日のことである。成田空港建設が決定してから四十三年という長い年月を経て、ようやく二本の滑走路を持つ空港が完成したのである。

しかし、Ｂ滑走路南端に土地を所有し、反対運動を続けてきた北原派の農民はそれでも闘争を止めなかった。闘争は親から子へ、さらに孫へと引き継がれる。農民の子弟と結婚し、現地農民となって闘争を継続した支援学生の数は二十人を超えるとも言われる。

四千メートル滑走路一本での暫定開港から半世紀近くが経過した令和５（２０２３）年末現在でも空港用地南端には、用地内居住者二戸の所有地が一・七ヘクタール余、用地外居住者の所有地などを合わせると二・九ヘクタールの未買収地が残っている。この未買収の個人所有地には生産したらっきょうを商品化する工場や二棟の団結小屋が建てられ、今なお闘争を継続しているのである。

佐藤栄作首相が強引に三里塚の地に新空港の建設を決定してから、すでに五十七年という長い年月が流れた。「成田空港問題」がここまでこじれた要因は「政府、公団、千葉県と反対同盟の〝ボタンのかけ違い〟にあった」などという一言では済まされない〝根の深さ〟があった。「成田闘争」はいつ、どんな形で〝終焉〟を迎えることになるのだろう。泉下の戸村一作もそれを見守り続けているに違いない。

あとがき

私（筆者）が「成田空港問題」の取材を命じられたのは、日本経済新聞に入社して三年目の昭和41（1966）年のことだった。今から半世紀以上も昔の話である。序章でも記したように、当時、私は国鉄（現・JR）総武線西千葉駅に近い公団住宅に住んでおり、社会部記者の中で成田市三里塚に駆けつけるのが一番早い、という単純な理由からだった。以来、十二年余。空港問題をめぐって、対立・紛争があるたびに三里塚の現場に駆けつけ、取材を続けた。昭和53年5月の暫定開港時には「成田担当キャップ」を命じられ、二人の後輩と一緒に半年間、成田に常駐した。

現役の記者時代、私は社会部以外を知らない。経済中心の日本経済新聞社としては多分、例外中の例外だろう。その社会部での現役記者生活の大半を、成田取材に費やしたのである。各社の記者は千葉支局や成田支局が「成田問題」を担当したが、社内の人事異動によって二、三年で交代していった。日経という新聞社の社内事情もあって、私はおそらく、各社の記者の中でも最も長期に、一貫して「成田問題」を取材し続けた一人、と言っても過言ではない。

現場から離れて新聞記者はあり得ない。空港公団と反対派の激突が繰り返される度に、私は現場に駆けつけ、戸村委員長をはじめとする反対同盟や空港公団幹部たちの間を駆け回り、悪戦苦闘しながら取材し、記事を書いた。ジャーナリズムの原点は「目撃者」であるということにある。私は現場で目撃した事実を、できる限り、現場目線で表現しようとした。私が十二年余にわたって書いた成田取材の記事のメモとスクラップは、狭いわが家の書斎の隅に山積みとなり、今では赤茶けた色に変色し、読むのにも一苦労する。私は今回、そうした「資料」を改めて読み返した。メモやスクラップの山は「成田闘争の歴史」の記録でもあった。

「成田闘争とは何だったのか」――私は長い取材体験を通じて、いずれはそれを書き残したい、と思い続けてきた。しかし、執筆に取り掛かろうとすると、いつもためらいを感じ、先送り、先送りを繰り返してきた。それは何故だったか？　最大の要因は、反対運動の先頭に立った戸村一作（反対同盟委員長）という人物をどう判断すればいいのか、私の理解が及ばなかったためである。戸村一作は敬虔なクリスチャンであり、自宅に取材に訪れた際、自宅脇にあった「三里塚教会」に何度か案内してもらったことがある。その度に彼はキリスト像の前で十字を切り、祈りを捧げた。

そんな戸村一作がある日、豹変したかのように過激セクトと手を結び、流血の惨事を繰り返す反対運動の先頭に立つようになったのである。以来、戸村は公式な記者会見には応じたが、夜、自宅を訪ねると家族に「留守です」と追い返されるようになった。

「成田闘争」の真実を書こうとすれば、クリスチャン・戸村一作という人物を理解するしかない。しかし、私の生家は代々、「臨済宗」の檀家であり、キリスト教とはまったく無縁の世界で育った。「キリスト教とはどんな宗教か」。私はキリスト教の入門書を集め、読み始めた。その結果、プロテスタントのクリスチャンが過激な闘争に走るのは歴史上、そう珍しいことではないことを知った。

私はかつて『安南王国の夢――ベトナム独立を支援した日本人』（ウェッジ社）というタイトルの本を出版した。熊本県・天草島の最西端、東シナ海に面した天草郡大江村（現・天草市天草町大江）から十五歳の時にベトナム（当時の仏印＝フランス領インドシナ）に渡り、苦学力行して「大南公司」という東南アジア一帯に商圏を持つ商社を立ち上げた松下光廣という人物の物語である。彼は日本に亡命したグエン王朝の末裔、クオン・デ侯の〝ベトナム探題〟として、ベトナムのフランスからの独立戦争を支援した。

松下の幼少期を知ろうと私は彼の生地、大江村を訪れた。大江村は江戸時代から〝隠れキリシタンの村〟だった。今でも屋根裏などにキリスト像を飾った隠れキリシタンの家が数多く残り、墓地の多くには十字架が立っている。この村で今も語り継がれ、多くの遺品が残されているのが1637（寛永14）年10月に起きた「島原の乱」だった。村人の多くはこの乱に敗れ、落ちのびた〝隠れキリシタン〟だったのである。

「島原の乱」の盟主に担がれたのが、天草四郎時貞（本名・益田四郎時貞）。当時十五歳。松下光廣は同じ十五歳になった時、日本を遠く離れた仏印の地で、独立して生きようと決意したのである。天草四郎の父はキリシタン大名、小西行長の遺臣。天草四郎は幼少期からキリシタンの学問を修めるため長崎に行き、洗礼を受けたという。眉目秀麗、大変な秀才で、島原のキリシタン信仰のシンボルとなった。

当時、発足したばかりの徳川幕府によるキリシタン禁制によって、信者に対する迫害は過酷を極めていた。弾圧に苦しむ人々は天草四郎に「神の子」を見た。「島原の乱」は信仰を守る闘いであると同時に、政権を奪取したばかりで権力強化を図る徳川幕府の圧政に耐えかねた反乱でもあった。天草四郎の下で戦いに参加したのは、ほとんどが生活に苦しむ貧しい農民と徳川幕府に敗れ、落ちのびた浪人集団だったという。この乱での戦死者は数万人に及び、天草四郎も落城の際、討ち取られた。

「成田闘争」は、クリスチャン・戸村一作を闘争のシンボルとして担いで闘争に参加した農民たちと、農民たちへの支援に集結した中核派をはじめとする過激各派の、日本政府に対する戦後最大の「反乱」だったのではないか。

当時の日本は高度経済成長への移行期にあった。日本政府、空港公団は新空港の建設を〝大義の旗〟として、反対派農民の意向を無視し、空港建設を推し進めた。時代や状況は違うとはいえ若きクリスチャン・天草四郎を担いで徳川幕府に抵抗した「島原の乱」に通じるものがある。「中途半端な理解」と言われるかもしれないが、私はそう理解し、この書を書いた。

私が取材した時代の関係者は空港公団側も反対同盟側もほとんどすべての人がこの世を去り、遠い記憶の人となった。今、改めて彼らの冥福を祈り、お礼を申し上げたい。この間、日経社会部から取材応援に駆けつけてくれた記者は、延べ百人近くに及ぶだろう。引用した日経の記事は私一人で書いたものではなく、みんなの「共同執筆」である。特に今回、資料収集を手伝ってくれた日経の後輩記者、土田芳樹、鈴木純一両氏に心から感謝する。本文中にも記したが二人は、成田開港前後、六カ月間ともに成田に常駐し、取材に当たった。

また、キリスト教史について貴重な助言をいただいた友人・阿部重夫氏（元FACTA発行人）、資料収集を支援してくれた友人の井上定彦氏（島根県立大名誉教授）にもお礼を申し上げたい。「成田空港の歴史」の記録を快く提供してくれた成田国際空港会社の田村明比古社長、上席執行役員（共生・用地部門長）の平山儀幸氏をはじめとする同社の関係者にも心から感謝する。

最後になったが、私の個人的な〝取材記〟でもあるこの書の出版を、快く引き受けていただいた日経ＢＰと適確な編集作業を行ってくれた堀口祐介編集委員に深くお礼申し上げたい。

２０２４年11月

牧 久

「成田の乱」関連年表

成田空港関係	和暦（西暦）	世の中の動き
6月10日 運輸省が「新東京国際空港」の青写真を公表。場所は明示せず 7月4日 綾部運輸相、河野建設相、川島国務相、友納千葉県知事が第1回四者会談。新空港を東京湾内の千葉県側とすることで合意 8月27日 第2回四者会談で綾部運輸相が東京湾に加えて富里村付近と霞ケ浦の2案を追加提案 12月11日 運輸省、新空港の候補地を富里村付近と答申。第2候補地は霞ケ浦付近。河野建設相は翌12日、富里案反対を表明	昭和38（1963）年	2月8日 革命的共産主義者同盟（革共同）が革マル派と中核派に分裂 11月9日 国鉄鶴見事故 死者161人 重軽傷120人 8月21日 南ベトナム全土に戒厳令。ゴ・ジン・ジェム政権に反対の学生数千人が逮捕される 11月22日 ケネディ米大統領暗殺
8月17日 友納千葉県知事、木更津沖の場合は積極的に誘致、と発言 11月13日 河野建設相、閣議で「富里、霞ケ浦、木更津沖、羽田拡張の4候補地を白紙に戻し再検討を考慮中」と発言	昭和39（1964）年	10月1日 東海道新幹線開通 10月10日 東京オリンピック開会式 11月9日 池田勇人首相辞任、佐藤栄作内閣発足
6月2日 新東京国際空港公団法公布 7月8日 河野建設相、急死 11月18日 佐藤内閣、関係閣僚懇談会で新空港を千葉県・富里村に内定 戸村一作、「キリスト者新空港設置反対連盟」を結成 11月25日 富里村、八街町議会 空港設置反対を決議 12月17日 友納千葉県知事、佐藤首相と会談、県の考え方を説明	昭和40（1965）年	4月24日 ベ平連（ベトナムに平和を!市民連合）主催の初のデモ 6月22日 日韓基本条約に調印 7月29日 沖縄からの米軍機が北ベトナム爆撃を開始（北爆） 10月15日 全米でベトナム反戦デモ

和暦（西暦）	成田空港関係	世の中の動き
昭和41（１９６６）年	2月4日　全日空機が羽田空港沖で墜落、死者１３３人 2月7日　空港反対デモ隊３０００人が千葉県庁に乱入 2月26日　友納千葉県知事、県議会で「事態の推移を静観する」と表明 3月4日　カナダ太平洋航空機が着陸寸前、羽田空港で墜落 臨時新東京国際空港関係閣僚協議会の設置を閣議決定 5月18日　富里・八街空港反対同盟　農地不売運動を開始 6月22日　佐藤首相、友納知事に空港建設用地を急遽、三里塚に変更すると通告 6月28日　三里塚空港反対同盟結成、戸村一作が委員長に就任 7月4日　佐藤内閣、三里塚に新空港建設を正式決定 7月30日　新東京国際空港公団設立　初代総裁に成田努が就任 8月20日　三里塚芝山連合反対同盟結成、戸村一作が委員長就任 8月25日　条件派の成田空港対策部落協議会が発足 12月16日　反対同盟、天神峰団結小屋（現地闘争本部）を建設	2月21日　早大、学費・学館闘争で学内に機動隊導入、学生２０３人逮捕 5月16日　中国、文化大革命始まる 7月13日　東京都教育委員会、学校群制度など高校入試制度改善計画を発表 8月5日　東京地検、恐喝詐欺容疑で自民党の田中彰治代議士を逮捕 8月18日　中国・天安門広場で文化大革命勝利集会。紅衛兵１００万人大集会 11月13日　大阪発松山行き全日空ＹＳ11型機が松山空港沖で墜落、乗員、乗客50人全員死亡。戦後初の国産機事故 11月24日　明大学生会、授業料値上げ反対で無期限ストに突入 12月17日　三派全学連再建大会
昭和42（１９６７）年	1月10日　運輸省、千葉県庁で公聴会開催。反対同盟は入場できず、場外スピーカーで傍聴 3月6日　条件派の成田空港対策地権者会が発足 6月26日　条件派との会談で現地入りした大橋運輸相を反対同盟が成田駅で妨害 8月15日　千葉市内で空港粉砕の集会。集会後、県庁で座り込み、少年行動隊を結成	3月31日　国鉄当局、ＥＬ・ＤＬの一人乗務を含む合理化案提案 4月15日　社会党、共産党推薦の美濃部亮吉が東京都知事に当選。首都圏東京に初の革新知事誕生 6月10日　東京教育大学の筑波移転を強行決定 8月8日　新宿駅で米軍タンク車と貨車が衝突炎上

成田関連	年	社会の動き
8月16日 反対同盟「あらゆる民主勢力との共闘」を確認 9月1日 秋山三派全学連委員長らが反対同盟の金曜集会に初参加 10月8日 佐藤首相の南ベトナム訪問に反対する羽田闘争。京大生・山崎博昭死亡 10月10日 公団、空港用地の外郭測量（基準杭打ち）を実施、反対同盟は阻止闘争を展開 12月15日 反対同盟、日本共産党の支援と介入を排除する声明を発表		9月3日 南ベトナム大統領選でグエン・バン・チュウ大統領、グエン・カオ・キ副大統領の軍人組が当選 10月31日 故吉田茂、戦後初の国葬
2月26日 反対同盟、成田市役所前での総決起集会で機動隊と激突、戸村委員長が重傷を負う 3月10日 成田市営グラウンドで反対派デモ、機動隊と激突 4月6日 空港公団、条件派4団体と用地売り渡しの覚書に調印 4月18日 老人行動隊　御料牧場の存続を宮内庁へ請願 4月20日 土地売り渡し同意者の土地、家屋などの立ち入り調査開始（百日調査）	昭和43（1968）年	4月4日 米国の黒人運動指導者、キング牧師が撃たれ死亡 6月15日 東大で医学部学生らが安田講堂を占拠（翌年1月10日、機動隊によって封鎖解除） 10月8日 反日共系全学連の学生が新宿駅構内でデモ、米軍燃料タンク車立ち往生 10月21日 新宿駅騒乱事件。「国際反戦デー」で反日共系学生が新宿駅を占拠し放火。警視庁は騒乱罪を適用、734人逮捕 12月29日 東大、東京教育大が44年度入試の中止を決定
8月18日 御料牧場閉場式、青年行動隊数十人が壇上を占拠 9月13日 空港公団、土地収用法に基づく空港建設事業認定を申請 9月20日 A滑走路（4000メートル）建設工事に着手 10月5日 空港公団、工事用道路の着工を強行。連日阻止闘争 11月12日 工事用道路阻止闘争で戸村委員長ほか13名逮捕	昭和44（1969）年	1月 南ベトナム派遣の米軍、最大規模の55万人に 1月18日 加藤一郎東大総長代行の要請により安田講堂占拠の学生排除 7月20日 アポロ11号、月面着陸に成功 9月3日 北ベトナムのホー・チ・ミン国家主席死去 11月5日 山梨県大菩薩峠で武闘訓練中の赤軍派53人を警視庁が逮捕

成田空港関係	和暦（西暦）	世の中の動き
12月16日　政府、土地収用法に基づく成田空港建設の事業認定を許可・告示		
1月2日　反対同盟、公団の立ち入り調査に備え、天浪・駒井野の各団結小屋にバリケードを構築 1月25日　老人行動隊が58日間の座り込み闘争を開始 2月19日　土地収用法に基づく第1次強制測量の開始、反対同盟は同盟休校を含む家族総ぐるみの闘争を組む 3月3日　空港公団、千葉県収用委員会に第1次収用裁決を申請 3月13日　反対同盟、事業認定取消請求訴訟 3月28日　成田空港周辺整備のための国の財政上特別措置に関する法律（成田財特法）公布 4月23日　旅客ターミナルビル建設工事着工 6月12日　千葉県収用委、第1次収用裁決申請の審理開始。反対同盟、実質審理を阻止 7月1日　空港公団「昭和46年4月開港は断念」と記者会見 9月30日　第3次強制測量阻止闘争（通称、三日間戦争）。機動隊を大量投入。測量は3日で中止 12月26日　千葉県収用委、第1次収用裁決申請に対する収用裁決。これにより翌年1月31日以降、いつでも強制代執行が可能となる	昭和45（1970）年	2月16日　国鉄「財政再建10年計画」を運輸相に提出。6万人削減などが内容 3月14日　大阪府・千里丘陵で日本万国博覧会開幕 3月15日　赤軍派議長・塩見孝也逮捕 3月31日　「日航機よど号」が赤軍派学生9人にハイジャックされる。同機は北朝鮮平壌空港へ 4月8日　大阪市天六駅の地下鉄工事現場でガス爆発。死者79人、重軽傷420人 8月3日　革マル派学生・海老原俊夫（東教大）が中核派に殺害される 11月20日　国連総会で中国代表権問題表決。中国加盟賛成・台湾追放が過半数 11月25日　作家・三島由紀夫が「盾の会」会員四人と市谷の自衛隊駐屯地（現・防衛省）に乗り込み、会員1人と共に割腹自殺
1月6日　反対同盟、強制収用対象地に地下壕掘りを始める 2月3日　空港公団、千葉県収用委に緊急裁決の申し立て	昭和46（1971）年	2月17日　京浜安保共闘が真岡市で銃と実弾を強奪 2月28日　赤軍派の重信房子がベイルートに出国

年	月日	成田関連事項	月日	一般事項
	2月22日	第1次代執行（3月6日まで）を開始。反対同盟は地下壕、バリケード、立木などで激しく抵抗、逮捕者468名、負傷1000名を超える	4月7日	世界卓球選手権大会（名古屋）参加の中国代表団が米国チームの訪中受け入れを発表（訪中した米チームは14日周恩来首相と会見）
	3月17日	千葉県収用委、緊急裁決収用地の現地調査	4月11日	統一地方選で都知事に美濃部亮吉が再選、大阪府知事に社共推薦の黒田了一が初当選
	3月25日	空港公団、3・4・6地点の地下壕を撤去	6月17日	「日米沖縄返還協定」に調印
	5月12日	反対同盟、芝山町岩山に第一鉄塔（30・74メートル）を構築	7月9日	キッシンジャー米大統領補佐官が秘密裏に訪中
	6月12日	千葉県収用委、緊急裁決の申し立てに対する裁決	7月30日	岩手県雫石町で自衛隊機と全日空機が衝突、全日空機の乗客162人全員死亡
	7月26日	空港公団、駒井野地下壕と農民放送塔を仮処分により撤去	8月15日	ニクソン大統領が金とドルの交換一時停止を発表（ニクソン・ショック）
	8月19日	空港公団、パイプラインルートを公表、千葉市に市内パイプライン敷設への協力を要請	9月8日	中国共産党の林彪副主席が毛沢東暗殺の武装クーデターに失敗
	9月16日	第2次代執行開始。東峰十字路で神奈川県警の機動隊員3名が死亡	10月25日	国連総会で中国の国連復帰を決定。国民政府（台湾）は国連脱退を表明
	9月20日	小泉よね宅への代執行を強行	11月24日	衆院本会議で「日米沖縄返還協定」承認案を可決
	10月1日	青年行動隊員、三ノ宮文男が抗議自殺		
	12月8日	東峰十字路事件で青年行動隊員7人逮捕を皮切りに逮捕者が相次ぐ。以後、9カ月間で逮捕者はのべ150人、起訴55人		
昭和47（1972）年	1月14日	千葉市議会特別委員会、パイプライン埋設賛成を強行採決	2月19日	連合赤軍の坂東国男ら5人が軽井沢の浅間山荘に管理人の妻を人質に立てこもり、機動隊と銃撃戦後逮捕（28日）
	1月26日	今井空港公団総裁「6月中に開港の見通しがついた」と記者会見	2月21日	ニクソン米大統領、訪中。毛沢東主席と会談
	3月12日	反対同盟、A滑走路南端に第2鉄塔（62・26メートル）を構築	5月3日	在日米軍が相模原市の米陸軍補給廠で戦車を修理しベトナムへの輸送を始める
	3月31日	新空港管理ビルが完成	5月15日	「日米沖縄返還協定」が発効

成田空港関係	和暦（西暦）	世の中の動き
6月26日 ジェット燃料輸送パイプライン工事を開始するが、沿線住民の反対激化で中断 8月3日 今井空港公団総裁、佐々木運輸相にパイプライン工事の遅れで年内開港は難しいと報告 8月10日 荒木千葉市長、空港公団にパイプライン埋設工事の中止を要請 8月14日 佐々木運輸相、航空燃料を暫定的に千葉、鹿島から成田市土屋まで貨車輸送することを承認。73年3月開港を指示。沿線住民に反対激化 12月21日 今井空港公団総裁、73年3月開港を断念と発表		5月30日 パレスチナ解放人民戦線（ＰＦＬＰ）の日本人兵士3人がテルアビブの空港で銃を乱射 6月14日 日航機がニューデリー近郊に墜落、86人死亡 7月7日 田中角栄内閣誕生 9月29日 日中共同声明調印、日中国交回復 10月19日 フィリピン・ルバング島で元日本兵2人が警察隊に発見され銃撃戦。小野田寛郎少尉逃走
4月30日 A滑走路（４０００メートル）完成。しかし開港のメド立たず 5月10日 第2期工事内の民家と団結小屋への立ち入り調査。反対同盟は阻止闘争 9月17日 千葉市内のパイプライン敷設工事、全面中止 10月5日 10万人鉄塔共有化運動始まる 12月21日 空港公団、成田市土屋―空港間の暫定パイプライン工事開始。反対運動でたびたび中断	昭和48（１９７３）年	1月27日 パリでベトナム和平協定に調印。ニクソン米大統領、戦争終結を宣言 4月12日 文化大革命で失脚した中国の鄧小平が復活、副首相に就任 4月24日 順法闘争での電車遅延のため上野駅、大宮駅、新宿駅など国鉄各線で乗客が暴動化、駅舎・電車を占拠・破壊・放火。１３８人逮捕 10月6日 第4次中東戦争勃発
7月7日 戸村委員長、参議院選挙（全国区）に立候補するが落選（23万票獲得） 7月30日 今井空港公団総裁が退任し、新総裁に大塚茂が就任	昭和49（１９７４）年	8月30日 東京・丸の内の三菱重工爆破事件。8人死亡、３８５人重軽傷 11月26日 金脈問題で田中首相退陣。三木内閣発足（12月9日）
6月30日 断定パイプライン（土屋―空港間）完成。以降燃料貨車輸送に対する動労千葉地本を先頭にした反対運動が強まる	昭和50（１９７５）年	4月30日 サイゴン陥落、ベトナム戦争終結 6月3日、佐藤栄作元首相死去、16日、国民葬

年	成田関連	一般
昭和51（1976）年	4月27日 反対同盟副委員長瀬利誠が土地を売却して脱落、除名処分となる 10月3日 空港エプロン完成	7月27日 田中前首相、ロッキード事件で逮捕 12月24日 総選挙大敗の責任をとって三木内閣総辞職、福田内閣成立
昭和52（1977）年	1月17日 福田首相が「年内開港を目指す」と表明 3月15日 旅客ターミナルビル完成 4月17日 反対同盟の「鉄塔決戦総決起集会」に闘争史上最大の約2万3000人が集結 5月2日 空港公団、岩山地区の妨害鉄塔2基の除去を求める仮処分を千葉地裁に申請 5月6日 空港公団、妨害鉄塔（2基）を仮処分により撤去。反対同盟の鉄塔撤去抗議デモで逮捕者・負傷者多数。機動隊のガス銃により東山薫が死亡（10日） 5月9日 芝山町長宅前臨時警官詰所、過激派に襲われ警官6人が重傷負い、岡田和則巡査部長が死去（21日） 8月7日 テスト飛行を開始 9月14日 空港公団、千葉市とジェット燃料の暫定輸送に関する最終確認書に調印。千葉ルート、鹿島ルートを使った燃料輸送が確定 11月25日 福田内閣、開港日を翌年3月30日と決定 12月2日 国鉄、ジェット燃料貨車輸送計画を発表。動労千葉地本、3日から順法闘争に突入、総武線全線でストップ 12月6日 反対同盟、撤去された岩山大鉄塔跡に新要塞建設を開始 12月26日 反対同盟、B滑走路南に第2要塞の建設を開始	1月20日 米国39代大統領にカーターが就任 1月21日 東京地検、ロッキード事件の小佐野賢治と児玉誉士夫を起訴 2月23日 北朝鮮、金日成の息子、金正日を後継者に推挙 3月3日 新右翼の野村秋介らが経団連襲撃 7月21日 中国共産党、鄧小平の党副主席復帰と四人組の党除名決定 8月12日 中国共産党、文化大革命終結を宣言、「四つの近代化」路線決定 9月27日 日航機がマレーシア・クアラルンプールで墜落、死者34人 9月28日 日本赤軍がボンベイ（現ムンバイ）で日航機をハイジャックし、ダッカ空港に強行着陸。日本に拘留中の9人の釈放を要求 9月29日 日本政府は超法規的措置で赤軍派など9人の釈放と身代金（600万ドル）の支払いを受諾。（10月1日）奥平純三、大道寺あや子ら6人が出国 11月28日 福田改造内閣発足、安倍晋太郎が官房長官に就任 12月13日 社会党委員長に飛鳥田一雄横浜市長を選出

成田空港関係	和暦（西暦）	世の中の動き
2月4日 動労千葉地本、一割減速闘争に突入。7日には12時間の半日スト。総武線、常磐線のダイヤは大混乱 3月2日 ジェット燃料輸送の鹿島ルート（鹿島港─成田）の一番列車運行 3月12日 戸村委員長、パレスチナ（ベイルート）訪問の旅に出発。25日に帰国 3月17日 ジェット燃料輸送の千葉ルート（千葉港─成田）一番列車運行 3月25日 反対同盟、第2要塞屋上に高さ16メートルの鉄塔を建設。機動隊は同夜、この鉄塔を破壊。第2要塞内には反対派が籠城 3月26日 過激派学生が空港管制塔を占拠し破壊。管制塔は使用不能に この日の双方の激突で新山幸男（山形大生）が火だるまとなり入院。6月13日に死去 3月28日 「3月30日開港」の一時延期を決定 4月4日 政府は新たな開港日を「5月20日」、運航開始を「同21日」にすることに決定 4月7日 千葉県警、反対派第2要塞を凶器準備集合、殺人未遂容疑で差し押さえ 5月10日 千葉日報社で戸村委員長と福永運輸相が2時間にわたって会談 5月12日 成田新法（新東京国際空港の安全確保に関する緊急措置法）が成立、翌13日から施行される 5月20日 新東京国際空港の開港式　出席者は「警備上の都合」で運輸省、空港公団関係者ら約50人	昭和53（1978）年	1月4日 日本共産党が袴田里見前副委員長の除名を発表 1月14日 伊豆大島近海地震、死者25人 1月31日 東京地裁でロッキード事件全日空ルート公判。大久保利春被告は橋本登美三郎ら6人に3000万円贈賄を証言 2月26日 中国全人代会議で華国鋒主席、「四つの近代化」を明示 3月10日 矢野絢也公明党書記長ら訪中、福田首相の日中平和友好条約締結の意思を伝達 3月15日 イスラエル、レバノン南部のゲリラ支配地域を占領 5月5日 華国鋒中国国家主席が北朝鮮を訪問。朝鮮統一問題で意見が合わず、共同宣言は発表せず 8月12日 日中平和友好条約に調印 9月5日 カーター米大統領、サダト・エジプト大統領、ベギン・イスラエル首相が中東和平三国首脳会議 10月17日 靖国神社が東條英機、広田弘毅らA級戦犯7人を合祀 10月27日 サダト・エジプト大統領とベギン・イスラエル首相にノーベル平和賞 11月27日 自民党総裁予備選で予想逆転の1位大平正芳、2位福田赳夫 12月7日 大平正芳内閣、発足

	5月21日 到着便の運航開始。貨物第一便は日航1047便（8時3分到着）、旅客第一便は日航446便（12時4分到着） 5月22日 出発便の運航開始	
昭和54（1979）年	7月16日 青年行動隊の幹部、島寛征たちと加藤紘一官房副長官の秘密交渉が発覚、戸村一作は病床からこれを激しく糾弾 8月27日 戸村の病状は悪化し、成田日赤病院から東京・築地のがんセンターに運ばれる 11月2日 午前11時31分、悪性リンパ腫で戸村一作死去、享年70 11月11日 三里塚第一公園で反対同盟主催の「追悼集会」	2月17日 中国軍、ベトナムに侵攻。初の社会主義国同士の戦争 4月8日 統一地方選。都知事に鈴木俊一、大阪府知事に岸昌が当選。革新都府政に幕 4月24日 創価学会会長、池田大作が勇退 10月26日 朴正熙韓国大統領が側近の金載圭KCIA部長に暗殺される

主要引用・参考文献

秋山勝行『全学連は何を考えるか』自由国民社、一九六八年
戸村一作『闘いに生きる』亜紀書房、一九七〇年
津久井良策『内乱と武装の論理』前進社、一九七一年
戸村一作『野に起つ』三一書房、一九七四年
戸村一作『わが十字架・三里塚』教文館、一九七四年
飯高春吉『北総の朝あけ　成田闘争と警備の記録』千葉日報社、一九七六年
前田俊彦編『三里塚・廃港への論理』柘植書房、一九七八年
大坪景章編『ドキュメント成田空港』東京新聞出版局、一九七八年
稲垣真美ほか『人物昭和史6　人生の教師たち』筑摩書房、一九七九年
戸村一作『わが三里塚　風と炎の記録』田畑書店、一九八〇年
鎌田慧編著『回想の戸村一作』柘植書房、一九八一年
友納武人『疾風怒涛』社会保険新報社、一九八一年
林清継『三里塚』崙書房、一九八一年
三里塚芝山連合空港反対同盟編著『大地をうてば響きあり』社会評論社、一九八四年
前田俊彦、高木仁三郎『森と里の思想』七つ森書館、一九八六年
D・E・アプター、澤良世『三里塚　もうひとつの日本』澤良世訳、岩波書店、一九八六年
成田市史編纂委員会『成田市史　近現代編』一九八六年

高木正幸『新左翼三十年史』土曜美術社、一九八八年
宇沢弘文編『三里塚アンソロジー』岩波書店、一九九二年
宇沢弘文『「成田」とは何か』岩波書店、一九九二年
隅谷三喜男『成田の空と大地』岩波書店、一九九六年
日本基督教団三里塚教会・戸村一作没後20年記念行事実行委員会編『実存の戸村一作』れんが書房新社、一九九九年
鎌田慧『抵抗する自由』七つ森書館、二〇〇七年
加瀬勉『加瀬勉 闘いに生きる（上下）』柘植書房新社、二〇一八年
北原鉱治『大地の乱　成田闘争』お茶の水書房、一九九六年
福田克彦『三里塚アンドソイル』平原社、二〇〇一年
小泉英政『土と生きる』岩波書店、二〇一三年
尾形史人『「革共同五〇年」私史』社会評論社、二〇一六年
伊藤睦編『三里塚燃ゆ』平原社、二〇一七年
10・8山﨑博昭プロジェクト編『かつて10・8羽田闘争があった』合同フォレスト、二〇一七年
鎌田慧『声なき人々の戦後史（上下）』藤原書店、二〇一七年
城山三郎『辛酸　田中正造と足尾鉱毒事件』ＫＡＤＯＫＡＷＡ、一九七九年
山岸一平『反骨の村　田中正造勝利の闘い』22世紀アート、二〇二二年
新東京国際空港公団20年史編纂協議会『新東京国際空港公団　20年のあゆみ』新東京国際空港公団、一九八七年
成田空港50年史編纂委員会『成田空港50年史』成田国際空港会社、二〇一七年

山我哲雄『キリスト教入門』岩波書店、二〇一四年
加藤隆『キリスト教の本質』NHK出版、二〇二三年
佐藤優、本村凌二『宗教と不条理』幻冬舎、二〇二四年
池上彰『聖書がわかれば世界が見える』SBクリエイティブ、二〇二三年
清涼院流水『どろどろのキリスト教』朝日新聞出版、二〇二二年
小河原正道『日本政教関係史』筑摩書房、二〇二三年
『新約聖書（I、II）』共同訳聖書実行委員会訳、解説佐藤優、文藝春秋、二〇一〇年
『ヨブ記』秦剛平訳　青土社、二〇二三年

▼新聞・雑誌（発行の日付は本文中に明記）
日本経済新聞、朝日新聞、読売新聞、千葉日報、現代の眼

【著者略歴】
牧 久（まき・ひさし）
ジャーナリスト。1941年（昭和16年）、大分県生まれ。64年（昭和39年）日本経済新聞社入社、東京本社編集局社会部に所属。サイゴン・シンガポール特派員、89年（平成元年）、東京・社会部長。その後、代表取締役副社長、テレビ大阪会長などを歴任。著書に『「安南王国」の夢——ベトナム独立を支援した日本人』『不屈の春雷——十河信二とその時代』『満蒙開拓、夢はるかなり——加藤完治と東宮鐵男』（以上ウェッジ）、『昭和解体——国鉄分割・民営化30年目の真実』（講談社）、『暴君——新左翼・松崎明に支配されたJR秘史』『転生——満州国皇帝・愛新覚羅家と天皇家の昭和』（いずれも小学館）などがある。

成田の乱 戸村一作の13年戦争

2025年1月17日　1版1刷

著者 ——— 牧 久

発行者 —— 中川ヒロミ

発行 ——— 株式会社日経BP
日本経済新聞出版

発売 ——— 株式会社日経BPマーケティング
〒105-8308 東京都港区虎ノ門4-3-12

装丁 ——— 間村俊一

DTP ——— マーリンクレイン

印刷・製本 — シナノ印刷

ISBN978-4-296-12181-6